供电企业
知识产权分级分类
管理实务

苏志鹏　赖单宏　覃　煜　编著

·广州·

图书在版编目（CIP）数据

供电企业知识产权分级分类管理实务/苏志鹏，赖单宏，覃煜编著. —广州：华南理工大学出版社，2023.10
ISBN 978-7-5623-7372-8

Ⅰ. ①供… Ⅱ. ①苏… ②赖… ③覃… Ⅲ. ①供电-工业企业-知识产权-管理-研究-中国 Ⅳ. ①D923.404

中国国家版本馆 CIP 数据核字（2023）第 093120 号

供电企业知识产权分级分类管理实务

苏志鹏　赖单宏　覃　煜　编著

出 版 人：柯　宁
出版发行：华南理工大学出版社
（广州五山华南理工大学 17 号楼　邮编：510640）
http://hg.cb.scut.edu.cn　E-mail: scutc13@scut.edu.cn
营销部电话：020-87113487　87111048（传真）
责任编辑：付爱萍
责任校对：王洪霞
印 刷 者：佛山家联印刷有限公司
开　　本：787mm×960mm　1/16　印张：13.75　字数：238 千
版　　次：2023 年 10 月第 1 版
印　　次：2023 年 10 月第 1 次印刷
定　　价：78.00 元

版权所有　盗版必究　印装差错　负责调换

《供电企业知识产权分级分类管理实务》编委会

顾　问：关永红　　王峻岭

主　编：苏志鹏

副主编：赖单宏　　覃　煜　　麻星艳　　栾　乐

成　员：刘　珊　　曲烽瑞　　李俊格　　莫淑欢　　董　凡
　　　　罗思敏　　傅志强　　陆思源　　崔屹平　　宁　宇
　　　　王红斌　　王　勇　　苏海博　　周小光　　伍　衡
　　　　杨　珏　　潘玥卉　　薛冰如　　潘红艳　　刘璐豪
　　　　黄超杨　　周晓波　　张淡钿　　王　晨　　黄靖心
　　　　徐　庄　　谢　巽　　蒯鸿娜　　范　阳　　何　涵

前　言
PREFACE

我国经济发展进入新常态,实施创新驱动发展战略和知识产权强国战略已经成为时代主题。① 立足于我国经济高质量发展的国情需要,知识产权为创新驱动战略、知识产权强国战略目标的实现提供了重要的制度支撑、技术储备及文化基础,只有充分发挥知识产权制度在推动构建新发展格局中的重要作用,才能更好地为全面实现中国式现代化目标提供有力支撑。国务院印发的《知识产权强国建设纲要(2021—2035年)》明确提出,要"以质量和价值为标准,改革完善知识产权考核评价机制。引导市场主体发挥专利、商标、版权等多种类型知识产权组合效应,培育一批知识产权竞争力强的世界一流企业";同时,国务院办公厅发布的《国务院办公厅关于完善科技成果评价机制的指导意见》提出,要健全完善科技成果分类评价体系,注重高质量知识产权产出,建立健全重大项目知识产权管理流程,建立专利申请前评估制度,加快推动科技成果转化为现实生产力。事实上,知识产权转化为运营中的无形资产的分级分类管理②,是加强知识产权运营的重要举措,也是推动产业创新、绿色发展的题中应有之义。

截至目前,国内关于企业知识产权分级分类管理实务方面的研究成果较

---

① 吴汉东:《知识产权前沿问题研究》,中国人民大学出版社2019年版,第225页。
② 关于"知识产权分级分类管理"的称谓,实务界亦称为"知识产权分类分级管理",其强调根据知识产权客体类型化先行界分,再根据价值评估模型进行等级划分。因此,本书中"知识产权分级分类管理"和"知识产权分类分级管理"二者并无实质区别。考虑到统一表述的需要,本书采用"知识产权分级分类"进行表述。

少，而相关方面的研究更多聚焦于知识产权价值评估、知识产权运营、知识产权管理等领域。为持续深入推进创新驱动发展战略和知识产权强国战略，进一步提升广州供电局在知识产权方面的创造质量、运用效益、管理水平和服务能力，广州供电局联合广州奥凯咨询有限公司、华南理工大学知识产权学院项目课题组，开展"供电企业知识产权分级分类管理实务"研究，并形成研究成果。

本书具体分工如下：提纲由苏志鹏、赖单宏、覃煜、关永红共同完成；绪论、第一章由关永红、董凡撰写；第二章由董凡、黄超杨、谢巽、徐庄撰写；第三章由黄靖心、刘珊、范阳、何涵撰写；第四章由张淡钿、杨珏、王晨、罗思敏、苏海博撰写；第五章由徐庄、蒯鸿娜、曲烽瑞、宁宇、崔屹平撰写；第六章由周晓波、谢巽、王红斌、王勇、伍衡、刘璐豪撰写；第七章由麻星艳、莫淑欢、傅志强撰写；第八章由王峻岭、麻星艳、陆思源撰写；附录由麻星艳、莫淑欢、潘玥卉、潘红艳、薛冰如撰写；苏志鹏、赖单宏进行修改并最终统稿。

本书通过价值评估模型，结合供电企业工作实际，对国内供电企业存量有效知识产权（专利）进行价值评估，并对评分结果进行分级分类，以期助力国内供电企业提升知识产权转化运用能力。

编委会
2022 年 12 月 30 日

目　录
CONTENTS

绪论 …………………………………………………………………………………… 1

第一章　知识产权价值与企业战略管理 ……………………………………… 12
第一节　知识产权价值评估概述 …………………………………………… 12
第二节　企业知识产权战略管理 …………………………………………… 18

第二章　企业知识产权分级分类管理基本范畴 ……………………………… 28
第一节　知识产权分级分类管理的概述 …………………………………… 28
第二节　知识产权分级分类的常见类型 …………………………………… 37
第三节　知识产权分级分类管理的一般思路 ……………………………… 44

第三章　供电企业专利资产的分级分类管理 ………………………………… 47
第一节　专利资产的概念与特征 …………………………………………… 47
第二节　专利资产的评估管理 ……………………………………………… 50
第三节　专利布局的分级分类管理 ………………………………………… 57
第四节　专利资产运营转化分类管理 ……………………………………… 74
第五节　专利侵权预警保护分级分类管理 ………………………………… 83
第六节　国内外专利资产分级分类管理实践 ……………………………… 90

第四章　供电企业商标资产的分级分类管理 ………………………………… 93
第一节　商标资产的概念与特征 …………………………………………… 93
第二节　商标设计与申请获权分级分类管理 ……………………………… 96
第三节　商标运营与使用许可分级分类管理 ……………………………… 100

第四节　商标侵权预警保护分级分类管理 …………………… 106
　　第五节　企业商标分级分类管理实践 ……………………………… 112

第五章　供电企业数据资产的分级分类管理 ………………………… 115
　　第一节　数据与数据资产 ………………………………………… 115
　　第二节　数据资产的概念与特征 ………………………………… 117
　　第三节　数据资产确权与定价 …………………………………… 122
　　第四节　数据资产分级分类与运营 ……………………………… 125
　　第五节　数据资产安全保护管理 ………………………………… 130
　　第六节　供电企业数据资产管理实践 …………………………… 138

第六章　供电企业商业秘密的分级分类管理 ………………………… 145
　　第一节　商业秘密的概念与特征 ………………………………… 145
　　第二节　商业秘密定密环节分级分类管理 ……………………… 149
　　第三节　商业秘密使用管理阶段分级分类管理 ………………… 155
　　第四节　商业秘密侵权预警保护分级分类管理 ………………… 161
　　第五节　供电企业商业秘密分级分类管理实践 ………………… 167

第七章　供电企业知识产权分级分类管理实践：以专利为中心 …… 172
　　第一节　A供电局的专利分析 …………………………………… 172
　　第二节　分级分类管理中专利价值指标分析 …………………… 181
　　第三节　B电力公司专利分级分类实践 ………………………… 191

第八章　结　语 ………………………………………………………… 197

参考文献 ………………………………………………………………… 203

绪　论

一、研究背景与目的

(一) 研究背景

1. 我国知识产权创新发展和成果积累情势良好

自《国家知识产权战略纲要》有效实施以来，我国知识产权事业取得长足发展。首先，我国版权产业呈现稳定发展态势。2016年至2020年，我国作品登记数量呈稳步高速发展趋势。相较于2016年，2020年作品登记数量增长107%（详见表0-1）。其次，我国专利产业发展依旧保持创新活力（详见表0-2）。通过表0-3可以发现，2016年至2020年我国发明专利、实用新型专利、外观设计专利申请呈快速发展态势。具言之，相较于2016年，2020年专利申请量增长约49.9%；其中，2020年发明专利申请量增长约11.8%，2020年实用新型专利申请量增长约98.3%，2020年外观设计专利申请量增长约18.5%；同时，2020年受理PCT国际专利申请量较2016年增长约60%（详见表0-3）。可以认为，我国专利创新事业呈快速发展态势，其中发明专利的发展态势良好且实用新型专利增长迅猛。

与此同时，世界知识产权组织发布的 The Global Innovation Index 2022 显示，在全球经济形势严峻与新冠疫情叠加的国际背景下，中国创新指数位居全球第11位，相较2021年提升1位，已经连续十年稳步提升，位居36个中高收入经济体之首；①而且据《2022年中国知识产权发展状况评价报告》，"2022年评价结果显示，我国知识产权强国建设指数达到116.3，较上年基期

---

① WIPO：Global Innovation Index 2022——What is the Future of Innovation-driven Growth?

值 100 增长 16.3，其中，知识产权制度建设、保护体系、市场运行机制、公共服务体系、人文社会环境、参与全球知识产权治理等指数依次为 112.4、119.3、114.8、117.5、121.3、114.1，分别较基期值 100 增长 12.4、19.3、14.8、17.5、21.3、14.1，反映出我国知识产权强国建设取得了显著成效"[①]。可见，我国科技创新能力与发展潜力依旧保持强劲的发展态势和良好的创新氛围。

总体而言，通过知识产权创新发展数据可知，我国版权、专利、商标都呈快速发展态势，为巩固与推进我国知识产权事业稳步发展，充分回应国家知识产权宏观发展战略与举措所产生的积极效果，紧扣创新发展需求，发挥知识产权引领作用，有效打通知识产权"创造、运用、保护、管理、服务"全链条，以及进一步构筑知识产权强国、智慧强国奠定了扎实的物质基础。

表 0-1 2016—2020 年全国作品登记、计算机软件著作权登记情况统计概览

年份	2016 年	2017 年	2018 年	2019 年	2020 年
作品登记量（万件）	159.96	200.2	235	270.1	331.6
计算机软件著作权登记量（万件）	41	74.54	110	148.4	172.3

资料来源：中华人民共和国国家知识产权局官网。

表 0-2 2016—2020 年国内发明专利/实用新型专利/外观设计专利申请状况概览

年份	2016 年	2017 年	2018 年	2019 年	2020 年
发明专利申请量（万件）	133.9	138.2	154.2	140.1	149.7
实用新型专利申请量（万件）	147.6	168.8	207.2	226.8	292.7
外观设计专利申请量（万件）	65.0	62.9	70.9	71.2	77.0
总量（万件）	346.5	369.9	432.3	438.1	519.4

资料来源：中华人民共和国国家知识产权局官网。

表 0-3 2016—2020 年受理 PCT 国际专利申请状况概览

年份	2016 年	2017 年	2018 年	2019 年	2020 年
受理 PCT 国际专利申请量（万件）	4.5	5.1	5.5	6.1	7.2

资料来源：中华人民共和国国家知识产权局官网。

---

① 国家知识产权局知识产权发展研究中心：《2022 年中国知识产权发展状况评价报告》，第 4 页。

表 0-4 2016—2020 年国内商标注册申请统计概览

年份	2016 年	2017 年	2018 年	2019 年	2020 年
商标注册申请数量（万件）	369.1	574.8	737.1	783.7	911.6

资料来源：中华人民共和国国家知识产权局官网。

表 0-5 2016—2020 年马德里商标国际注册申请统计概览

年份	2016 年	2017 年	2018 年	2019 年	2020 年
马德里商标国际注册申请数量（万件）	3014	4810	6594	6491	7553

资料来源：中华人民共和国国家知识产权局官网。

2. 推进实施知识产权高质量发展政策制度丰硕

随着 2008 年《国家知识产权战略纲要》的出台与实施，我国知识产权事业整体呈现良好发展态势，在科技创新、创新成果累积、重点技术领域等方面取得重大突破。"十三五"期间，国家先后出台《2018 年深入实施国家知识产权战略加快建设知识产权强国推进计划》《粤港澳大湾区发展规划纲要》《2020 年深入实施国家知识产权战略加快建设知识产权强国推进计划》《知识产权强国建设纲要（2021—2035 年)》等促进知识产权高价值培育，促进高质量知识产权发展的宏观规划、公共政策，为我国由"知识产权大国"转型为"知识产权强国"奠定了引领性、方向性政策制度基础。

与此同时，广东省作为我国经济、科技、贸易发展的前沿阵地，在实体产业、数字产业、科创领域等方面具有重要的战略地位。为进一步巩固和发展广东知识产权事业，广东省政府相继出台了《广东省建设引领型知识产权强省试点省实施方案》《广东省深入实施知识产权战略推动创新驱动发展行动计划》等政策，旨在强化培育地方知识产权，研发创新高价值知识产权，以及有效联动知识产权创造、运用、管理、保护和服务，打通知识产权"全链条"，实现知识产权事业高质量发展目标。简言之，在国家与地方推进知识产权发展的体系化政策背景下，广东省内的知识产权创新型企业具备进一步发掘、优化知识产权创新管理，知识产权成果转化，知识产权运营的政策基础。

3. 初步累积企业知识产权分级分类的管理经验

通过整理与分析专利价值与专利分级分类管理方案和方法，笔者发现，国内在研究和实践操作中不断强化各个创新性领域的专利价值和专利分级分类管理方法、体系及模式研究。例如，在"专利价值分析指标体系"技术背景下展开专利价值评估，通过帕累托方法划分价值度，为专利分级分类管理提供依据；利用分类回归算法建立专利价值测度评估体系；探索专利被引证数与专利价值之间的动态联系等。例如，广东省市场监督局（知识产权局）批准发布的 DB44/T 2363-2022《高价值专利培训布局工作指南》，其中5.12.1条和5.12.2条专门就"专利分级分类"做了标准化规定①，为企业、高校、科研院所等创新主体进行高质量、高价值知识产权培育布局的组织实施提供了方向性指引及指导性建议。由此可见，国内研究者、实践者正在不断延伸和深化研究领域，着重探索与构建科学的、可操作的专利价值的评估体系和量化指标，积极探索可以在创新型、科技型企业适用的专利分级分类管理思路、管理方案及管理方法。

（二）研究目的

1. 系统构建专利价值评估体系与评估方法

通过整理、分析既有专利价值测度与评估的主要方法，集合供电行业主要的科技创新成果并剖析其中的技术特殊性、产业特殊性，进而构建符合供电行业发展的专利价值评估体系；在此基础上，进一步细化专利价值评估的主要参数、评估标准、评估模型与评估计算方案，从而发掘有益于供电行业发展的科技创新成果，支撑供电行业绿色化、低碳化的可持续发展。

2. 积极探索知识产权价值分级分类管理体系和模型

在系统构建专利价值评估体系与评估方法的基础上，进一步探索专利分级分类的管理体系、管理模型和管理方法。通过较为科学的评估与测算研发成果，以多元价值为指引，对电网系统研发成果进行精细化、类型化、层次化管理，即探索符合供电行业自身发展实际、契合发展需要的分级分类管理模型和管理方法。

---

①《高价值专利培训布局工作指南》（DB44/T 2363—2022）5.12.1 规定："强调创新主体应建立健全贯穿高价值专利培育工作全过程的专利分级分类决策、沟通、实施机制。"

《高价值专利培训布局工作指南》5.12.2 规定："专利管理人员可会同相关人员应在专利申请前评估、专利授权后管理环节开展专利分级分类；可根据工作需要在专利挖掘、专利布局、高质量专利申请文件形成、专利申请文件质量检查、专利申请管理环节开展专利分级分类。"

3. 科学阐释知识产权价值分级分类管理方法和步骤

在初步确立基于专利价值的分级分类管理体系、管理模型和管理方法的基础上，进一步详细阐释管理方案和管理方法的实施步骤与注意事项。例如，创设符合供电行业发展的台账管理方法，在台账内页中丰富、细化具体参数、实际要点，发挥台账在具体管理工作中的信息留痕功能，实现萌生创意、技术研发、成果实验、成果转化等多环节、多维度的信息记忆，方便回溯科技创新成果的研发史、发展史，以便进一步预测和确定发展方向。

4. 多维度延伸高价值知识产权管理与应用实施路径

研发作为形成知识产权成果的开端，具有重要意义。但是，知识产权的转化运营则是进一步发挥科技创新成果的市场价值、技术价值、法律价值、文化价值等维度的关键环节，因此供电行业的知识产权成果亦须进一步探索运营与应用的实施路径，发掘和实现知识产权的市场价值和经济价值，不断丰富和扩展创新成果的价值维度。有鉴于此，本研究在专利价值分级分类管理的基础上，旨在着力培育高价专利，对不同价值层阶的专利成果采取相应的运行策略，实现专利价值的实在体现，谨防价值价格极高或价格极低的市场运营结果，否则不利于供电行业可持续地良性发展。

二、研究现状与评述

（一）文献综述

国内外关于供电企业知识产权分级分类的研究成果较为有限，本书更多的是通过上位概念"知识产权价值评估""企业知识产权战略""企业知识产权管理"等维度展开成果梳理与研究评述。

1. 关于知识产权价值评估因素的研究现状

分析知识产权价值的评估因素有助于合理客观地评价知识产权价值。国内外关于知识产权价值评估因素的研究成果颇丰。在专利权价值的影响因素方面，有研究认为主要是法律因素、技术因素和经济因素三类指标；商标权的价值评估影响因素则关注商标是否已经核准注册、商标的使用情况，是否已到争议期，是否为驰名商标等；版权价值影响因素则关注宏观经济环境、行业前景、作品题材、受众度、营销模式、法律环境等。① 还有研究基于高价值培育的现实需要,针对我国专利进行实证分析,并获得我国高价值专利的结构性分析结果。②

2. 关于知识产权价值评估方法的研究现状

知识产权作为一种无形资产,无论是在其评估影响因素方面还是评估方法方面大抵可以遵循无形资产评估的一般方法。③ 而且,对知识产权价值的评估研究,一直以来是国内外科技创新评价指标研究中的重要部分。在学术界、知识产权服务领域(包括各类型的咨询公司),均对此进行了相关研究。有研究提出,基础知识产权价值评估方法包括市场法、成本法、收益法④,并提出创新型研究方法。

除了国家知识产权局联合中国技术交易所研究的专利价值分析指标体系外,T. Fischer、J. Leidinger⑤利用竞拍的数据对专利的价值进行评估,发现前向引证和专利家族大小对专利价值有影响,但解释能力均非常有限;吕晓蓉⑥利用主成分分析方法,从技术、市场竞争和法律等角度探讨专利价值评估的指标体系;赵蕴华、张静⑦等人从机器学习技术的角度,采用决策树、支持向量机和神经网络三种算法探讨了专利价值的评估;张古鹏和陈向东⑧从专利存续出发,以收益的指数分布特征为基础重新构建了专利价值模型,进而探讨发明专利的货币计值;胡小君和陈劲⑨研究了"专利向心引用网络"

---

① 朱荣、张亚婷、葛玲:《知识产权价值评估研究综述》,载《中国资产评估》2022年第1期,第65页。
② 程文银、胡鞍钢、陈雪丽:《知识产权强国背景下中国高价值专利发展:测度与实证分析》,载《北京工业大学学报(社会学科版)》2022年第5期,第1—12页。
③ 周立俭、徐光军:《知识产权价值评估文献综述》,载《商业经济》2018年第7期,第110页。
④ 梁美健、郭文:《科技企业知识产权价值评估研究现状分析——基于质押融资视角》,载《中国资产评估》2021年第8期,第5页;参见朱荣、张亚婷、葛玲:《知识产权价值评估研究综述》,载《中国资产评估》2022年第1期,第66页。
⑤ FISCHER T, LEIDINGER J. Testing Patent Value Indicators on Directly Observed Patent Value——An Empirical Analysis of Ocean Tomo Patent Auctions, Research Policy, 2014 (3): 519-529.
⑥ 吕晓蓉:《专利价值评估指标体系与专利技术质量评价实证研究》,载《科技进步与对策》2014年第20期,第113—116页。
⑦ 赵蕴华、张静、李岩、殷绪成:《基于机器学习的专利价值评估方法研究》,载《情报科学》2013年第12期,第15—18页。
⑧ 张古鹏、陈向东:《基于专利存续期的专利价值研究——一个基于收益服从指数分布假设的模型重构》,载《管理工程学报》2013年第4期,第142—149页。
⑨ 胡小君、陈劲:《基于专利结构化数据的专利价值评估指标研究》,载《科学学研究》2014年第3期,第343—351页。

的专利结构指标与传统指标在反映专利技术价值的相关性问题,并利用蒙特卡罗模拟进行了验证;杨冠灿①等人利用矩阵转化方法,对四种单一专利引用关系进行整理,从而提出一种适用于专利价值评价的专利综合引用网络构建方法。

3. 关于企业知识产权战略与管理的研究现状

企业知识产权主要是指企业为了谋取发展,维护自身权益,获得或保持竞争优势以及充分发挥知识产权的经济效用,在知识产权领域所进行的整体规划。② 有的学者基于 SWOT 分析法,阐释企业知识产权战略聚类模型的理论分析和类型选择。③ 也有学者确立了企业知识产权战略评估的基本原则、主要内容和相关指标建构,并形成了相应的企业知识产权战略评估体系;④ 有的学者通过比较法范式,制定企业知识产权战略实施绩效评价体系、指标选取原则和分析模型。⑤ 与此同时,有学者从企业知识产权管理的概念、特征、内容及学科性质切入,认为企业知识产权具有规范性、市场性、专业性、系统性等特点,并强调企业知识产权管理的重点任务。⑥ 还有学者在梳理企业知识产权管理概念的基础上,进一步提炼企业知识产权管理的主要目的、管理内容和管理主体。⑦

4. 关于企业知识产权分级分类管理的研究现状

分析既有的研究成果可以看出,多数研究成果、实践方案从三重维度——法律价值、技术价值、经济价值来剖析知识产权分级指标。有研究立足于中央企业知识产权的管理格局与视角,强调专利分级分类管理方案要采用知识产权评分卡(涵摄法律价值、技术价值、应用价值)、组建专家组以评

---

① 杨冠灿、刘彤、李纲等:《基于综合引用网络的专利价值评价研究》,载《情报学报》2013年第12期,第1265–1277页。
② 姜海洋:《企业知识产权战略初探》,载《科学管理研究》2011年第3期,第66–67页。
③ 翁建兴、罗建华:《企业知识产权战略模式和类型的选择——基于SWOT分析法和战略聚类模型的理性分析》,载《科技管理研究》2006年第7期,第168–170页。
④ 吴红:《企业知识产权战略评估指标体系的建构》,载《科技管理研究》2010年第1期,第202–204页。
⑤ 唐杰、周勇涛:《企业知识产权战略实施绩效评价研究》,载《情报杂志》2009年第7期,第55–60页。
⑥ 冯晓青:《企业知识产权管理基本问题研究》,载《湖南社会科学》2010年第4期,第54–58页。
⑦ 赵星:《企业知识产权管理基本概念探析及其实践意义》,载《科技促进发展》2019年第9期,第956–963页。

估知识产权（通过矩阵确定权重），并将知识产权分级为低价值知识产权、一般知识产权、重要知识产权和核心知识产权。① 同时，还有研究者将知识产权价值评价指标分为技术价值、法律价值、市场价值、战略价值和经济价值②，或分为技术价值、法律价值、市场价值、战略价值、管理价值。③ 另有学者以"专利奖"为研究对象，剖析专利奖与专利分级分类之间的内在联系，并确立专利分级的一级指标（法律价值、技术价值、经济价值）、二级指标（稳定性、保护范围、侵权可判定、先进性、替代性、发展成熟度、转化运营状态、市场适应状况、政策适应状况）以及相应指标权重。④ 还有学者强调，在确立知识产权分级评价指标及权重时，应当考虑从单位现有统计信息、公开数据库中获取，避免过多掺杂经济、法律因素，慎重考虑知识产权引证与被引证情况，应当关注创新主体的自身创新发展能力——于法律、经济、技术因素之外，站在全球宏观技术领域发展趋势以及科研主体持续发展能力的角度探讨知识产权质量的影响因素，遵循客观性、系统性、可行性原则，更能立体地体现评价指标架构。⑤

同时，有研究基于价值维度分析知识产权分级分类管理方法，强调采用"三步走"方式构建分级分类管理体系——对于已授权专利，按照技术方向集中评审分级；对于新申请专利，将专利价值分析体系运用贯穿于专利申请全过程，按照申请前、申请中、授权后三阶段评审进行动态分级；根据专利质量和专利交易数据反观指标设置的合理性，适当调整指标设置，使得分级依据更具说服力。⑥ 另外，有学者以国防知识产权作为研究对象，在强化国防科研成果转化效果的目标基础上，确立"分级立项"的制度构想⑦，并以

---

① 王旭明：《建筑中央企业分级管理体系研究》，载《中国科技信息》2022 年第 24 期，第 125–126 页。
② 刘剑锋、肖小清、向谆：《企业专利价值分级管理方法研究》，载《中国知识产权杂志》，2018 年第 10 期。网址：https://mp.weixin.qq.com/s/yJZx0LryMaaMX-KIg09-6g，最后访问时间：2022 年 11 月 20 日。
③ 刘婷婷、陈振标、刘敏榕：《面向分级需求的高校专利数据标引模型研究》，载《情报探索》2022 年第 4 期，第 11–18 页。
④ 章雁宁：《基于专利奖浅析专利分级分类》，载《中国科技信息》2022 年第 24 期，第 31–33 页。
⑤ 花之蕾、刘亚期：《中国高校专利的分级评价》，载《科技管理研究》2022 年第 16 期，第 47 页。
⑥ 李小娟、梁丽：《基于专利动态分级的高价值专利筛选实践分享》，智专北斗，网址：https://mp.weixin.qq.com/s/XT4FcREO2vkM0JolYBh78w，最后访问时间：2022 年 11 月 20 日。
⑦ 分级立项，是指在个案法益衡量法则的指导性，在国防科研项目立项伊始对项目保密性需求进行有目的的甄选，从而对项目进行归类分级。

美国军事服务专利咨询委员会（ASPAB）的专利保密分类审查目标为参照标准①。

（二）研究评述

通过分析既有研究成果，国内研究文献主要聚焦于企业知识产权价值评估、企业知识产权管理等范畴的研究和实践操作，抑或关于企业专利分级分类管理的研究成果，其研究成果具有典型性、合理性，值得高度肯定。但是，业界鲜有人就供电企业、电力系统行业以及知识产权"权利束"这两个维度进行深度的研究。总而言之，在供电企业知识产权专利分级分类方面的研究成果非常有限，亟待学者、实务工作者深度挖掘并形成可操作、有成效的管理方案、管理模型等。因此，本书的研究论题"供电企业知识产权分级分类管理实务"具有较强的实践意义和现实价值。

三、研究思路与方法

（一）研究思路

（1）阐释知识产权价值与企业知识产权战略、管理的基本范畴。鉴于知识产权非物质性的特殊秉性，使得其区别于传统财产的价值评估测度方式，难以直接适用常见估量方法进行有效价值评估，故本书以知识产权的多维价值为开端，引入企业知识产权战略与知识产权管理分析内容，作为系统分析知识产权分级分类管理的基础内容。

（2）剖析类型化视角下企业知识产权分级分类管理的具体模式。囿于知识产权是涵括版权、专利权、商标权、商业秘密权等客体的"权利束"，因此难以直接抽象出一套适用所有知识产权权利客体的分级分类管理模型、管理方案，仍需依据知识产权权利具体类型的划定，剖析版权、专利权、商标权、商业秘密等权利客体的分级分类管理模式与一般方案。

（3）依托典型案例与实证数据，确立适合供电企业工作实际的知识产权价值评估权重方案。本书以我国某供电企业知识产权发展实际为研究样本、数据样本，以供电企业较为关注的专利创新、科技研发为切入点，尝试确立

---

① 马忠法、吴昱：《论我国国防专利转化利用机器制度完善——以"分级立项"制度构思为例》，载《科技进步与对策》2022年第21期，第4-5页。

专利价值评估的具体权重与影响因子。

（4）依托典型案例与实证数据，搭建适合供电企业发展的知识产权分级分类管理模型样板。本书尝试确立以多维专利价值为研究基础，搭建符合我国供电企业专利分级分类的管理体系、管理模型，寻求符合这一目标的管理方案和管理方法，进一步强化专利精细化、类型化的专利管理思路，进一步优化专利成果台账管理方法及实施细则，有效开展高价值专利研发成果精细化管理，提高研发成果管理质量，提高研发成果管理效能。

（二）研究方法

（1）文献分析法。本书以"知识产权分级分类"为研究论题，收集、整理相关领域的研究成果，形成研究综述；同时，吸收国内外研究成果并将其转化为本书论证中的支撑、说理部分，增强研究观点、实践操作的说服力。

（2）案例分析法。本书收集了供电企业、电网系统中企业管理（知识产权方向）以及知识产权分级分类管理的一些典型案例，作为本研究学习借鉴、批判省思的样本对象；与此同时，还通过案例的分享与解读来提高本书的可读性及可操作性。

（3）实证分析法。本书采用管理计量软件、管理学模型针对典型案例、研究样本进行实证分析、模型分析，透析电力企业知识产权分级分类过程中的重要领域、重点环节，提升研究结论的科学性、合理性。

四、研究创新与不足

（一）研究创新点

（1）提出符合国内部分供电局实际需要的知识产权（专利）价值评估体系。本书以国内某供电局作为研究对象，结合其本身掌握的知识产权（专利）成果的技术特点、成果类型，构建该类供电企业的知识产权（专利）价值评估体系及其评估参数、评估权重、评估标准和估测模型。

（2）搭建适合国内部分供电局发展的知识产权（专利）分级分类管理的基础模型。本书以国内某供电企业作为研究对象，结合实证研究数据和该企业有效知识产权的实际情况，形成一套可参考、可复制的知识产权分级分类管理模型与具体方案，便于国内供电企业相互学习借鉴和自我优化改造。

（3）提出契合国内部分供电局工作实际的知识产权（专利）分级分类管

理实施方案。以专利价值为导向，进一步确立契合广州市供电局发展需要的专利分级分类管理体系如管理模式、管理方案、具体实施细则等，着重优化分级分类台账的参数、要点和记账方法，使其可以充分展现知识产权成果的研发脉络、管理流程及预测方向。

（二）研究不足点

第一，本书所采用的研究样本、数据样本仍具有较强的特殊性，难以全面覆盖国内所有供电企业的多重情形。受限于研究能力与数据分析能力，本书仅能提供国内部分供电企业的知识产权数据、分级分类管理方案，在供电企业数量和企业代表性、典型性方面难以显现一般性、普适性的样本优越性。

第二，本书所分析的研究对象仍具有较强的局限性，未能全面涵括供电企业版权、专利权、商标权、商业秘密权等分级分类的管理模型与实践思路。本书内容侧重于供电企业专利研发、科技创新过程中的分级分类管理问题，针对专利分级分类管理提出一套管理模型与分析结果，未就供电企业版权、商标权、商业秘密权等内容进行仔细剖析与技术拆解。

第三，本书提出的供电企业知识产权分级分类的管理模型、评估方案仍需验证。本书的知识产权分级分类管理模型、管理方案和具体举措尚有特殊性，能否成为具有普适性、一般性的分级分类管理模型和方案仍有待论证和实践检验。

第一章 知识产权价值与企业战略管理

在知识经济时代背景下,知识产权已然成为企业价值创造的源泉;换言之,企业价值驱动的因素已经迭代至知识资产驱动的时代——知识资产是与土地、劳动并列的创造价值的"第三要素",传统实物资本的价值驱动理论不能完全适应知识经济的要求。[①] 因此,知识产权作为特殊类别的企业资产,在企业知识产权战略、管理和价值评估中均有其特殊性、典型性,在明确知识产权价值、企业知识产权战略、企业知识产权管理基本内涵的基础上,可以较为深入地开展知识产权分级分类的理论研究和实践操作。本章旨在阐释知识产权价值及其评估方法、企业知识产权战略、企业知识产权管理相关范畴的基本内涵,为企业知识产权分级分类的具体展开奠定基础。

第一节 知识产权价值评估概述

无形财产权是区别于传统财产所有权的一项新型民事权利,是近代商品经济和科技发展的产物。[②] 一般认为,无形资产包括专利权、商标权、著作权、技术秘密、特许经营权、租赁权、土地使用权、商誉等。[③] 其中,知识产权(专利权、商标权、著作权、技术秘密等)系无形资产的主要构成部分。通说以为,知识产权是人们对自己智力创造活动中的成果和经营管理活动中

[①] 汤湘希、李经卢、周江燕等:《企业知识资产价值论》,知识产权出版社2014年版,第95页。
[②] 吴汉东:《无形财产权基本问题研究》(第三版),中国人民大学出版社2013年版,第41页。
[③] 何盛明:《财经大辞典》,中国财经出版社1990年版,第1431页。

的标记、信誉所依法享有的权利。① 因此,知识产权或无形财产权的非物质性特质使得其有别于有体财产的度量方式——知识产权或无形财产本身不具有可触性,因而不能简单沿用传统民法财产权理论进行诠释,很难根据历史经验判断其价值。

一、知识产权价值的基本概念

价值是人在对世界的认识和实践活动中建立的,客体的存在及其性质满足主体的需要与目的,并且以其是否与主体的目的、需要等相一致、相适合、相接近作为尺度的一种客观的主体关系。② 正如马克思所说,"'价值'这个普遍的概念是从人们对待满足他们需要的外界物的关系中产生的"③。由于商品具有使用价值和价值两个因素以及体现在商品中的劳动具有具体劳动和抽象劳动两种属性,故创造性劳动产品亦同样具有这样的因素和属性——创造性劳动是一种将思想、构思和创意转化为无形的创作成果并将这些成果进行物化赋形的劳动形式。④ 知识产权价值的决定因素主要体现在两个方面,即具有商品属性的知识产权权利的价值,以及被物化赋形的产品价值。⑤

知识产权作为无形资产的重要组成部分,经济价值是知识产权的一项重要价值维度,然不同类型知识产权的价值模式亦是迥异的。有研究表明,版权经济价值体现于"作品是否有传播的相关权利",即销售收益模式和使用收益模式,版权价值的商品基础又呈现二元性,即具有商品属性的版权权利和被物化赋形的复制品;专利权经济价值具有权利人自己实施专利和专利权转让两种样态;商标权经济价值在于企业品牌、商誉、产品质量、售后服务、市场占有率及宣传力度等因素的时间沉淀所累积的价值。⑥ 另有研究指出,知识产权价值本体具有层次性,即产品层次、企业层次、产业层次,三个层

---

① 吴汉东:《无形财产权基本问题研究》(第三版),中国人民大学出版社2013年版,第34页。
② 李德顺:《价值论》(第二版),中国人民大学出版社2007年版。转引自汤湘希、李经卢、周江燕等:《企业知识资产价值论》,知识产权出版社2014年版,第84页。
③ 转引自吴汉东:《知识产权总论(第四版)》,中国人民大学出版社2020年版,第194页。
④ 段桂鉴:《版权价值导论》,商务印书馆2018年版,第61页。
⑤ 段桂鉴:《版权价值导论》,商务印书馆2018年版,第72-77页。
⑥ 刘华俊:《知识产权价值评估研究:基于司法判决赔偿额的确定》,法律出版社2017年版,第34-35页。

次间呈现逻辑辩证关系,三者之间相互联系、相互影响、相互促进,体现为从简单到复杂、由分散到集中、由单调到综合的演变过程。①

另外,我国著名无形资产评估专家汤湘希教授认为,知识产权(知识资产)价值的基本特征具有客观性、主体性、实践性、历史性、多维性、迁延性、风险性七项特征。②

二、知识产权价值的影响因素

诚如加拿大学者尼克·鲍帝斯所指出的,知识资产要素和企业绩效关系存在显著的因果关系。③ 一般认为,知识产权作为一种无形财产权,根据性质不同,其价值可以体现为技术价值、经济价值和法律价值三个维度。但是,在价值评估实践过程中,考虑到知识产权客体类别的特殊性,不同类别的知识产权客体所涵括的价值影响因素可能会有所差异:

(1)专利权价值影响因素主要有法律因素、技术因素、经济因素;同时还可能在产品技术特点、产品成本、产品市场和技术市场四个主要维度评估产品的专利价值,专利价值与专利数量、稳定性和专利寿命有关。④

(2)商标权价值影响因素主要包括:商标是否已经核准注册、商标的使用情况、该商标是否已经达到争议期、商标是否接近续展期、商标是否驰名、商标设计的艺术价值;或者商标的开发购置成本及广告宣传、商标的法律状态、附着商标的产品或服务质量、商标的含义、知名度以及更宏观的总体经

---

① 段桂鉴:《版权价值导论》,商务印书馆2018年版,第98-105页。
② 汤湘希教授认为知识产权(知识资产)价值的客观性是指客观属性,即稀缺的效用性与企业之间的价值关系是在企业的实践活动中建立并客观存在的,不以人的主观意志为转移;主体性是指知识产权(知识资产)的价值同企业主体相联系,同企业主体的需要相联系,脱离了企业主体,知识资产的价值也就不具有意义;实践性是指知识产权(知识资产)的价值是在企业的实践活动中与企业相互作用所产生的,为企业提供各种方式获得、运用和管理知识产权(知识资产),使得知识产权(知识资产)对企业的经营乃至生存、发展产生影响等;历史性是指知识产权(知识资产)的客观效用属性与企业主题的相互作用在特定时间和条件下所形成的产物;多维性是指知识产权(知识资产)不仅满足主题的某方面需要,而且用来满足整体多方面需要;迁延性是指知识产权(知识资产)不是企业一次性完成并且实现的,而是一个不断展现的过程;风险性是指知识产权(知识资产)将随着企业知识资产的垄断地位、技术发展、市场环境变化以及制度环境的变化等因素处于不稳定状态。——参见汤湘希、李经卢、周江燕等:《企业知识资产价值论》,知识产权出版社2014年版,第85-87页。
③ 汤湘希、李经卢、周江燕等:《企业知识资产价值论》,知识产权出版社2014年版,第87页。
④ 朱荣、张亚婷、葛玲:《知识产权价值评估研究综述》,载《中国资产评估》2022年第1期,第65页。

济状况影响商标价值。①

（3）版权价值的影响因素包括法律因素、作品因素、经济因素及其他因素。其中，法律因素包括版权的基本情况、版权的利用情况、侵权风险；作品因素包括作品的独创性、作品类型；经济因素包括版权获取成本、版权实施主体的经营状况和获利能力、类似版权资产的交易情况；其他因素包括行业发展状况与前景、宏观经济发展状况、评估目的等。②

（4）商业秘密/技术秘密价值的影响因素主要包括法律因素和其他因素。其中，法律因素包括商业秘密/技术秘密的权利归属、商业秘密/技术秘密的保护范围、商业秘密/技术秘密权利的稳定性、商业秘密/技术秘密权利的使用情况；其他因素包括商业秘密/技术秘密的使用期限、商业秘密/技术秘密的获利能力、商业秘密/技术秘密的市场供求状况、商业秘密/技术秘密的领先程度和成熟程度以及商业秘密/技术秘密的开发成本等。③

三、知识产权价值的评估方法

市场经济是知识产权制度的经济基础。④ 有鉴于资产评估是进行价值估测的专业化活动，量定知识产权损失价值势必要应用知识产权价值评估的量定工具与方法选择。一般而言，作为无形资产的亚类的知识产权，其价值评估方法主要有成本法、市场法和收益现值法。简述如下：

（1）成本法。成本法又称重置成本法，就是在现实条件下购置或建造一个全新状态的评估对象所需的全部成本，减去评估对象的时效性陈旧贬值、功能性陈旧贬值和经济性陈旧贬值后的差额，以其作为评估对象现实价值的一种评估方法。⑤ 成本法的优势在于直观简单，在评估某些种类知识产权的价值时，确实是一种简单易行的方法；加之，重置成本估价模型建立在有准确历史数据可查的基础上，因此成本法深受会计师和其他商业人士的青睐。⑥

---

① 朱荣、张亚婷、葛玲：《知识产权价值评估研究综述》，载《中国资产评估》2022年第1期，第65页。
② 魏玮：《知识产权价值评估研究》，厦门大学出版社2015年版，第133-142页。
③ 魏玮：《知识产权价值评估研究》，厦门大学出版社2015年版，第167-170页。
④ 刘春田：《私权观念和科学态度是知识产权战略的根本保障——纪念〈国家知识产权战略纲要〉颁布实施十周年》，载《知识产权》，2018年第6期，第8页。
⑤ 魏玮：《知识产权价值评估研究》，厦门大学出版社2015年版，第24页。
⑥ 董凡：《知识产权损害赔偿制度研究》，华南理工大学2019年博士论文，第186页。

(2)市场法。市场法系基于市场的估价方法或者模型通过识别可比资产以及为它们所支付的价格来评估知识产权价值。① 市场法是评估资产的最有力的工具之一,市场通常被称为价值的次一级决定者,不少研究者认为市场衍生价格是评估对象价值最精准的反映。市场中的竞争者与参与者,通过维护自身利益的谈判过程,每一方都寻求获得比起让与更有价值的资源,进而双方或多方为所出售的知识产品或知识服务搭建一个"价值"。② 须注意的是,我国知识产权交易市场尚未成熟,评估实践过程中很难找到价值参照物,加之知识产权的应用领域、创新质量等要素均存在一定差异,以致现阶段难以直接适用市场法。③

(3)收益现值法。收益现值法是通过计算知识资产在预计经济寿命期间内所产生的未来现金流量的现值来评估知识资产的价值。④ 虽然,收益现值法本体理论仍存有一定瑕疵,⑤ 然该法乃现阶段公认的理论最成熟、可用于包括知识产权在内的商业资产的估值方法,因为它试图估计驱动公司的资产决策的净经济效益。⑥ 在适用收益现值法评估知识产权损害赔偿价值过程中,知识产权的收益额是指一个基本的评估参数,其有两个较为明确的特点:收益额不是知识产权的历史收益额或现实收益额,而是知识产权的未来预期收益额;用于知识产权评估的收益额是归属于知识产权的收益额。⑦ 这是因为,多数情形下知识产权仅代表一种机会利益,即市场交易机会,它是一种可期

---

①汤湘希、李经卢、周江燕等:《企业知识资产价值论》,知识产权出版社2014年版,第102页。

②[美]威廉·J. 墨菲、约翰·L. 奥科特、保罗·C. 莱姆斯:《专利估值——通过分析改进决策》,张秉斋、肖迎雨、曹一洲等译,知识产权出版社2017年版,第155页。转引自董凡:《知识产权损害赔偿制度研究》,华南理工大学2019年博士论文,第187页。

③董凡:《知识产权损害赔偿制度研究》,华南理工大学2019年博士论文,第188页。

④汤湘希、李经卢、周江燕等:《企业知识资产价值论》,知识产权出版社2014年版,第102页。

⑤收益现值法理论在适用中存在的固有缺陷:第一,它的应用前提较为苛刻,通常要求知识产权已经产业化并形成了稳定的收益现金流,而现实中很多面临评估的知识产权并未进入产业化环节,更谈不上已带来稳定的历史收益。第二,在确定折现率时,评估实务对折现率的确定尚不规范,并且在预测折现率时经常采用单一静态的折现率,而事实上,每年的折现率是有所不同的,它是一个动态变化的参数。加之影响折现率的因素众多,某些因素因其具有不确定性而无法量化,这也增加了折现率确定的难度。第三,知识产权价值影响因素存在的不确定性和模糊性,都使得单纯用收益现值法得到的评估结果的准确性大打折扣,特此注释。

⑥董凡:《知识产权损害赔偿制度研究》,华南理工大学2019年博士论文,第188页。

⑦魏玮:《知识产权价值评估研究》,厦门大学出版社,2015年版,第26页。

待的长期资产利益，也是难以确定的不利益。①

与此同时，还有期权理论评估法、无形资产负债法、等级/计分模型分析法、竞争优势模型方法、Skandia 导航器测试法、无形资产监视器分析法等分析方法。②

值得注意的是，无形资产评估方法发展至今，已经衍生出新型的估值方法，然而，多数情形下，"新"的估值方法又都可以追溯至上述三种基本的估值分析方法。③ 三种评估方法对于不同类别的知识产权的价值评估适用性强弱各有不同。根据表 1-1 可知，知识产权价值估值方法适用强度的顺序分别为：收益现值法、市场法、成本法。与此同时，我们清晰地认识到，上述评估方法使用的概观认识仅在一般情形下发生效果。质言之，收益现值法并不是在任何评估环境下都发生预期作用。通常，在知识产权主要方法派生出来的估值指标下，次要的方法也具有实质性帮助，而使用比较弱一些的评估方法时，除非有特殊情形，其为特定资产而产生的估值指标预测可能是最不可靠的；简而言之，总结此表的意义旨在作一般性指导，当然不排除特殊情形的存在，即不受青睐的方法产生了最可信的答案。④

表 1-1 知识产权估值方法的选择概览表

类 型	主要的	次要的	最弱的
著作权	收益现值法	市场法	成本法
专利与技术	收益现值法	市场法	成本法
商标与品牌	收益现值法	市场法	成本法

资料来源于戈登·史密斯、罗素·帕尔：《知识产权价值评估、开发与侵权赔偿》，夏玮、周叔敏、杨蓬译，电子工业出版社 2012 年版，第 267 页。

---

① 吴汉东：《知识产权损害赔偿的市场价值分析：理由、规则与方法》，载《法学评论》，2018 年第 1 期，第 69 页。
② 汤湘希、李经卢、周江燕等：《企业知识资产价值论》，知识产权出版社 2014 年版，第 102-105 页。
③ [美] 威廉·J. 墨菲、约翰·L. 奥科特、保罗·C. 莱姆斯：《专利估值——通过分析改进决策》，张秉斋、肖迎雨、曹一洲等译，知识产权出版社 2017 年版，第 13 页；[美] 戈登·史密斯、罗素·帕尔著：《知识产权价值评估、开发与侵权赔偿》，夏玮、周叔敏、杨蓬译，电子工业出版社 2012 年版，第 159 页。
④ [美] 戈登·史密斯、罗素·帕尔：《知识产权价值评估、开发与侵权赔偿》，夏玮、周叔敏、杨蓬译，电子工业出版社 2012 年版，第 267 页。

第二节　企业知识产权战略管理

在全球价值链嵌入的世界背景下，中国企业实现高质量发展的关键是提升创新能力，只有拥有自主知识产权的核心技术，占据全球创新价值链高端，中国才能实现由制造大国向"智造大国"的转变，提升与优化知识产权创新能力、科技创新水平是激活企业技术创新水平的有效路径，才能使得我国摆脱"低端锁定"的尴尬境地。[1] 其中，重视、调整企业知识产权战略是企业由小到大、由弱到强的核心环节，亦是企业实现自我革新的主要方略。知识产权是企业发展的重要战略资源，充分实现知识资源的经济价值乃是目前企业转型、快速发展面临的首要问题；事实上，科学合理的知识产权战略可以有效地推进企业创新，充分实现知识产权的经济价值、市场价值。其中，企业知识产权战略与管理不仅是企业固守阵地的保护盾，亦是企业开疆拓土的重要利器。[2]

一、企业知识产权战略

企业知识产权战略的概念来源于企业战略理论。[3] 企业战略是以企业的长远目标为出发点，通过全面分析企业存在的外部环境、内部资源和能力状况，利用知识产权制度给予的空间，确定企业的总体目标，并在此基础之上建立企业发展的全局性、整体性的谋划。[4] 有观点认为，企业知识产权战略是企业为获取与保持市场竞争优势，运用知识产权保护手段谋取最佳经济效益的策略与手段[5]——企业知识产权战略模式是企业在特定环境下形成的方

---

[1] 谢会强、刘冬冬：《全球价值嵌入、知识产权保护与制造业创新能力》，载《技术经济与管理研究》2022年第8期，第40页。
[2] 姜海洋：《企业知识产权战略初探》，载《科学管理研究》2011年第3期，第66页。
[3] 安雪梅：《知识产权管理》，法律出版社2015年版，第93页。
[4] 王光莆等：《企业战略管理》，中国财政经济出版社2000年版，第1-5页。
[5] 冯晓青：《企业知识产权战略》，石油工业出版社2001年版，第53-58页。

法和方略，是具有普遍意义的经验和做法。① 可见，企业知识产权战略势必充分体现企业营利性的特点，服务于营利这一根本目的，引导企业创造具有市场、能够带来经济效益的知识产权。② 例如，1962 年出版的《战略与结构：美国工业企业历史的篇章》，美国管理学家钱德勒指出，企业经营战略是确定企业发展的长远的基本目标，选择企业达到这些目标的途径，并且为实现这些目标和途径而分配企业重要资源。③

（一）企业知识产权战略的基本分类

有研究将企业知识产权战略归纳为进攻型、防御型和攻守兼备型三类模式：进攻型知识产权战略模式是指企业积极主动地开发技术，及时申请专利、商标等并取得相应的权利，利用知识产权保护手段抢占市场资源和份额；防御型战略模式是指企业在市场竞争中，由于竞争对手的知识产权对本企业的经营活动构成妨碍，所采取的改善竞争被动地位的经营策略；攻守兼备型战略模式是介于进攻型和防御型战略模式之间的中间模式，根据企业自身特点，在市场竞争中采取进攻和防御相结合的策略。④

表 1-2　企业知识产权战略类型

企业知识产权战略模式	知识产权战略类型
进攻型	基于专利、基本专利与技术标准相结合、专利收买、专利诉讼、专利商标许可……
防御型	绕过障碍专利、公开专利技术、利用失效专利、购买专利与商标使用许可……
攻守兼备型	专利网、专利交叉许可、专利与技术秘密相结合、专利与产品相结合……

资料来源于翁建兴、罗建华：《企业知识产权战略模式和类型的选择——基于SWOT分析法和战略聚类模型的理论分析》，载《科技管理研究》2006 年第 7 期。

---

① 翁建兴、罗建华：《企业知识产权战略模式和类型的选择》，载《科技管理研究》2006 年第 7 期，第 168 页。
② 姜海洋：《企业知识产权战略初探》，载《科学管理研究》2011 年第 3 期，第 67 页。
③ 吴汉东等：《知识产权制度变革与发展研究》，经济科学出版社 2013 年版，第 326 页。
④ 翁建兴、罗建华：《企业知识产权战略模式和类型的选择——基于SWOT分析法和战略聚类模型的理论分析》，载《科技管理研究》2006 年第 7 期，第 168 页。

另有研究者根据知识产权基本类型对其战略予以区分，将企业知识产权战略的基本类型分为三类：专利战略、版权战略和商标战略。根据实施策略的不同，划分标准又可形成不同的内容形式，下面以企业专利资产战略为例说明（详见图1-1）。

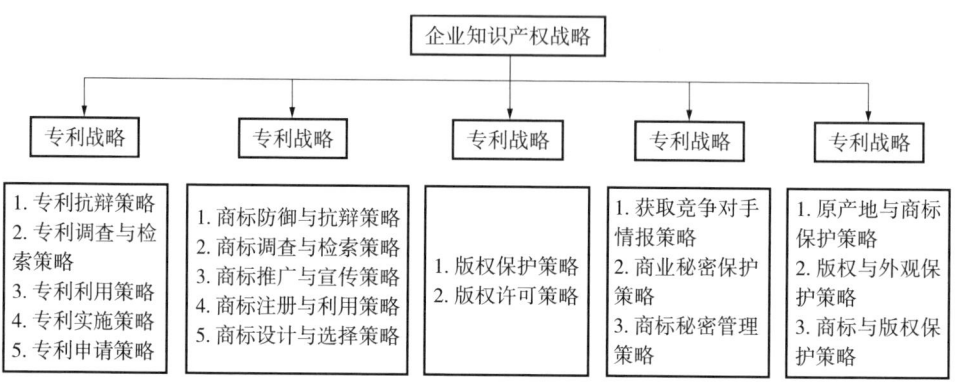

图1-1 企业专利资产战略

还有研究者以企业知识产权战略在企业经营管理中的重要性差异为分类标准，将其划分为基础性战略、选择性战略和辅助性战略。此种分类依据在于，企业知识产权所具有的功能已经远不是最初人们认为的合法垄断权，更多地表现为一种竞争武器，企业知识产权的管理工作被视为制定和实施企业知识产权战略的基础性工作，始终贯穿于企业知识产权战略的每个环节，企业依据其拥有的知识产权开展的战略制定和实施工作均以管理工作作为基本出发点。[①]

另外，可以根据企业经营规模差异，将企业知识产权战略划分为中小型企业、大型企业及跨国公司的知识产权战略三大类。[②]

（二）企业知识产权战略的基本原则

1. 科学性原则

制定与实施企业知识产权战略，战略内容应当全面、客观、真实地反映我国企业知识产权工作的发展水平。企业知识产权战略的内容应当概念精准、含义清晰，涵摄范围应当明确，各组织或组成部分应当协调统一、层次分明、

[①]安雪梅：《知识产权管理》，法律出版社2015年版，第99-100页。
[②]安雪梅：《知识产权管理》，法律出版社2015年版，第100页。

结构合理。① 同时，制定知识产权战略应当紧密结合国内外经济情势、行业环境以及国内企业指引政策，谨防企业宏观战略背离国家情势和客观规律，给企业的经营发展造成不可逆转的经济损失。

2. 可行性原则

企业应当正确认识企业知识产权战略的定位，制定企业知识产权战略应当紧密结合企业本体的发展现状，所制定的战略目标既不能太高，亦不能太低；既要具有稳定性、连续性，亦需具有一定的前瞻性。因此，企业知识产权战略目标必须受到企业经营目标的制约和指导，而不能脱离企业整体经营目标。②

3. 兼容性原则

通识认为，知识产权是聚合技术、经济、法律等元素于一体的权利束。相应地，企业知识产权战略的制定也需要从多方面加以考虑：技术方面，企业需注重文献情报，分析、了解同类产品的知识产权权属状况、技术水平，以便确定企业将来的发展方向；经济方面，企业应通过研究各类公开资料，明确竞争对手市场占有状况、创新技术市场覆盖率以及其他企业在产品和技术市场上的战略意图，从而指导企业合理设置资源投入；法律方面，企业应明晰自我的权利范围及竞争对手的权利覆盖范围，避免"无辜侵权"情形的发生。③ 同时，企业知识产权战略内容体系的确立，应当可以适用单个企业不同阶段的知识产权实施方案，亦需要兼顾掌握不同类别的知识产权客体类型及具有特殊性的企业经营战略。

（三）企业知识产权战略的评估体系

企业知识产权战略体系关乎企业战略目标长远性谋划，涉及企业知识产权战略的思想、战略目标、战略定位、战略实施环境与支撑条件、战略原则、战略实施策略等多项内容。④ 可见，企业知识产权战略应当有一系列内容构成，并且有着自身的逻辑层次。同时，企业知识产权战略作为一项复杂的系统，其评价指标体系内蕴大量结构性内容，主要由战略制定、战略实施和战略绩效三个方面组成；换言之，企业知识产权战略实施评价主要是对企业知识产权战略实施情况进行全方位监控、定性分析战略实施过程中的问题并及

---

① 唐杰、周勇涛：《企业知识产权战略实施绩效评价研究》，载《情报杂志》2009年第7期，第57页。
② 安雪梅：《知识产权管理》，法律出版社2015年版，第93页。
③ 安雪梅：《知识产权管理》，法律出版社2015年版，第94页。
④ 何敏：《企业知识产权保护与管理实务》，法律出版社2002年版，第197页。

时采取有效的调控措施(具体指标可以参考表1-3)。①

表1-3 企业知识产权战略评估指标体系

企业知识产权战略评估	一级指标	二级指标
战略的制定	外部经营环境适应性	竞争环境发展变化; 行业竞争形式变革; 消费者的价值需求; 战略目标与市场发展的一致性
	内部资源条件的适应性	与整体战略目标的一致性; 与企业内部情况的适应性; 战略方案中风险和困难的对策
战略的实施	战略的组织	员工对战略的理解; 研发结构是否适宜; 企业内部的分工合作
	战略的实施	建立相应的组织结构; 将实施内容转化为阶段计划; 有效分配利用企业资源; 战略的动态管理
战略的绩效	企业竞争优势	对企业竞争力的作用; 对行业技术结构的影响; 产品的领先程度; 市场占有率
	自主创新能力	研发投入与销售收入比; R&D 经费占 GDP 比重; 专利生产率; 技术人员比重; 设备水平结构
	经济效益	科研成果增长数; 科技成果转化率; 新产品贡献率; 科技进步贡献率

资料源自吴红:《企业知识产权战略评估指标体系的构建》,载《科技管理研究》2010年第1期。

---

① 吴红:《企业知识产权战略评估指标体系的构建》,载《科技管理研究》2010年第1期,第203页。

二、企业知识产权管理

随着经济全球化的融合与发展,以及科技创新、知识创新的深化发展,企业面临的内外部竞争环境日益复杂,企业间的竞争亦日益激烈,传统的企业管理模式难以紧密契合知识创新、科技创新的特殊秉性,难以在实践操作层面发挥战略价值、指引效用,难以实现期望获得的竞争优势。例如,传统企业可以通过成本优势、劳动力优势、企业兼并、设置市场准入壁垒等方式获得竞争优势,然而,在数字技术快速迭代发展的今天,通过科学、合理运营知识产权所获得的竞争优势具有典型意义和可复制性。[1] 同时,知识产权不仅是一种法律制度,更是一种无形资产。由此可见,大中型企业、科创型企业亟待转变管理思维和管理模式。

(一)企业知识产权管理的内涵

有学者指出,知识产权管理是将知识产权作为资产运营的工具。[2] 诚如世界知识产权组织前总干事卡米尔·伊德里斯所言,"知识产权是推动经济增长的有力工具"[3]。企业知识产权管理是一种对知识产权的各方面包括宏观调控和微观操作进行全面系统协调的活动,属于企业经营管理的一部分,其目标在于利用相关资源实现知识产权资源的优化配置,服务于企业市场竞争。[4] 有研究整理国内关于企业知识产权管理概念的相关研究成果(详见表1-4);同时,研究成果在结合诸项概念界定的基础上,针对企业知识产权管理进行基本概括:指组织对其知识产权工作加以计划、组织、协调及控制的活动和过程,从而达到既定的管理目标。[5]

---

[1] 吴汉东等:《知识产权制度变革与发展研究》,经济科学出版社2013年版,第327页。
[2] 吴汉东:《中国知识产权理论体系研究》,商务印书馆2018年版,第236页。
[3] See Kamil Idris, Intellectual Property: A Power Tool for Economic Growth World, Intellectual Property Organization, 2003.
[4] 冯晓青:《企业知识产权战略》,知识产权出版社2008年版,第543页。
[5] 赵星:《企业知识产权管理基本概念探析及其实践意义》,载《科技促进发展》2019年第9期,第956页。

表1-4 企业知识产权管理概念相关研究概况

序号	作者	企业知识产权管理概念界定
1	冯晓青	企业知识产权管理是为规范企业知识产权工作,充分发挥知识产权制度在企业发展中的重要作用,促进企业自主创新和形成自主知识产权,推动企业强化对知识产权的有效开发、保护、运营而对企业知识产权进行的有计划地组织、协调、谋划和利用的活动
2	蒋坡	知识产权管理是指为规范知识产权工作,充分发挥知识产权制度的重要作用,促进自主创新和形成自主知识产权,推动知识产权的开发、保护、运营,由专门的知识产权管理人员利用法律、经济、技术等方式方法所实施的有计划地组织、协调、谋划和利用的活动
3	汪琦鹰等	企业知识产权管理是指企业将知识产权作为重要的经营资源,通过挖掘、创造、权利化并加以系统的管理和运用这一螺旋式上升的过程,使之成为能够应用的知识和技术,从而为企业带来高附加值利润和提升企业价值的经营行为
4	朱雪忠	知识产权管理是指政府机构、高校、科研院所、企业或者其他组织等主体计划、组织、协调和控制知识产权相关工作,并使其发展符合组织目标的过程,是协调知识产权事务的宏观调控和微观操作活动的综合
5	安雪梅	企业知识产权管理是指企业在国际和国内法律制度平台上,为实现企业大多特定战略目标而对企业知识产权的创造、利用、保护等环节的综合管理,是企业对其保有的知识产权和未来可能拥有的知识产权所进行的系统化谋划活动
6	曾德国	企业知识产权管理是指为规范企业知识产权工作,在现有法律法规的框架之下,最大限度地发挥知识产权在企业发展中的作用,促进企业技术创新,加强企业自主知识产权,提升企业市场竞争能力,从而使企业能够更加有效地进行知识产权创造、运用、保护和管理,而围绕企业知识产权所开展的计划、组织、协调和控制的系列活动
7	江洪等	企业知识产权管理是指为规范企业的知识产权工作,最大限度地发挥知识产权在企业发展中的重要作用,促进企业技术创新和加强企业自主知识产权,从而使企业能够更加有效地进行知识产权创造、运用和管理,而对企业知识产权活动过程进行计划、组织、领导和控制的活动
8	杨晨等	企业知识产权管理是企业围绕知识产权的创造、运用、管理、保护等工作所开展的规划、组织、协调、控制等系列性活动的总称

资料源自赵星:《企业知识产权管理基本概念探析及其实践意义》,载《科技促进发展》2019年第9期。

企业知识产权管理主要包括知识产权风险管理、知识产权资产管理以及知识产权运营三大类。知识产权风险管理，主要是指对企业生产经营活动中有可能存在的知识产权风险进行风险识别、预防规避、监控跟踪、风险清除以及纠纷应对，其主要目的是利用法律和管理的双重手段为产品的生产和市场开拓消除知识产权侵权风险或减少损失，从而获取更大的自由发展空间。知识产权资产管理，主要是指将企业经营活动中所产生的智慧成果依法形成知识产权，并对其进行维护管理。知识产权运营，主要是指权利人充分利用法律和商业等手段进行诸如知识产权布局、组合、转让、许可、诉讼等实现知识产权市场价值的专业化管理行为。企业知识产权文化建设、制度建设和流程管理是企业知识产权风险管理、资产管理及知识产权运营的基础。①

（二）企业知识产权管理的特征

企业知识产权管理的基本特征，主要概括为规范性、市场性、战略性、专业性、系统性、长期性。

规范性主要体现在企业知识产权管理是国家知识产权制度和政策指引下进行的管理活动，在一定程度上规范、约束企业内部行为，就企业知识产权合规管理行为提出明确要求、行为指引和惩戒措施；市场性主要体现在企业知识产权管理需要深度结合国内外经济运行基本情势、国内经贸政策、市场客观发展规律以及消费者实际需求与体验，适时调整企业管理模式、管理方案和具体方法，使企业可以较好地适应外部竞争环境；战略性体现在企业知识产权作为一项企业知识产权战略的组成部分，其自身应当与企业战略形成逻辑闭环和制度自洽；专业性是指企业知识产权管理应当由专员专职进行负责，知识产权作为一项交叉学科，其自身内嵌应用性、理论性、复合性的多重要求，并非法务岗专员、合规岗专业可以完全胜任；系统性主要由其自身特性所决定，企业知识产权管理的范围涵摄较多方面，并且渗透到企业经营管理的诸多环节，在错综复杂的管理网络内势必需要应用系统的管理方法来抓住主脉络和基本方针，进行科学合理的管理；② 长期性体现于企业知识产权管理渗透于企业生产经营全过程，需要以战略管理的视角制定长效的、系

---

① 支苏平：《企业知识产权管理实务》，知识产权出版社2016年版，第2页。
② 冯晓青：《企业知识产权管理基本问题研究》，载《湖南社会科学》2010年第4期，第54－56页。

统化的知识产权战略与管理策略。①

(三) 企业知识产权管理的内容

随着科技创新的快速发展和世界经济的深度融合,知识要素、创新要素对于企业经营发展的推动作用愈加明显,知识产权的创造、运用、管理、保护和服务能力直接关系着企业的市场竞争力和良序发展能力。可见,企业知识产权管理是现代企业管理的重要组成部分,强化知识产权管理是企业长久稳定发展的必然选择。② 知识产权管理是一个内涵丰富、涉及多维度管理活动的系统工程,从不同角度分析知识产权管理的具体内容会得出不同的结论。③ 有学者以知识产权的产生和变化为主线,将企业知识产权管理的内容概括成知识产权的获取管理、日常管理、维护管理、运用管理和国际化经营管理五个部分。④ 简述如下:

(1) 知识产权的获取管理是针对知识产权的研发创造活动、以知识产权的获取为目标的管理活动,包括知识产权的自主创新管理、技术类知识产权的获取管理、标识类知识产权的获取管理以及其他类别的知识产权获得管理等;

(2) 知识产权的日常管理则是在日常经营活动中,针对知识产权的日常活动所实施的管理,包括知识产权人力资源管理,知识产权管理机构的管理,知识产权的信息管理、信息检索、保密管理、档案管理、资产管理、海关管理,国家计划项目的知识产权的管理;

(3) 知识产权的维护管理是在获取知识产权之后,针对已经获取的知识产权进行的管理,包括知识产权的维持、放弃、保护和侵权救济等;

(4) 知识产权的运用管理是指对企业拥有的知识产权的应用,以及将其转化为现实生产力为目标的管理活动,主要包括知识产权的市场管理、转让管理、许可管理、特许经营管理、质押管理以及对失效知识产权的应用管理;

(5) 知识产权的国际化经营管理是在国际化经营中对知识产权的保护和利用所实施的管理,对企业而言,主要涉及知识产权国际组织、国际公约以

---

① 安雪梅:《知识产权管理》,法律出版社2015年版,第40页。
② 支苏平:《企业知识产权管理实务》,知识产权出版社2016年版,第2页。
③ 蒋坡:《知识产权管理》,知识产权出版社2007年版,第45页。
④ 曹新明:《知识产权管理概述》,知识产权出版社2007年版,第198页。

及知识产权的国际竞争管理等内容。

以上五个部分的管理内容可以归结为宏观层面的调控和微观层面的管理两部分内容。在宏观层面上，主要包括企业知识产权战略的管理，亦即企业知识产权战略的制定、实施、控制以及评估和调整；在微观层面上，主要包括企业知识产权管理机构的设置，企业各项知识产权管理制度的制定，企业各项知识产权的日常管理，企业知识产权纠纷的管理以及其他事务性管理工作。[①]

[①] 安雪梅：《知识产权管理》，法律出版社2015年版，第46页。

第二章　企业知识产权分级分类管理基本范畴

随着企业知识产权数量的不断累积，国内多数企业对知识产权管理工作的重心发生"由量到质"的转变，如何使知识产权此类无形资产创造更多价值，成为企业管理者和 IPR 的关注重点。同时，企业拥有知识产权的数量和品质，会在很大程度上影响到企业在行业内的参与权、话语权及竞争优势。[①]换言之，企业开展知识产权分级分类管理，是一项建立以知识产权"坐标轴"为中心的管理体系工作，是企业从"粗放型"转向"精细化"的蜕变之路，是从粗简流程向以知识产权客体价值为依循的科学管理的转型之路。实践中，知识产权分级管理是企业知识产权管理工作中的重要构成内容，知识产权分级分类涉及企业知识产权价值的分析、评价、评估等专业化工作，需要从技术、法律、市场、战略、经济等多个维度进行综合评定，它是一种手段而非目的。[②]事实上，研究与探索企业知识产权分级分类管理方法，将对我国企业的国际化发展及在国内市场的纵深发展产生深远影响。事实上，知识产权分级分类管理旨在"专分级、精管理、促运营"，强调知识产权价值发现、价值挖掘及价值实现。

第一节　知识产权分级分类管理的概述

[①] 沈阳知识产权服务业集聚区：《专利分类分级管理方法研究》，网址：https://mp.weixin.qq.com/s/IbASUPx9tESq5zF7pYJftg，最后访问时间：2022 年 11 月 27 日。

[②] 赵婷：《探析我国企业专利分级管理》，超凡知识产权，网址：https://mp.weixin.qq.com/s/-u1s0Pl0D3SD53ODDEc3pg，最后访问时间：2022 年 11 月 20 日。

一、知识产权分级分类管理的概念

知识产权分级管理,是对采用科学的方法甄别、筛选分类管理,以突出高价值专利并提高管理效能的一系列活动的总称,该方法是为专利的所有者或持有者提供筛选高价值专利的有效路径,亦是为先进技术拥有者提供锻造出高价值专利的得力工具。[①] 知识产权分级分类管理体系包含知识产权分类管理和知识产权分级管理两个维度体系,二者既存在交叉点又存在差异:一方面,利用交叉点节约工作时间,提升工作效率;另一方面,利用差异性,发挥各自在企业专利管理的优势作用,二者相辅相成,相互补充。[②]

知识产权分类管理是一种在资料、文档管理中广泛应用的管理方案、管理方式,精细化的知识产权分类管理不仅限于资料、文档的管理,而且是对知识产权全生命周期中各个环节的差异化管理,一部分工作与分级管理相互交叉,或者说将分类在一定程度上作为分级的一种方式或步骤;例如,企业针对专利、商标、版权的分类管理,又或者根据专利类型对不同专利类型进行分类管理。[③]

知识产权分级管理相对分类管理更为繁复,是基于知识产权价值评估进行分级,进而决定资源投入等级、管理流程、运营模式等;或者,知识产权分级管理可以解读为设定不同的知识产权等级,参考所采取的知识产权价值评价方法确定顶级标准,再根据知识产权价值评估划定具体级别。[④]

二、知识产权分级分类管理的正当性

(一)因应知识产权强国建设的客观需要

"十四五"期间,我国以建设知识产权强国为发展目标,以知识产权作

[①] 高价值专利筛选组:《专利资产分级管理的必要性》,智专北斗,网址:https://mp.weixin.qq.com/s/HKMMfzYiAZA2YETdQ-UDDw,最后访问时间 2022 年 11 月 27 日。

[②] 沈阳知识产权服务业集聚区:《专利分类分级管理方法研究》,网址:https://mp.weixin.qq.com/s/IbASUPx9tESq5zF7pYJftg,最后访问时间:2022 年 11 月 27 日。

[③] 刘铖、李慧:《企业专利分类分级管理》,网址:https://mp.weixin.qq.com/s/AGuac-xjAqg7AwWj-3Gdvw,最后访问时间:2022 年 11 月 27 日。

[④] 罗国新:《专利的分类分级管理:坐标与关联》,网址:https://mp.weixin.qq.com/s/ryyCXzNygYt-NUJcOyxdcfg,最后访问时间:2022 年 11 月 27 日。

为国家战略性资源和国际竞争力核心要素，以推动高质量发展作为保持经济持续健康发展的主要路径，以驱动创新作为创新型国家、知识型国家引领发展的核心动力。因此，国有企事业单位作为国家发展中重要的市场参与主体，势必需要提升创新能力、丰富创新成果、优化科学技术，全方位地提升核心竞争力和市场竞争地位。因此，作为科技型、创新型、研发型的市场参与主体，应当着力探索培育高价值知识产权的具体路径，构建适合市场主体发展需要、研发需要的专利价值评估体系和评估参数，探索基于专利价值的专利分级分类的科学管理方案和方法，以此回应新技术、新经济、新形势对市场主体知识产权迭代发展面临的现实困境。因此，本研究着力探索适合A供电局科技创新成果研发、运营的成果价值评估体系、评估参数和评估方法，积极探索适合企业发展的科技创新成果分级分类的管理模式和具体实施方案，以此推进和提升企业本体的知识产权价值、质量与核心竞争力，优化我市供电企业研发、成果转化的效果、效率和效能。

（二）实现领域知识产权高质量发展目标

中央和地方日益重视新科技、新产业、新业态、新模式的知识产权研发、管理、运营和保护工作，无论是在知识产权法律制度方面，还是在知识产权管理制度方面均取得重要突破。在与国计民生息息相关的重点领域及重点产业、重点技术方面，亟需提高知识产权创新质量，发挥知识产权研发成果的技术价值、经济价值、市场价值以及文化价值。供电企业及其研发机构或研发中心亟需进一步优化、提升知识产权研发成果的创新价值、技术价值，不断丰富和延伸其市场价值和经济价值，以此促进地方乃至国家供电领域的发展，最终实现低碳绿色目标的高质量发展。鉴于此，我国供电企业亟需构建一套符合自身研发需要、运营需要、管理需要的知识产权价值评估体系和分级分类管理方案，以此推进重点领域内知识产权高质量发展。

（三）亟待提升知识产权创新成果转化效能

知识产权作为国家发展和核心竞争力的重要组成部分，亟待发挥知识产权创新成果的转化效能，充分发挥知识产权的技术价值、文化价值、市场价值，以此满足国家高质量发展的转型需求，实现由知识产权大国转变为知识产权强国的跨越式发展。广州市供电行业作为与国家发展、民生相关的重点领域、重点行业，其本身已掌握了较为丰富的知识产权创新成果，其智慧研发成果不仅具有科技意义,亦包含市场意蕴,可以通过科学有效的专利价值评估体系和方法,较为精准地测度与衡量专利价值,以此进行精细化、分类化的专利成果管理,进而推进研发成果市场化,服务社会公众,有效参与市场发展,洞悉契合产业发展、行业进步、技术迭代的时代讯息和发展方向。

与此同时,与知识产权申请量、授权量出现"井喷"相比,国内大部分企业在获得专利授权后难以转化为生产力,陷入"沉睡"状态,大批有价值的技术成果未得到科学合理的评估挖潜与有效运用,仅通过延长技术创新年限掌握权利外壳,如此一来可能对创新资源造成极大的浪费。如何盘活涵括技术创新与市场竞争信息的知识产权资源,筛选出高价值知识产权,并实现知识产权有效管理及资产分级分类评估与运用,是当前企业主体、学术界、实务界亟需攻克的一项重要课题。[①]

三、知识产权分级分类管理的作用

党的二十大报告提出,要加强知识产权法治保障,加快实现高水平科技自立自强。习近平总书记多次强调,创新是引领发展的第一动力,保护知识产权就是保护创新。企业作为社会责任的主体,有必要对知识产权进行分类分级,更好地对知识产权进行分级管理和保护。[②] 处于低等级的知识产权缺乏市场竞争力,基于全球视角分析,想要成为经济强国的一个必要条件是成为知识产权强国,而要实现这一目标,就必须对知识产权进行科学的分级评估及管理。分级评估核心标准是知识产权战略领先和市场化的程度。[③]

知识产权分级管理在企业创新能力对其国际化发展所造成的影响中起到了一定的中介作用。企业创新对企业国际化进程产生积极影响需要以知识产权的管理为中介,其中中介作用包含了知识产权分级管理的作用。[④] 新业态下知识产权保护尚有许多亟待解决的问题,首要的是新增知识产权的权利种

[①] 赵婷:《探析我国企业专利分级管理》,超凡知识产权,网址:https://mp.weixin.qq.com/s/-u1s0Pl0D3SD53ODDEc3pg,最后访问时间:2022年11月20日。
[②] 贺觉渊:《坚持以习近平法治思想为指引 努力建设更高水平的法治中国》,《证券时报》2022年10月20日,第1版。
[③] 侯海旺:《TF公司知识产权价值评估研究》,电子科技大学2019年硕士论文,第1-3页。
[④] 张怡迪:《逆全球化背景下民营企业国际化生存:企业创新和知识产权管理的作用》,暨南大学2021年硕士论文,第33页。

类及拓展权利客体范围，以适应数字经济迅猛发展背景下的新领域、新业态。①

（一）版权分级分类管理的作用

相较于其他知识产权的类型来说，著作权的表现形式是截然不同的，它保护的是能够传递思想、情感及信息或者展示美感的特定表达，因此著作权产品注重的是消费者的主观感受。主观感受因人而异，难以做到量化以及标准化，即便采取了多种数据模型，实际操作中也较难得到科学规范的结果。著作权的评估具有不确定性，著作权分级分类难度也很高，其不确定性会影响到消费者对著作权证券的投资热情，从而影响著作权的价值。在著作权服务于单位内部运营时，评估目的是为成本费用的财务记账及摊销服务。著作权被用于投资、转让时，著作权分级的目的是服务于确定其价值。②

（二）专利权分级分类管理的作用

专利分级分类的应用在基础管理中十分广泛，而专利分级本身包含了专利分类的内容。专利分级分类是专利资产管理的组成部分，企业专利分级分类是发展战略的必备要素，同时，专利分级分类是拥有多项专利权的企业有效评估自有专利与识别高价值专利的实用方式，也是能为持有多种核心技术的企业专利研发战略服务的重要工具。专利管理的目标并不仅为了区分专利的类别，在实际运营中，专利分级分类管理的应用是一种企业整合专利资源的有用工具，更进一步说，专利分级分类之后更关键的是将其应用在创新、实用和维护环节，这种分类分级将发挥极大的效能。③

我国专利申请与授权数量逐年上升，盘活巨量的专利权资源，涉及海量的技术革新与市场争夺的重要信息，对专利进行分级分类，识别高价值专利正是资源最大化利用的关键，也是科学管理企业无形资产尤其是专利资源的必要环节，还是进一步将专利资产分级分类与实际应用的核心问题。在专利的分级分类过程中，能够完成对专利技术方案和专利文件的自检自查，实现专利质量的进阶提升。具体到实务中，对专利之间结合的体系化运营、专利

---

① 陶凤，杨月涵：《最高法"预告"知识产权保护下一站》，《北京商报》2022年10月20日，第1版。
② 李秀溢：《著作权证券化的风险与防范研究》，华东政法大学2020年硕士论文，第1—2页。
③ 吴运发、张青、赵燕、龙湘云：《专利价值影响因素及企业专利价值分级评估管理的探讨》，载《中国发明与专利》2019年第16期，第24页。

产品的研发及研发人员的考核、专利转化形式的创新、专利质量的提升及专利申请流程的简化等具有关键作用。

随着科技创新的发展，创新发明的环境不断优化，各个领域的关注点从初始的专利申请数量的增加逐渐转变为专利质量或者专利价值的提高。因此专利价值的评级是高价值专利培育的一个过程。专利的分级管理工作具有复杂性和精密性，需将专利评价结果结合整体运营效果进行评价，其中专利评价结果包括专利价值和专利分类，在专利体系实际运营时，运营主体将资源有的放矢地投入对应等级的专利项目中，并优化管理流程，升级运营模式。专利分级的一个重要作用是可以迅速提高无形资产管理的效率，尤其是降低专利管理的实际成本，建构适合企业或者组织发展的专利分级分类管理体系。①

通过掌握学校高价值专利或者说等级高的专利的信息，了解这些专利所涵盖的技术领域及各种技术交叉领域的创新关注度，以及评级高的专利的法律状态和法律风险，② 可以对高校的专利进行评估分级，反映高校的创新能力与水平。

（三）商标权分级分类管理的作用

1. 商标分类管理的作用

不同类别的商标获得注册的条件一般各不相同，法律的保护程度以及保护手段也存在差异。如商品外包装、外形和声音一般不具备固有显著性，必须通过长时间的实际使用获得显著性之后才能被注册为相应的立体商标和声音商标；又比如证明商标和集体商标并不发挥识别商品或服务来源的功能，故其注册条件和保护方式也具有特殊性。

2. 商标分级管理的作用

商标是企业参与市场竞争的重要手段，也是企业的竞争优势所在，其竞争力的产生以及价值的实现依赖于企业对商标的投入和运营管理，可见企业对商标进行分级运营的目的是实现商标价值，达成商标战略。③

---

① 张晓燕：《HZ 公司高价值专利培育案例研究》，大连理工大学 2021 年硕士论文，第 28－29 页。
② 王瑜、魏丽、王晓丽、何欢聚：《高校高价值专利分析与思考》，载《中国冶金教育》2021 年第 6 期，第 110 页。
③ 李东泽：《企业商标运营的风险评估体系构建研究》，云南大学 2018 年硕士论文，第 6－8 页。

2021年，中共中央、国务院印发《知识产权强国建设纲要（2021—2035年）》，决定统筹推进知识产权强国建设，提出了"到2025年，知识产权强国建设取得明显成效，知识产权保护更加严格，社会满意度达到较高水平"以及"到2035年，我国知识产权综合竞争力跻身世界前列，知识产权制度系统完备，知识产权促进创新创业蓬勃发展，全社会知识产权文化自觉基本形成，全方位、多层次参与知识产权全球治理的国际合作格局基本形成，中国特色、世界水平的知识产权强国基本建成"的目标。[1] 实施商标战略对社会建设、经济发展和文化繁荣具有显著的促进作用，有助于推动经济发展方式由投资拉动型向技术进步型转变、由技术引进型向自主创新型转变，是全力服务科学发展的有力抓手，是提高企业核心竞争力和自主创新能力的必然要求。[2]

商标战略是企业以名牌商标为核心，从企业整体层面对商标全方位运作以期突显商标形象，提高企业自身知名度的一种战略。商标战略以名牌商标为核心，从而形成企业的一种整体形象，充当企业和社会间信息传播与交流的桥梁，进而获得社会广泛人群的认同，达到营销推广的目标。[3]

对商标进行分级的主要目的是满足不同层次消费者群体的需求，注册完善的等级商标体系能够将经营者提供的商品或服务档位显著区分开，不仅方便消费者酌情消费，更能为经营者对其商品或服务进行产品定位和市场投入提供便利。[4] 如上海牙膏厂将其旗下三个等级商标"美加净""中华""玉叶"分别应用在高、中、低三个档次的牙膏产品上。这种做法相对将同一商标应用在不同质量等级的产品上更为明智，后者不但有损商标的名誉，同时也给予了造假投机者以可乘之机。[5]

---

[1]《知识产权强国建设纲要（2021—2035年）》。
[2] 储敏：《地方政府实施商标战略的省思》，载《法学杂志》2012年第2期，第77-80页。
[3] 李卓：《企业的名牌商标战略与VI设计》，载《湖南商学院学报》2003年第1期，第49-50页。
[4] 魏纪林、胡神松、李明星：《关于我国企业商标战略措施的基本思考》，载《知识产权》2010年第5期，第49-53页。
[5]《等级商标》，百度百科网，网址：https://baike.baidu.com/item/%E7%AD%89%E7%BA%A7%E5%95%86%E6%A0%87/9286053?fr=aladdin，最后访问时间：2022年10月29日访问。

四、知识产权分级分类管理的基本条件

《GB/T29490-2013 企业知识产权管理规范》对企业的分级分类具体要求如下："建立知识产权分类管理账单，进行日常维护；有条件的企业可对知识产权进行分级管理。"有研究认为，知识产权分类管理简单易行，尤其是初步分类，管理成本较低，管理成效显著，对企业良序发展具有明显的积极作用。对于精细化的分类和分级管理，由于受到分类体系和分级标准的科学性，知识产权价值评估的质量、评估程式、不同级别管理模式和内容的设置是否合理，运营保护中市场环境和竞争对手的影响等诸多因素的影响，实践工作阻力较大，不确定性及成本较高；且对于单件知识产权而言，工作效率和成效存在较多不确定性。因此，开展分级分类管理应当具备以下要件：①

（1）开展知识产权分级分类管理的实际需求明显；

（2）企业知识产权（版权、专利、商标）拥有数量达到一定规模，尤其在科技研发成果方面具有一定技术研究基础；

（3）企业自身知识产权管理工作体系具备一定基础；

（4）企业自身配备知识产权管理专员；

（5）以及其他条件。

五、知识产权分级分类管理的实践困境

现实中，企业知识产权分级分类管理具有较为明显的实践困境，简述如下：

第一，知识产权客体类型的多样化。我国《民法典》第123条规定："民事主体依法享有知识产权。知识产权是权利人依法就下列客体享有的专有的权利：（一）作品；（二）发明、实用新型、外观设计；（三）商标；（四）地理标志；（五）商业秘密；（六）集成电路布图设计；（七）植物新品种；（八）法律规定的其他客体。"由此可见，知识产权客体类型可以划分为版权、专利、商标、商业秘密、集成电路设计图、植物新品种及法律规定的其

---

①刘铖、李慧：《企业专利分类分级管理》，网址：https://mp.weixin.qq.com/s/AGuac-xjAqg7AwWj-3Gdvw，最后访问时间：2022年11月27日。

他客体。同时，可以将前述知识产权客体类型划定为创造性成果，包括作品及其传播媒介、工业技术；经营性标记；经营性资信。① 而且，由于知识产权客体的多样化，以至于在具体权利客体的保护、分析、预测方面难以统一规划，需要类型化制定分级分类方案。同时，基于技术生命周期的特殊性，技术发展主要经历萌芽期、成长期、成熟期和衰落期，因此，企业专利技术亦可以分为萌芽期专利、成长期专利、成熟期专利和衰落期专利，并制定相应的分级分类管理方案。②

第二，企业对高价值知识产权的认知不同。《2017年中国专利调查报告》数据显示，"企业认为高质量专利取决于市场收益因素的仅三成"；其中在高质量专利的认识方面，各大技术领域的企业都集中在"技术水平高，具有开创性意义，处于同行业领先地位"，总体占比达91.3%。关于申请文件撰写水平和法律稳定性的认同度占比在五成左右，市场收益的认同度仅为33.1%"（详见图2-1）。③ 事实上，国家顶层设计提炼"高价知识产权"概

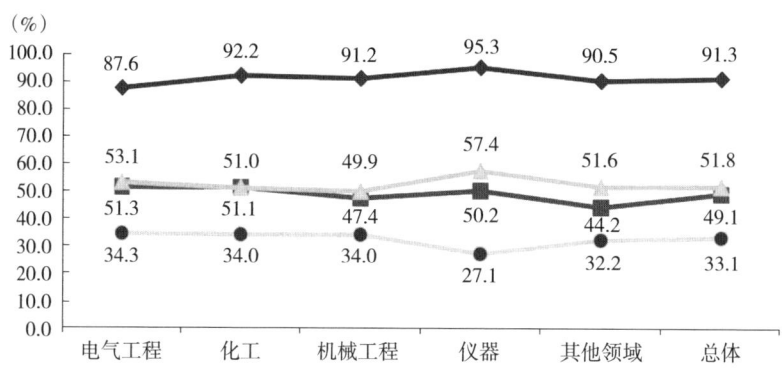

资料来源：《2017年中国专利调查报告》

图2-1 拥有核心专利的企业对高质量专利的认识

---

① 吴汉东：《知识产权总论》（第四版），中国人民大学出版社2020年版，第57页。
② 赵婷：《探析我国企业专利分级管理》，网址：https://mp.weixin.qq.com/s/qNL9UbBJvuSJh2PsQ9Cs-w，最后访问时间：2022年11月27日。
③ 国家知识产权局规划发展司：《2017年中国专利调查报告》，第120页。

念便是区分知识产权价值分级的另一种表达；根据统计数据可知，国内企业关于高价值知识产权专利的认知尚未处于同一维度，部分企业或从专利技术先进性出发，或从撰写权利要求书的条件着手，或从其他维度切入。简言之，由于市场需求的现实性、产业的特殊性以及企业所属领域的特殊性，企业就知识产权分级以及高价值知识产权的认识标准难以统一。

第三，知识产权价值的判断标准与方案多样化。囿于知识产权非物质性的特殊秉性，知识产权资产评估标准、评估方法难以获得精准、统一的评估定则。在具体评估方案中，不同企业、不同知识产权客体所选取的价值评估指标均可能不同，其区别可以体现在一级指标和二级指标中。

第四，知识产权分级评估难以克服主观性。知识产权分级分类管理方法的发展与延伸侧重依循知识产权的技术性、市场性、经济性、法律性等客观维度，但是在实践操作与执行过程中，并非机械地展开与推进，势必需要引入评估专家、评估专员，并结合具体实情进行专利检索分析、市场分析、发明人访谈等，最终获得评价分值和判断结论。因此，评估指标的设定与打分难以完全克服主观要素的影响。

第二节　知识产权分级分类的常见类型

按照知识产权的来源，可以将知识产权分为①自身研创：公司自身研发或者基于公司运营过程中某些历史因素产生的，如自创专利、非专利技术（专有技术）、商标权、商誉等。②外部购入：依照文义理解，是指公司直接通过买卖或者交换等方式从其他公司、单位、组织及个人处取得的知识产权，例如外购专利、非专利技术等。③按照会计准则分类：按照通用标准的界定，分为专利权、专有技术等。本书着重按照知识产权具体类型进行拆解，阐述知识产权具体类别项下的分级分类常见类型，简述如下。

一、著作权的常见分类

通常来说，版权保护分为三个级别。级别一：自动保护。最低级别的版权保护是被自动给予作品原创者的，也就是所谓的自动保护原则。根据我国

《著作权法》规定，自作品创作完成之日，不用国家机关的审核批准也可以自动取得著作权。法律仅规定作者等著作权人可以向国家著作权主管部门认定的登记机构办理作品登记，但该规定不是强制性的。实践中，在法庭上需要花费更多的举证成本的就是该原则，如需要提交作品的底稿、原件、创作方式的说明，合法出版物，认定单位出具的证明等证据材料，以便形成完整证据链。级别二：版权声明。当作品上印有官方的版权符号【ⓒ】，并标有年份及版权所有者的名字时，这就是明确的版权声明，属于第二级别的著作权保护。作者在其原创作品上加上版权声明具有向社会群众提示其为作品的版权人的作用，这种方式不具任何成本，也不需要向版权局办理申报手续。作者在加上【ⓒ】这个明确的版权声明之后，就明确了他是该作品的版权人。如果他人不经许可复制了该作品，则需要承担侵权责任，其主观上也有足够的侵权故意。因而，使用这个层面的保护方式可以用于预防他人的侵权责任。级别三：版权登记。最高级别的版权保护就是向中国版权保护中心或者地方版权局申请著作权登记。要获得这个层级的保护，著作权人需要向官方机构提交完整的作品终稿并缴纳一定数额的登记费用。待官方审核批准后，将办理登记并公示给社会公众，且向著作权人颁发登记证。①

二、专利权的常见分类

国内外的一些政府主管部门、大型跨国公司和知识产权组织不断对专利权分级进行分析研究，根据不同的时代背景或者主体特点，提出多种专利分级指标体系。以下是一些常见的专利分级分类：

第一类是 TRIZ 理论下的专利分级，即基于发明创造的创新程度的较为经典的专利等级划分方法。该种划分方式主要关注说明创造新发明的过程，核心标准是创新想法的次数。Altshuller 的专利分级共分为五级：第一级是仅优化具体参数的小型发明；第二级是实际解决一个技术冲突，对既存系统的小部分改进；第三级彻底改进既存系统；第四级是使用首创的方法或者原理对既存系统的革新；第五级是以极其罕见的首创的方法或者原理产生的一种全

---

①知识产权信息网：《版权保护的三大级别，对号入座，你的版权属于哪一级?》，网址：https://mp.weixin.qq.com/s/6j4jMddmkC2bAH_JU0VfEg，最后访问时间：2022 年 4 月 19 日。

新系统的发明创造。此种专利分级方法有两大问题,其一是核心判断标准主观性过强;其二技术冲突是通过该发明解决还是通过检索类似信息解决难以区分。①

第二类是日立公司的专利分级,即以区分出战略性发明为公司商业战略提供有效信息为主要目的的专利分级管理方案。其知识产权管理部门致力于保证知识产权战略与公司商业战略的有机衔接,保持专利切实提高公司的整体盈利水平。据此将专利分为从 A 到 E 的五个等级。其中 E 级是指延期申请专利,同现有技术区分度不高的专利;D 级公共专利是指具有市场竞争可期待性与效益价值的专利,取得权利的现实紧迫性不高,但能增加其他公司使用该技术的难度;C 级常规性专利是指此种级别的专利包含的技术具有超越同类公司的优势,也是竞争者无法规避的技术;B 级基础性专利是指非常关键、同类公司绝对无法规避的技术;A 级战略性专利是指相对基础性专利更为核心的、必不可少的技术,一般来说,是未来新技术和新产品绝对不可能规避的技术。日立公司在对专利的分级上更进一步,即继续细分了战略性专利,将其划分为黄金级别、白银级别及青铜级别,并对三个级别的申请数量目标加以区分。其中黄金专利是指此专利包含的是其他同类竞争者无法规避的关键技术,如企业的关键技术或者基础性技术;白银专利是指所包含的技术属于企业本身的关键技术,同时属于企业及同类竞争者必须使用到的优化版专利;青铜专利是指包含企业的关键核心技术,虽然企业不再继续应用或者改进,但不排除其他同类竞争者使用的技术。②

第三类是中国科学院基于技术、法律和经济三个层面对专利进行的价值评估。基于评估结果,再有序确定专利的等级,依据各个等级的专利对应投入相匹配的管控和处理举措,以保证专利资源的协调运营,专利管理体系愈加严密,加速专利转型。根据法律价值的分级,中国科学院又把指标再次细化为稳定性(授权专利的无效可能性)、可规避性(专利要求保护范围合理性)、依赖性(原有专利依赖性)、专利侵权可判断性(判定侵权容易程度)、

---

①孙永伟、谢尔盖·伊克万科:《TRIZ:打开创新之门的金钥匙Ⅰ》,科学出版社 2015 年版,第 11 - 25 页。

②Hisamitsu Arai, Intellectual Property Polices for the Twenty-First Century: The Japaness Experience in Wealth Creation, p36.

专利有效期、多国申请以及专利许可状况；根据技术价值的评级分级的下一级指标包括先进性（相对领先地位）、行业发展趋势、应用范围、配套技术依存度、专利生命周期、可代替性、专利成熟程度；根据经济价值的分级的下一级指标为市场应用（是否投入市场）、市场规模前景、市场占有率及竞争状况、专利已实现效益、政策适应程度、市场准入情况。在上述指标的形成上，中国科学院依据信息科技界技术的特征，认为法律层面的重点指标是可规避性与侵权可判断性两项，技术层面是专利先进性；经济层面包括四项重点指标，分别是标准关联性、政策适应程度、行业发展趋势、应用范围。此外，这一类别还规定了分级运营管理的执行方案——发明人自评、知识产权运营的管理岗负责人进行审核评价以及通过总结前两项评价结果，并综合专利发展趋向和市场前景，完成专家评审。在动态管理的基础上，及时保证技术分级自查自纠，对于每次评定评级较高的，维持等级并给予对应的管控、保护及发展措施。[①]

第四类是河北工业大学的专利分级体系。高校属于一类专利创新重要群体，不乏专利分类分级管理实践，其中分级管理体系较为成熟的是河北工业大学多位学者使用层次分析法对专利的体系评价。第一步是多维度对专利等级的相关因素进行层层解构，形成专家可评分的指标，根据各种因素的权值形成科学合理的分级评价体系。在分析专利特征的基础上，形成了准则层（专利技术类、专利引用类、专利保护类），准则层继续细化为专利实质、专利路径宽度、专利异议等多项指标，整个层次模型组成方案层。第二步是为上述指标赋值，通过计算得出所有指标的权值，进一步建构专利分级的体系化计算模型。总体来说，此种专利分级评定方式在一定程度上消除了极度主观标准存在的弊端，相较于TRIZ分级方式，该方法以量化的方法对模糊的标准进行了可视化处理，评级更精准，但是，我们也发现该方法的细化指标所涵盖的因素多倾向于技术层面，与法律价值和经济价值相关的指标较少，尚有可优化的空间。[②]

第五类是美国Patent Cafe公司专利发明评估体系。它包括五个部分，竞

[①] 马天旗：《高价值专利筛选》，知识产权出版社2018年版，第177-181页。
[②] 王艳领：《专利等级划分方法的研究与实现》，河北工业大学2011年硕士论文，第16-29页。

第二章 企业知识产权分级分类管理基本范畴

争与市场化分析评价、社会影响力分析评估、产品工艺技术方法分析评价、知识产权保护分析以及法律责任与安全程度分析评估。

日本特许厅的专利评价指标系统由基础性项目、权利原有评价、转移转化流通性评价、业务性评价以及整体评价构成。本分级方法并未侧重于经济价值，未采用换算方式转化为货币表现形式，而是关注专利权本身的技术含量，作为一种强化权利的评价性量化指标。

除此之外，欧洲专利局 IPscore 评价系统[1]涵盖了法律、技术、市场、财务与战略五大维度，下设四十个指标，对每一指标再次细化成五个层级，多层面综合分析各项专利。该体系主要有三大模块，导入模块、导出模块及总体分析报告。导入模块以主观选择的方式，把每个要素即指标转化成可选择的问题，附以相关的预设答案选项，使得答题者迅速了解待评价专利的基本性质。此外，评价者可导入自定义的财务指标，该系统能够自动识别并即时显示价值评估，最后系统会对所有回答的问题进行专业统计并导出总结报告，内容包括客观的专利分析结果、企业专利风险点等五个层面的详细总结。该分级方法的主要优势在于能够即时导出对于所评价的专利的质量分析、价值估计和市场前景的分析素材；存在的主要问题是对于多专利急需分级评价的使用者来说暂不支持规模化评价，即只能通过专利多次分析才能整体掌握主体期望的大量评价。

第六类是 Patent Strength 评级系统。它融合了归纳法和演绎法，丰富了指标库，增设了如权利计划要求的数量、引用参数、技术集合的规模、广泛性与创新度指标等基本指标，同时通过与财务状况、商标管理等其他信息系统建立对应联系，完成了多层面联动分析的要求。[2]

另外，在国家标准——《企业知识产权管理规范》[3] 中针对一些具备实际可操作性的企业，建议其对知识产权进行分级管理。有些企业结合自身专利发展情况，以创新程度为主要评估标准，对专利进行了分级——战略性专

---

[1] 李红：《基于 IPscore 的专利价值评估研究》，《会计之友》2014 年第 17 期，第 2-6 页。
[2] John R Allison, Mark A Lemley, Valuable Patents, in Public Law and Legal Theory Research Paper Series, 2003, p133.
[3] 国家质量监督检验检疫总局、国家标准化管理委员会《企业知识产权管理规范》，GB/T29490—2013。

利指的是那些基础的、超前或前沿的或者原理性的发明，是技术和产品未来的方向，不容易被规避。例如，对 A 级或 B 级的专利，建立严密的管理和保护机制，保持稳定的强许可攻势和高许可费，在特殊情况下，可采用诉讼的手段倒逼专利许可。对 C 级的专利，则对应安排交叉许可的方式。对 D 级或者 E 级的专利，一般可以采取与他方协商、谈判或向技术的追随者收取一定许可费的方式。从风险管理的角度看，专利的价值区分也能够让专利管理者准确识别技术的市场前景和专利的经济价值，避免企业把不该许可、转让的核心技术授权给他人，或者把具有较高价值的专利，以不合理的低价许可或转让给他人；与此同时，企业在技术引进时，也可通过专利价值分级，以避免买入低质量、低价值的专利或濒临淘汰的技术，给公司带来损失。

三、商标权的常见分类

商标可分为可视性商标和非可视性商标。可视性商标指能够通过人体视觉感知的商标，目前人所熟知的大多数商标都属于可视性商标。通过听觉、嗅觉等感官感知的商标属于非可视性商标，如美国米高梅电影公司出品的电影，会在片头出现一段狮吼声，观众凭该声音就能判断正在观看的电影是米高梅公司出品的，故这段声音也具备商标应有的区分商品或服务来源的功能。我国现行《商标法》第八条规定："任何能够将自然人、法人或者其他组织的商品与他人的商品区别开的标志，包括文字、图形、字母、数字、三维标志、颜色组合和声音等，以及上述要素的组合，均可以作为商标申请注册。"[①]

平面商标和立体商标。根据可视商标的二维形态和三维形态，商标被分为平面商标和立体商标两类。平面商标按其构成要素又可分为文字商标、图形商标和组合商标三类。立体商标是在三维空间存在一定体积的商标，如麦当劳和肯德基店面门口的"麦当劳小丑"和"桑德斯上校"。

商品商标和服务商标。商标根据识别对象的不同分为商品商标和服务商

---

① 《中华人民共和国商标法》第八条：任何能够将自然人、法人或者其他组织的商品与他人的商品区别开的标志，包括文字、图形、字母、数字、三维标志、颜色组合和声音等，以及上述要素的组合，均可以作为商标申请注册。

标，例如"空中客车"是用于识别民用航空器制造者的商品商标，而"中国南方航空"属于识别航空运输服务提供者的服务商标。商品商标还可分为制造商标和销售商标，二者分别用于区分商品的制造者和销售者。

普通商标、证明商标、集体商标。这种分类的依据是商标权人的身份和商标的作用。普通商标是普通经营者可以自行注册的商标，用于识别商品或服务的提供者。证明商标由对某种商品或服务具有监督能力的组织机构注册和控制，由其他单位或个人使用于其商品或服务上，用来证明该商品或服务的原料、原产地、质量及其他特定品质。集体商标是以团体组织的名义注册，供其组织成员用在商事活动中表明成员身份的商标。[1]

注册商标和未注册商标。这是根据商标是否登记注册而进行的分类。我国实行商标注册制度，人们只有向商标管理机关申请注册才能获得完整的商标专用权。而未注册的商标一般不受商标法保护，只有其作为一个长期使用的标志具有一定的识别作用，享有一定声誉并被消费者认可时，才能获得商标法一定程度上的保护。[2]

联合商标、防御商标。联合商标是同一主体在同一或类似商品上注册的一系列近似商标[3]，其目的在于防止他人假冒，且商标专用权人对主商标的使用即可视为对所有联合商标的使用，但联合商标中的每个商标都不能进行单独转让，必须随着其他联合商标一并进行转让或许可。例如，杭州娃哈哈集团公司拥有中国驰名商标"娃哈哈"，为防止他人侵权，该公司注册了"哇哈哈""哈娃哈""哈哈娃""娃娃哈""Wahaha"等商标。[4] 防御商标是指同一主体（驰名商标所有人）在不同类别商品或服务上注册若干个相同商标[5]，其功能是保护知名商标，而商标专用权人同样被豁免了除主商标外其他商标的实际使用要求，且转让时需要将所有的防御商标一并转让。[6]

---

[1] 王迁:《知识产权法教程》（第7版），中国人民大学出版社2021年版，第491—493页。
[2] 吴汉东:《知识产权法学》（第7版），北京大学出版社2019年版，第484页。
[3] 王莲峰:《商标法学》（第三版），北京大学出版社2019年版，第24页。
[4] 王莲峰:《商标法学》（第三版），北京大学出版社2019年版，第25页。
[5] 王莲峰:《商标法学》（第三版），北京大学出版社2019年版，第26页。
[6] 王太平:《商标法：原理与案例》，北京大学出版社2015年版，第31页。

第三节　知识产权分级分类管理的一般思路

现阶段，有部分研究成果聚焦于知识产权的分级分类管理领域，更多层面是围绕专利资产的分级分类情形，故本书以专利资产为研究样本，阐述专利分级分类的一般思路。

在一般思路中，国家知识产权局和中国技术交易所建立了基于技术、法律、市场三个要素下的专利分级及价值分析指标体系。在此基础上，企业及高校等主体进一步丰富了维度的内容，将技术层面、法律层面、市场层面、战略层面、经济层面作为专利分级分类的五大维度；特殊分级分类的思路考虑到一般分级分类思路的弊端，即只粗略地从五个方面来笼统分级，难以实现差异化管理，实际应用中需要更加贴合主体实现专利分级分类目标的思路，目的导向型分级分类思路为此提供了解决办法。该种思路整体上立足于发展战略，将应用场景板块化后进行分级——首先确定目标，其次确定应用前景，再次明确各个模块，然后确定分级战略，随后搭建分级体系并选定分级方法，最终是实际执行并调节完善。其中最关键的是专利战略制定。

专利分级分类管理体系可拆分为专利分类体系与专利分级体系，两者存在异同。通过了解两者异同，既能够识别交合点以精简时间成本，实现高效管理，也可以利用其差别有效放大各自的优势在专利管理体系中的作用，相互补充，为专利管理模式增效。

基于专利价值分析体系的专利分级分类管理方法，结合专利的生命周期，对处于不同阶段的专利价值进行分析，进而确定专利级别，并根据不同的级别采取不同的管理和处置措施。大多数学者基于上述三要素对专利价值影响因素进行了细分补充和完善。而专利价值的评价方法包括市场法、成本法、收益法、实物期权法等经济学方法和综合评价法。[①] 分类分级管理体系以分类管理为基础，通过专利价值的评价方法进一步发挥分级管理体系的作用，

[①] 李小娟、王双龙、梁丽、李娜：《基于专利价值分析体系的专利分级分类管理方法》，载《高科技与产业化》2014年第11期，第92 – 94页。

具体步骤简述如下：

第一步，以专利重要性程度为依据，将专利分为核心专利、重要专利以及一般专利。第二步，设计分类指标，设置的基本原则是在专利分类的基础上，继续进行分级管理工作，并将其作为专利保护程度调整的依据，选择主观性指标应考虑更多相关因素，以确保专利分级方案的客观性。第三步是评定级别，具体是把各个指标下设的具体指标内容再次细分，进一步增设第二层级的评价指标，此环节评价完成后，将级别按照已经拟定的最终评级程序及标准，确定级别判定结果。最后，在工作流程的安排上，按重要性程度依次设计分级工作的步骤和程序。其中包括五个专利分级的要点：①专利质量规控，即以专利的评价结果，全面掌握专利技术方案、专利文件资料，有利于提升专利的核心价值。②专利流通管理：专利分类的评价效果构成专利价值的有力评估内容，运营中的如专利权许可、质押等专利交易行为，在定价磋商过程中需要定价参考依据，内在包含的一种作用是专利评级的结果可以排除专利交易的专利种类。③专利导入分析：需以专利分类结果为依据，整合专利分级结果之后形成专利信息系统，再次对系统各个要素深入分析，以探寻同行业内市场的发展趋势，对同类竞争者和本企业合作者所掌握专利情况同向对比，为企业整体发展战略下的创新战略服务。④专利侵害预警：专利被认定为无效和与专利相关的纠纷伴随的诉讼，不论是企业自身为原告，还是为被告，或者作为其他诉讼主体参与的，如果是企业自己发起的诉讼，对于企业专利管理的工作人员而言，专利分级分析内容既可以精准归类、迅速评估可能受到同类竞争者侵害的专利以及损害程度，同时也能够及时筛选出认定程序中不会被认定无效的专利。从作为侵权诉讼被告来说，专利管理者能通过专利评估的等级，相应给予不同程度的防御保护措施，达成保护专利资源的最优化配置。⑤专利动态运营：专利的价值及等级受到各类因素的相互影响和制约，这些影响因素主要包括专利有效期、专利投入运营状况、产品市场竞争力、企业发展规划等。企业在运营过程中须定期对专利进行多方面的综合评价，这些方面包括技术含量、经济效益等，继续保持甚至优化专利使用布局，具体需要适时改进或者放弃低评级的专利，节省部分低利用率的经济资源，从而保证专利研发费用充裕，为专利动态运营系统增效。

许多企业已意识到专利分类分级的动态运营管理模式的必要性，不过实际上少有企业发挥这种分级系统的核心作用，在建构专利分级体系的初期定会面临大量的问题，比如体系难以符合企业自身所有专利的特点，再比如分级系统难以及时更新专利情况，在不断探索专利分级经验的过程中，企业应当基于自身发展要求和整体发展战略，不断协调企业内部运营与外部风险监控，在对多个主要评估维度的细化中，发掘专利潜在的价值，增强有效专利分级对改进专利运管的程序，优化评级指标系统，创新企业专利运管新模式，最后构建符合企业自身发展趋势的专利分级管理体系，全面提升专利利用率，拓宽专利动态管理工作辐射的企业经营管理范围。[1]

---

[1] 马天旗：《高价值专利筛选》，知识产权出版社2018年版，第184-187页。

第三章　供电企业专利资产的分级分类管理

在一般操作层面，供电企业专利资产分级分类与其他性质企业相比并无特别之处。作为企业性质的电力公司，结合专利资产运维的主要环节，一般将企业资产分级分类管理和运营划分为专利资产评估、专利布局分级分类、专利运营转化分类、专利侵权预警保护分级分类四个维度，现分述如下。

第一节　专利资产的概念与特征

一、专利资产的概念

资产，是指企业过去的交易或者事项形成的，由企业拥有或者控制的，给企业在预期内带来经济利益的资源。[①]

《中华人民共和国专利法》（以下简称《专利法》）规定，专利可以通过其主体具特定性的特点取得合法的垄断地位以此来获利；《资产评估准则——无形资产》中对无形资产的概念定义为特定主体拥有的或所控制的，不具有实体形态，能持续发挥作用且能带来经济利益的资源。因此可以推定，专利具有资产属性。

专利资产是由专利申请权及专利权所组成的一项知识产权型资产，二者被赋予财产权的属性，均以权利的存在为依据，其中一项专利申请权或者专

[①] 王钰：《企业碳排放交易的会计核算研究》，载《中国农业会计》2011年第8期，第4页。

利权被法律所认可，就是一项专利资产。① 有研究强调，可以适当扩大专利资产的范围，即包含未来将进行专利保护的技术成果。② 并非所有专利申请权或专利权都能成为专利资产，倘若一项专利申请权或者专利权不能为权利人带来经济权益，就违背了专利资产的经济利益属性，说明此专利不是一项专利资产；如专利申请获得批准以后，权利人不实施该项权利，也不能成为专利资产，只有能够被使用或者即将被使用，并且能够带来经济利益的专利才能够成为专利资产。

企业专利资产可以分为显性价值和隐性价值，显性价值是指可以靠专利运营直接获取收益，如苹果、三星等公司通过专利许可、专利转让等形式，将专利权证券化，通过不同运营方式将专利权变成可观的收益；但对于我国企业来说，更多的是在运用专利的隐性价值，隐形价值指专利在企业的经营过程中起到的震慑作用，为企业减少损失或者为企业节约运营成本的作用。专利的隐性和显性价值对企业来说都不可或缺，由于专利是无形资产，所以企业应对专利资产进行定期评估以实现对其的管理。③

二、专利资产的特征

有研究认为，"优质"专利资产具有两大特征：优质的权利要求，说明书正文对权利要求的充分支持；即满足以上两项标准的就是一项撰写得有质量的专利，具有给定专利保护主题下合理宽度的保护范围。④ 本部分内容侧重剖析企业创新、生产、运营过程中专利资产的一般特征，简述如下。

（一）专利资产具有技术特性

专利法保护的对象为"具有新颖性、创造性和实用性的技术方案"，因此专利资产应当具有技术特性，目前《专利法》对发明专利实行"早期公开、延迟审查"制度：申请获得发明专利的技术方案自申请起满18个月即向社会公开，而此后该申请完全有可能因技术方案不符合新颖性、创造性和实

---

① 黄微：《基于专利质量测度的企业专利产出效率研究》，吉林大学2018年博士论文。
② 高价值专利筛选组：《专利资产分级管理的必要性》，智专北斗，网址：https://mp.weixin.qq.com/s/HKMMfzYiAZA2YETdQ-UDDw，最后访问时间2022年11月27日。
③ 刘渊：《现代企业知识产权资产刍议》，载《现代企业》2021年第6期，第10页。
④ [美]拉里·M.戈德斯坦：《专利的真正价值——判定专利和专利组合的质量》，顾雯雯、林委之、于行洲、郑娟娟译，知识产权出版社2020年版，第229页。

用性的要求而被驳回，导致申请人既无法将该技术方案作为商业秘密保护，也无法再次就相同的技术方案申请专利权，该公开要求与专利权的排他性相呼应，专利法的实质是以给予专利权人一段时期的技术垄断换取技术的公开，从而促进技术进步及科技创新，因此专利资产具有技术公开性。[①]

（二）经过相关审查后才能依法定程序授予

专利权的产生区别于著作权[②]，发明创造只有在经过国家专利主管部门的审查，确认符合法律规定的授权条件之后，发明人和设计人才能被授予专利权。例如，就发明专利而言，只有国家专利主管部门经过审查，确认该技术方案符合新颖性、创造性和实用性，其后能给社会带来充分的利益，才能授予专利申请人发明专利权，并禁止他人未经许可实施该技术。如果专利权和著作权的获取方式相同则从专利发明创造之日起即自动产生，那么在无法判定技术方案能否对社会产生重大利益的情况下就使其获得专利权，则公平性存疑。

（三）专利资产具有地域性

专利具有地域性，因此专利资产也同样具有地域属性。在我国境内，没有获得专利授权的外国专利不能作为专利资产进行价值评估；同样的道理，我国的专利如果没有在国外申请专利，而该专利部分市场又在国外，此时评估风险就会增加。

（四）专利资产以法律确认为前提

专利资产属于无形资产，其有别于其他无形资产的显著特征在于专利资产不以实际占有为依据，它以法律确认为前提，被授权的专利申请权或者专利权是专利资产存在的基础。在专利资产评估中，首先必须要确认其权利归属，因为专利权属的多样性，专利申请权、专利的有效性应当以国家专利行政管理机关出具的确权证明为依据，而不能只是依靠是否具有专利证书或者专利权人是否与委托人一致来作为判断标准。[③]

（五）专利资产的非稳定性

专利在获得授权后，可能因为各种原因失效，如漏缴年费、被法院确认

[①] 赵帆：《专利申请临时保护请求权研究》，西北师范大学 2016 年硕士论文。
[②] 王迁：《知识产权法教程》（第五版），中国人民大学出版社 2016 年版，第 267 页。
[③] 胡佐超、余平：《企业专利管理》，北京理工大学出版社 2008 年版，第 225 页。

为无效等,因此成为专利资产的前置程序是专利有效。[①]

(六) 专利资产具有垄断性及时效性

《专利法》赋予专利权人在法律规定的有效时间内享有对该专利的垄断,以此来保证该专利能获得经济收益,但也明确规定,专利的保护期限一旦届满,《专利法》将不再提供保护,该专利技术不再具有无形资产价值。

第二节　专利资产的评估管理

一、专利资产评估概念

专利权作为一种知识产权,是基于人类的智力劳动成果而产生的一种专有权利。专利资产评估是指对依法取得的专利权、商标权及版权等商业性使用的支配权或者控制权的价值进行评估,这种支配权或者控制权的价值或大或小,也易受到多种内外因素的影响,专利资产评估符合资产评估所要求具备的法定要件,具有资产评估的普遍属性,但又区别于普通的资产评估。

(一) 专利资产评估的特点

1. 专利权的范围难以界定

专利资产具有社会公共性,这也是它区别于一般实物资产的重要特点,其表达形式也具有多样性,这是导致很多专利权纠纷产生的原因。

2. 专利技术的扩散范围难以预测

在如今科技发达的时代,成熟的技术也难逃市场及扩散范围的变化,例如替代技术的出现、消费者偏爱喜好变化、国家政策变化等。

3. 专利资产评估难

专利权价值的确定方法区别于普通商品,专利权需要依靠其预期收益来界定收益,专利权价值也易受到外在因素的影响,使专利评估变得复杂。

值得注意的是,专利资产评估过程中应当规避以下误区或错误观念,以

[①] 卢苇:《浅析企业专利资产的资本运营》,《东方电气评论》第31卷,第85页。

免妨碍专利资产估值分析及决策能力的改进。① 结合域外专利资产估值经验，可以考虑避免以下误区：第一，专利资产估值分析只能由专家进行——过度依赖专家估值可能会缩减估值操作的价值；第二，估值分析的输出即估值结果比估值过程重要——事实上，转化过程的质量依赖于所选估值方法的智慧、输入数据的质量以及估值专家解读估值操作结果的能力，简言之，估值结果的质量完全依赖于生成结果的过程质量；第三，方法越定量化，越数学化，估值结果越精准；第四，估值分析必须生成精确的结果才有价值效用；第五，存在一种确定专家值的神奇方法。②

（二）专利资产评估的意义

企业获得利益或高利润的重要手段是企业专利权，只有经过价值评估才能具体体现，专利资产评估是维持专利资产的需要，也是企业运用专利战略的方式。因此，专利资产评估意义重大。

1. 专利资产评估系企业实现专利运营的前置要件

随着市场经济的发展，专利权的创造、保护及运营活动逐渐增加，专利权的供给需求逐渐旺盛，专利资产评估在该过程中发挥着价值发现功能，客观合理的专利资产评估有利于企业对专利价值有直观的了解，保障了企业专利的有效运营，促进专利战略的实施。③

2. 专利资产评估推进、完善知识产权金融市场制度

基于企业利益视角，实施专利分级分类管理可以为企业带来更大的经济效益：一方面，可以将有价值的专利进行"二次挖掘"、资源盘活，利用专利转让、许可、质押等手段获取资金；另一方面，可以对低价值专利适时放弃专利权，停止缴纳费用，以免占用企业资源。④ 由此可见，科学有效的专利资产评估手段可以推动专利证券化的发展进程，使得专利相关融资交易日益活跃，有利于建立规范的知识产权金融市场制度。

---

① Meuller, Janice. An Introduction to Patent Law. 2nd ed. New York：Aspen Law & Business, 2006.
② [美] 威廉·J. 墨菲、[美] 约翰·L. 奥科特、[美] 保罗·C. 莱姆斯：《专利估值——通过分析改进决策》，张秉斋等译，知识产权出版社2017年版，第10 - 13页。
③ 王海吉：《专利资产证券化中的专利价值评估研究》，对外经济贸易大学2019年硕士论文，第10页。
④ 沈阳知识产权服务业集聚区：《专利分类分级管理方法研究》，网址：https://mp.weixin.qq.com/s/IbASUPx9tESq5zF7pYJftg，最后访问时间：2022年11月27日。

二、影响专利资产评估的因素

对专利质量与价值的衡量就如同审美一样，因人而异：如果是专利权人，衡量专利质量时，相对于技术的商业价值，将会更关注权利要求覆盖的保护范围，因为权利要求的保护范围越宽，技术的潜在价值越高，专利质量与价值越高；如果您是专利密集的技术领域的制造商或服务提供商，衡量专利质量与价值时，会更关注潜在的专利有效性，以及清晰的权利要求保护范围和权利要求保护范围解释的可期待性、可解释性。[1] 结合专利资产价值评估实际，将专利资产评估的影响因素分为法律因素、技术因素、产业因素、市场因素、管理因素、战略因素六个部分[2]（详见表3-1）。须注意的是，企业根据实际需要并考量效率因素，更多采用法律因素、技术因素和市场因素/经济因素三项指标进行剖析。

表3-1 专利资产价值评估的主要维度

一级指标	二级指标
技术价值	技术先进程度、技术成熟程度、技术独立性、技术可替代性、技术应用前景与广度……
法律价值	权利稳定性、保护强度、不可规避性、侵权可判定性……
市场价值	市场当前应用情况、市场未来预期情况、竞争情况、政策情况……
战略价值	专利进攻价值、专利防御价值、专利影响力价值……
管理价值	专利类型、专利法律状态、专利维持时长/剩余寿命、专利所属产业技术领域、发明人归属、合作申请情况……
经济价值	专利对自身产品利润增值、专利交易（转让、许可）收益、专利适时侵权赔偿额、专利质押融资额、专利作价入股股权投资份额……

注：实践中，企业可以根据实际情况确定具体二级指标的内容，上述内容仅供参考。
资料来源于刘剑锋等：《企业专利价值分级管理方法研究》；刘婷婷等：《面向分级需求的高校专利数据标引模型研究》。

---

[1] ［美］拉里·M. 戈德斯坦：《专利的真正价值——判定专利和专利组合的质量》，顾雯雯、林委之、于行洲、郑娟娟等译，知识产权出版社2020年版，第23页。
[2] 胡佐超、余平：《企业专利管理》，北京理工大学出版社2008年版，第227页。

（一）法律因素

专利权是依《专利法》而获得的权利，其取得授权的方式、主体对象以及保护期，均由法律规定，因此，法律制度在专利资产评估的环节中扮演着重要的角色，知识经济的高速发展对法律的适用也有显著的影响（可参考图3-1）。[1]

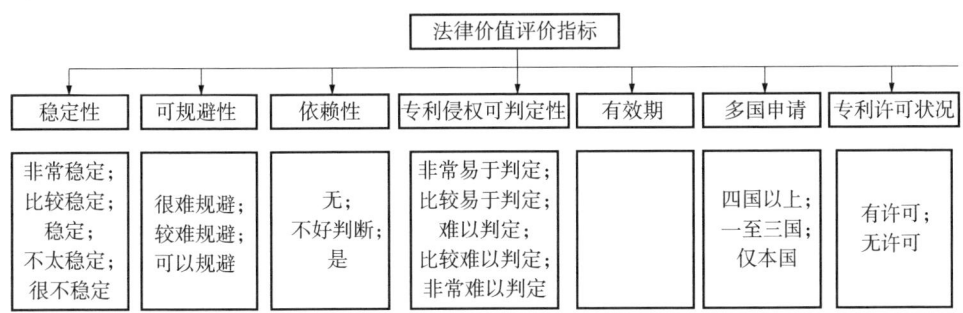

图3-1 法律价值维度评价指标

资料来源于李小娟：《基于动态分级的高价值专利筛选实践分享》。

（1）明确专利资产评估中的"专利"是待通过授权批准的"专利申请"，还是已获得专利授权的专利。在"专利申请案"中的权利，是一种知识产权，可以转让或许可，因此也存在专利价值评估的问题。专利申请的过程中存在两种可能：授权、被驳回，两者价值不同。[2] 申请案有批准与驳回两种可能，其价值是完全不同的。受让方或被许可方一定要弄清对方的有关技术或新产品是"已申请专利"还是"已获得专利"。[3]

（2）专利资产评估中专利的类型是需要明确的。我国《专利法》保护实用新型专利的目的在于鼓励低成本、研制周期短的发明创造，为了更快适应经济发展的需要，故不需要通过实质审查。因此实用新型和外观专利中的授权不通过实质性审查，其效力可能会在之后的侵权诉讼中被确认为无效，故而在两项专利的资产评估过程中，不能与发明专利一视同仁。

（3）专利资产评估是否有可靠的记录显示有关专利权利人每年按时缴纳

---

[1] 刘倩：《我国专利资产价值评估研究》，华北电力大学2014年硕士论文，第14页。
[2] 郑成思：《论知识产权评估》，载《法律科学》1998年第1期，第49页。
[3] 郑成思：《简论知识产权的评估》，载《中国社会科学院研究生院学报》，1998年第3期，第40页。

专利年费,若漏缴专利年费,可能会导致专利被撤销;尽管有专利恢复程序,但未免过于繁琐。如果真的转让一项漏交年费但可能恢复的"专利",则资产评估中须将专利恢复程序的开销及一旦恢复不了将给受让方造成的损失作为损失计入。①

(4)专利保护期距离届满期限的时间是影响专利评估最重要的因素,专利保护期不可续展,因此该影响就比其在商标评估中重要得多。②如果专利保护期仅剩2年,那么将意味着无论后续该专利的发展潜力如何,也不考虑发明人所耗费的心血和成本——该专利技术价值经过评估——其价值不会高于未来能够为该企业带来的预计利润。

(5)专利是否正被牵扯到侵权诉讼、无效诉讼等专利纠纷之中。一旦卷入这类纠纷,特别是在法院未决的纠纷中,其资产评估必须在按照一般评估方法得出的价值上再打折扣,因此在企业资产评估的过程中应考虑到这一因素。③

同时,结合专利资产法律价值评估实际,亦可以评估以下三个因素:第一,权利要求有效性,如果评估过程中对专利或专利中重要权利要求的有效性存在重大怀疑将会导致专利价值评估等级降为0档并且不会进一步评估;第二,权利要求的覆盖范围,某些权利预期被侵权或在"不久的将来"预期会被侵权(通常理解为不超过3年,有时更短),那么权利要求范围覆盖被认为是良好的,并且专利是有价值的;第三,侵权的可发现性(或者"可探测性"),除特定类型专利的权利要求,例如生产方法或者很难观察到的电子线路,或者纳米级的结果,通常侵权的可发现性都不是一个问题。④

(二)技术因素

专利技术的先进程度和成熟程度都对其价值存在影响,一项专利技术含量越高,代表其价值评估也较高;在进行专利检索时如果发现比原有专利更先进的可替代技术,也就意味着该专利将会贬值,技术专利的价值会随着其

---

① 郑成思:《知识产权评估中的法律问题》,载《国际贸易》1998年第11期,第35页。
② 周林:《论知识产权评估的基本概念和理论依据》,载《法商研究》1996年第6期,第55页。
③ 郑成思:《注重"法权"专有性——知识产权价值评估中的法律问题》,载《国际贸易》,1998年第11期,第35页。
④ [美]拉里·M.戈德斯坦:《专利组合:质量、创新、创造和成本》,代丽华译,知识产权出版社2020年版,第125页。

所处阶段不同而有所变化（可参考图3－2）。①

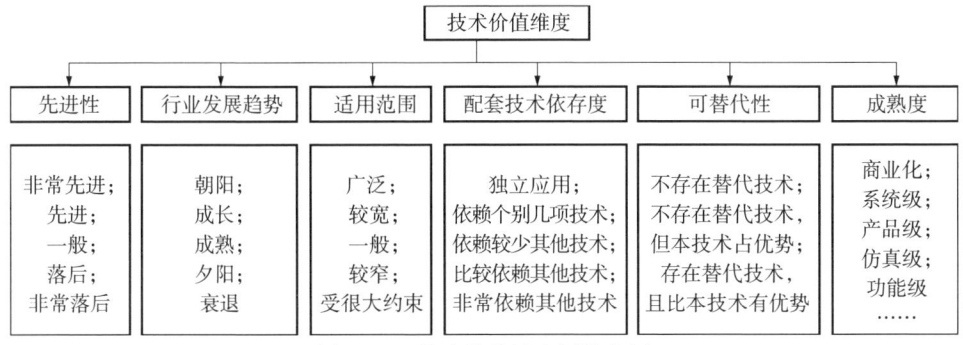

图3－2 技术价值维度评价指标

资料来源于李小娟：《基于动态分级的高价值专利筛选实践分享》。

（三）产业因素

专利的产业因素也决定着专利资产的价值，主要侧重于产业化程度和业务应用范围及国家对该产业的扶持政策。产业化程度是指，该专利在市场经济条件下，以行业需求为导向，以实现效益为目的的情况下可进行产业化的程度。可能实施的程度越大意味着产业化越容易。产业业务应用范围是指专利技术与应用领域的范围，范围越广，专利发挥程度越高。国家产业扶持是指该专利的应用范围是否符合国家或者地方政府的区域发展计划，如符合则能享受到优惠政策，并拥有广阔的市场空间，采用收益现值法来评估时技术价值越高。

（四）市场因素

专利技术虽为一种特殊的商品，但也同样受到市场机制的限制和影响，市场对专利技术的接受程度对专利价值预测也有着重要影响，市场占有率越高代表市场需求度越大，专利技术的价值从中也可以体现，专利技术对市场独占性的强弱也是决定价值大小的因素（可参考图3－3）。

---

① 黄瑞华、汪英筠：《专利技术获利能力评估影响因素研究》，载《西安交通大学学报》1998年第3期，第54页。

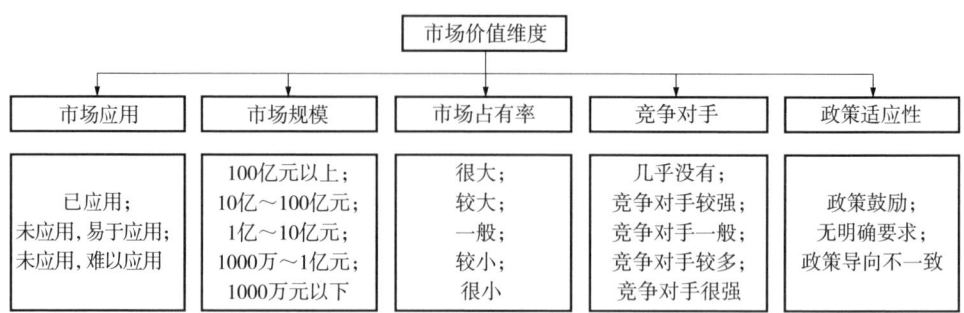

图 3-3 市场价值维度评价指标

资料来源于李小娟:《基于动态分级的高价值专利筛选实践分享》。

(五) 管理因素

管理因素主要涉及知识产权基本属性、分类管理两个方面。有研究表明,考量知识产权基本属性有助于获悉专利类型、法律状态、所属产业技术领域、技术功效等专利技术基本信息;分类管理维度侧重专利分类的细粒度需求,如专利项目来源、发明人归属学院/团队、应用前景等,能更好地满足企业专利资产分级分类管理需求。[1]

(六) 战略因素

确立战略因素,旨在解释专利技术在企业运营、产业发展过程中的战略价值,设计潜在转移对象、产业影响力、专利影响力等标引内容。通过细化二级评价指标和标引信息,企业专利管理部门、技术研发部门、运营部门更能精准地判断专利技术的战略价值,为进一步开展专利布局及专利运营工作提供可兹参考的评估信息。[2]

须注意的是,专利资产价值评估过分强调数学概念和估值技术,存在掩盖估值分析主观性的危险;换言之,专利资产价值评估应当遵循主客观相统一的价值评价规律。[3]

---

[1] 刘婷婷、陈振标、刘敏榕:《面向分级需求的高校专利数据标引模型研究》,载《情报探索》2022年第4期,第16-17页。

[2] 刘婷婷、陈振标、刘敏榕:《面向分级需求的高校专利数据标引模型研究》,载《情报探索》2022年第4期,第17页。

[3] [美] 威廉·J. 墨菲、约翰·L. 奥科特、保罗·C. 莱姆斯:《专利估值——通过分析改进决策》,张秉斋等译,知识产权出版社2017年版,第10页。

第三节　专利布局的分级分类管理

专利申请只能确保专利技术在某一方面是掌握在企业手中且得到保护的，但并不意味着这个位置是永恒牢固的，如今为了巩固企业地位，提高企业的抵御风险的综合能力，就必须采取专利布局。[①] 当企业实施专利布局时，要从产品和技术的视角规划符合自身实际情况的策略来关注地域的布局，产品种类不同，市场所占比例和方向也不同。

一、专利布局策略

随着知识产权战略的实施，顺应建设知识产权强国的需要，专利的作用也日益凸显。拥有高质量的专利资产不但是国家科技发展的战略要求，更是企业生存的基本要件，而专利挖掘是构建知识产权战略的基础。[②] 专利挖掘与专利布局相辅相成，合适的专利挖掘能够提升专利布局的规模，体系完善的专利布局能够正确引导专利挖掘的方向，专利布局需要根据市场的专利情况、自身的专利情况、竞争对手的专利情况以及法律法规等相关因素经过深思熟虑后来进行规划。企业的专利如果没有战略性布局就犹如一盘散沙，一个专利经布局规划后，才能为企业构筑起坚固的防火墙。企业拥有的专利防护网不但可以保护自身的核心技术免受侵犯，还可以对竞争者造成很大的冲击。专利布局没有固定格局，目前企业一般常用的专利布局主要有以下几种方式：

（一）环绕式专利布局

环绕式专利布局是指在企业掌握该行业的基础专利的情况下，针对该专利技术申请大量的外围专利，将基础专利紧紧包围，严密保护起来，防止竞争对手进入。如果基础专利被竞争者控制，但还未实施环绕式专利布局，企业也可以利用大量外围专利合围竞争者的基础专利，有效遏制竞争对手的基

---

①韩园园：《企业如何做好专利布局》，《纯碱工业》2022年第4期，第43页。
②王丽琼：《企业专利技术方案挖掘及专利布局探讨》，《科技创新与应用》2020年第19期第16页。

础专利向外拓展，弱化竞争对手的基础专利价值；还可以对竞争对手的基础专利采用交叉许可的方式，从而确保自身在市场上的竞争力。这些外围专利可以是基础专利的技术升级，也可以是对基础专利的市场化应用。该专利布局模式比较适合没有成熟技术和资金优势的企业，该企业只能采用追随型研发策略。实施环绕式专利布局需要企业对行业的基础专利或核心专利具有很强的洞察力，能快速行动。①

（二）特定隔阻式专利布局

特定隔阻式专利布局是指企业将实现某一技术目标中必需的一种或几种不同用途的技术解决方案申请专利，为避免竞争对手进入而制造障碍。特定隔阻式专利布局是企业为降低专利申请和运行成本，仅从必需技术来考虑，忽略次要专利，维护专利整体品质的策略。该种布局方式的缺点在于如果专利的技术解决方案不是实现某一技术目标所必需的，将留给竞争者一定的缝隙空间。竞争对手会在对方专利的引导下，通过较低的研发成本和回避设计跨越障碍。因此，该专利布局需要保证技术解决方案是实现某一技术目标所必需的技术，而这是竞争者不可回避的，且回避设计也不一定能突破障碍时才适用。采用这种专利布局方式的，一般是对该技术领域的创新状况和竞争者的创造能力有着全面且深入了解的行业领先型企业。专利布局是一个具有目的性的专利组合过程，如要制定最适合企业自身的专利布局战略，需要综合考虑多方面的因素。

（三）糖衣式专利布局

糖衣式布局是指在企业掌握核心专利时，将环绕该技术主题的许多技术解决方案申请专利，形成糖衣式专利群的布局模式。②

这种情况类似于有计划实施的覆盖式布局，在拥有了核心专利时再在该核心专利周围放置若干小专利，编织成一个由核心专利和外围专利构成的专利网，从而提高竞争者规避设计的门槛，使得竞争者无法突围企业的技术堡垒，同时降低竞争对手围绕企业核心专利作围栏式专利布局的概率。采用糖

---

①梁宏：《浅谈企业如何挖掘专利和进行专利布局》，《中国发明与专利》2015年第1期，第39页。
②詹文青、封丽、黄潇霏：《专利布局视角下企业核心专利识别研究》，《情报理论与实践》2022年第8期，第116页。

衣式布局模式时，应当尽量采取核心专利和外围专利同时申请的手段；换句话说，如果企业拥有某技术领域的一项或者几项核心技术，就可以等与之相匹配的技术开发成功时，同时提交专利申请，以避免给竞争者留下开发技术和申请专利的机会。为了确保核心技术的信息不被公开，延缓竞争者获取核心技术相关信息的时间，也可以采用先申请外围专利，后申请核心专利的顺序，这样可以将核心专利保护期限的起算点往后推算，延长专利保护时间。

（四）布雷区式专利布局

布雷区式专利布局是指企业将实现某一技术目标的所有技术解决方案，通过充分的深层次的专利挖掘获得大量的专利性技术方案，将挖掘到的专利性技术方案进行专利申请，形成布雷区式专利布局。[1] 该布局方式通过将专利中的权利要求同步布局到产品和方法中，从小零件布局到系统，从核心零件布局到应用产品的战略，系统地把每一步都用专利形成地雷区，从而达到有效保护企业技术，防止竞争对手进入的目的；面对强行侵入技术领域的竞争对手，企业可以通过专利诉讼等方式将其驱赶出安全区。采用布雷区式专利布局需要企业在该专利技术领域内有较强的研发能力，且具备充足的经费和研发人员的协同作用，各种研发方向都有研发成果产生，同时企业要有系统的专利策略，避免专利泛滥、无法发挥预期保护效果的情况；布雷区式专利布局方式较适用于研究过程中专利产出较多而专利重要性尚未清晰的新兴技术企业。

前述专利布局模式均有自身被运用的前提和优劣点，不能单一直观地认为哪种模式更好，由于每个企业都有自身特定的管理和经营状况，不一定适合采用某一种布局模式，也可能同时采用几种模式的混合形态。在实务中，企业应结合自身情况综合分析各技术领域的现实情况和具体形势，并结合专利申请策略来选择最合理的布局模式。

---

[1] 梁宏：《浅谈企业如何挖掘专利和进行专利布局》，《中国发明与专利》2015年第1期，第39页。

二、专利布局的策划程序

（一）布局策划的过程

1. 制定研发主题

专利布局是对企业某一技术主题的专利申请进行系统筹划，以形成有效排列组合的精细布局行为。因此，企业在进行专利布局前要制定研发主题，要对研究领域的具体内容进行精准定位。

2. 检索相关专利文献

在制定研发主题后，企业须就该技术领域之专利的先前技术进行网络检索，以此了解相关专利技术及竞争对手目前的发展趋势、专利战略布局之相关概况等内容。

3. 进行专利分析

在检索专利文献后，需要对相关资料作深入的专利分析，以了解该领域的技术发展状况、领域技术研发参与者的状况、对比企业自身的研发实力等，以此明晰企业的研发方向和主题。

4. 制作布局方案

围绕企业制定的技术主题，找出该主题的关键技术部位，依据企业的研发能力、企业经营策略和经营状况等因素确定适宜采用的专利布局模式，制作针对该技术主题的专利布局方案。

（二）布局策划中的专利分析

一般来说，在专利布局策划中所进行的专利分析，主要包括以下几种[1]：

1. 技术功效分析

技术功效分析是指对企业的专利技术与该技术手段实现功效的分析。根据技术功效分析能够知悉技术和功效之间的关系，较好地分析专利中较为模糊的信息内容和内在的技术特征，了解技术密集区、布雷区、未开发区域以及能获利的领域等，在确定企业专利布局方向以及产品研发方向等方面提供条件和依据。

在进行技术功效分析时，首先应该对企业所关注的主题进行技术分解，

---

[1] 谢顺星、高荣英、瞿卫军：《专利布局浅析》，《中国发明与专利》2012年第8期，第26页。

第三章 供电企业专利资产的分级分类管理

并制作技术功效鱼骨图(如图3-4①、图3-5②所示)。

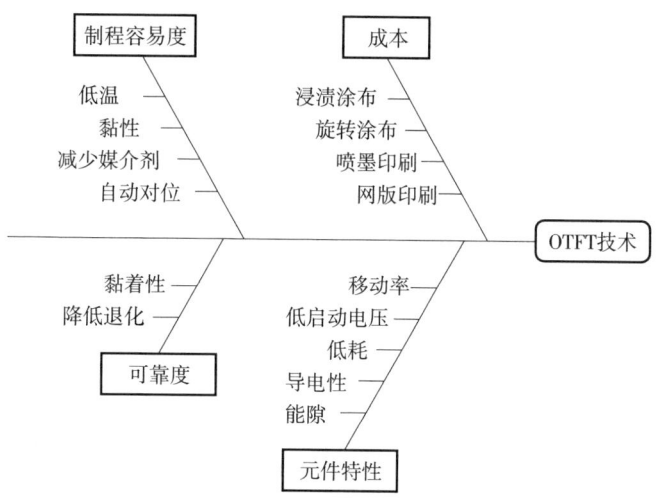

图3-4 OTFT技术鱼骨图

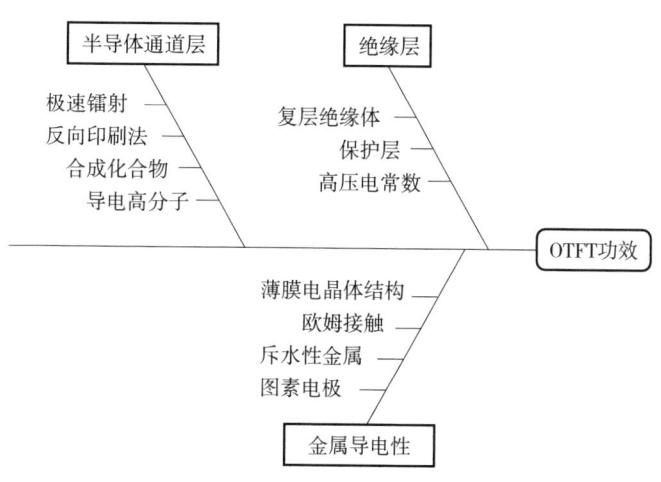

图3-5 OTFT功效鱼骨图

制作好技术功效鱼骨图后,再根据技术功效鱼骨图将检索到的有关专利文献进行数据分析,制作技术功效分析图,通过技术功效矩阵分布图可以得

---

①②徐宏智、李金连、吴俊杰:《OTFT专利分析与其研发策略关系之探讨》,《台北科技大学学报》2007年第41期,第144页。

出具体的研发方向,以便后续更好地制定研发路线。

2. 技术独立性分析

技术独立性分析是指对企业技术研发内容与其他竞争者技术研发内容的差异性的分析,技术独立性数值较高,表示该企业研发之技术独特性较高。技术独立性分析可以用来区分企业特定技术主题的研发路线与其他竞争者研发之技术内容的相似程度。技术独立性的高低,常常通过专利引证指标来进行判断,进行具体分析时可以使用引证率来表示,引证率可以以企业引用自身的专利次数/总引证次数的比值来计算。技术独立性越高,表示企业技术研发内容与其他竞争对手之间的技术差异性越大。[1]

3. 技术生命周期

技术生命周期通常分为:起步期、发展期、成熟期和下降期四个阶段,具体如图3-6所示。

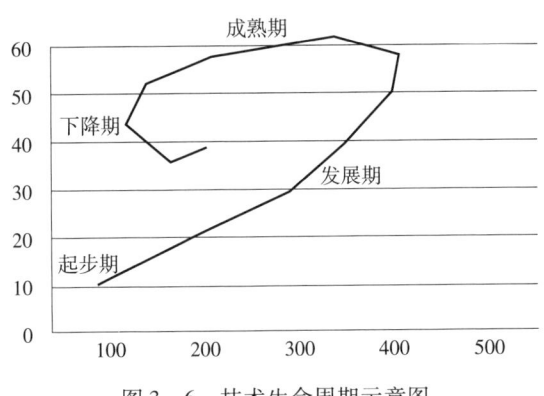

图3-6 技术生命周期示意图

在起步期,工厂投入意愿低,专利申请的数量与专利权人数量均较少,此时可以将专利布局侧重于部署核心专利上,使竞争对手难以回避企业的设计。

在发展期,产业技术有了比较大的突破,企业开始对市场价值有了清晰的认知,争相投入发展,专利的申请数量和专利申请人数量呈上升趋势,此时可以通过合理的专利布局形成对竞争对手研发技术的路障,防止竞争对手进入该特定技术行业。

在成熟期,投资用来研发的资源不再进行大量扩张,只剩下极少数企业

---

[1] 谢顺星、高荣英、瞿卫军:《专利布局浅析》,《中国发明与专利》2012年第8期,第27页。

还在继续发展该技术,其他企业再进入此市场的意愿较低,专利的申请数量与专利权人数量增长逐渐缓慢,此时可以使用糖衣式专利布局,可对竞争者已有的专利进行包围。此时单一的基础专利或核心专利已经发展得较为成熟,所以需要采用多个小专利包围竞争对手的核心专利,通过小专利包围的布局和应用来阻止竞争对手的核心专利或重要专利用于商业用途。

在技术下降期,如遇到产业技术发展处于持续平台期,难以突破,或该产业已发展成熟,专利的申请数量与专利权人的数量呈逐渐下降趋势,那么此时的专利布局可以考虑采用环绕式专利布局,或者寻找其他替代技术方案,来帮助企业适应技术的飞速发展。

根据技术生命周期所确定的专利布局模式关系如图3-7所示。

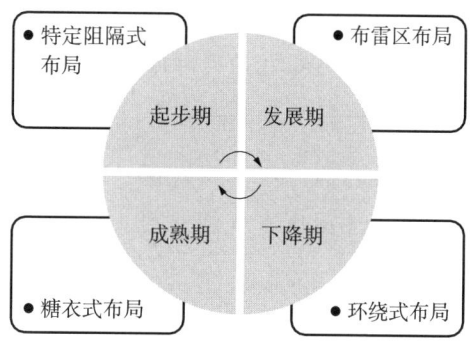

图3-7 技术生命周期与专利布局模式关系图

三、专利布局的分级分类思路

企业需针对不同产品并考虑自身优劣势来进行布局,在布局的同时还需要兼顾用户体验以及未来需求,可集中从产品的重要程度、质量成熟度以及原创性来考虑。

1. **产品的重要程度**

在企业专利布局中需要对产品进行分类,可以对在市场中占有率高或专利技术含量高、竞争优势较强的产品进行倾斜侧重。

对于上述产品,企业需要保持专利部署的高密度与增长量呈持续正值,以此来更好地保护产品。

对于普通产品,企业可以在预算充足的情况下进行适当的专利保护。

2. 产品质量成熟度①

因为市场的多样性导致产品种类的多样性，企业应当根据自身产品的成熟程度来为其选择最为合理的专利布局战略。

针对成熟产品，企业应当建立专利保护网，完善专利保护布局，遵守结合产品来进行申请的主要原则并注重部署对抗性专利；针对全新产品，应当以"专利圈地"为主，注重在关键技术上进行专利部署，对技术方案进行多维拓展申请，对于备选方案也可以先进行专利申请；针对未来产品，企业可以将其作为储备性专利进行布局，先针对技术进行专利申请，为后期打基础，同时企业可考虑转让低价值专利以便减少维持费用。

3. 原创性

针对原创性高的产品，企业应当在原创点进行精密的专利部署，建立完整的专利保护圈，通过专利组合的方式来确保企业对同类设计有专利控制权，以此来避免其他企业的规避设计，抬高跟随者的门槛。

针对在他人产品上改造的后续改造型产品，企业应侧重围绕他人基础专利，布局外围专利，在具备一定技术优势后进行精密部署，形成能与竞争者对抗的实力。

四、分阶段专利分级分类管理模式

基于专利价值分析体系的专利分级分类管理方案，需要结合专利的生命周期进行综合评断。专利申请、授权周期包括申请前、申请中、授权后，从申请到授权一般需要经过2～3年，将专利价值融入常态化管理，并将部分支撑指标的分析内化于专利申请周期的不同阶段，即专利价值中的部分支撑指标可以着重在某个阶段进行分析，甚至部分指标可以在某个阶段进行调整（如法律指标中的稳定性、不可规避性这两个指标可以利用申请中的主动修改、答复审查意见、复审程序进行调整）。② 本书以专利新申请、已授权为区间点分阶段阐释如下。

---

① 李淼：《基于专利组合模式的布局设计研究》，河北工业大学2021年硕士论文，第18页。
② 李小娟、梁丽：《基于专利动态分级的高价值专利筛选实践分享》，智专北斗，网址：https://mp.weixin.qq.com/s/XT4FcREO2vkM0JolYBh78w，最后访问时间：2022年11月20日。

（一）专利新申请的分级分类管理

针对新申请专利，须将专利价值分析体系贯穿专利申请全过程，按照申请前、申请中、授权后三个子阶段评审来进行实时动态分级分类管理。同时，专利申请前的价值评估对后续专利撰写、答复审查意见以及内部质量监管具有直接作用，可以从源头上提高专利质量，为专利确权后的价值实现打下坚实基础。①

在专利申请前，主要依托技术交底书作为评价对象。实践中，技术交底书的评价大抵从技术和法律两个维度展开评价，技术专家主要评价技术的先进性、科技性，并确认是否属于技术秘密；法律专家则主要评价授权前景（是否具有侵权可能性或侵权风险），评价结果为是否申请专利以及是否重点保护；根据具体评分，可以将专利分为三个等级，即A类高价值专利（标准必要专利可视为高价值专利）、B类优质专利、C类普通专利——该类分类方法系由中国科学院计算所针对信息技术领域专利的特点建立的一套专利价值分析体系。其中对专利申请设计了不同的技术、经济、法律评价指标，通过发明人自评、IPR审核评价、专利评审三个步骤，将拟申请专利分为A、B、C三个档次；②亦有企业采用四级划分标准，即分为A~D四级档位，A级专利申请均是核心和关键类产品，B级专利产品属于重要专利，C级专利申请主要在专利申请质量和数量间形成一个平衡结果，D级专利则侧重关注数量，对于专利技术类型、质量不做明确要求。③

专利申请阶段中，可根据审查意见对专利级别进行适当调整，一般来说，主要根据法律价值中的稳定性，补课规避性。例如，如果获得权利要求范围很小，轻易可规避，则A级专利须调整为B级或C级；反之，如果获得权利要求范围较大，具有较强防御壁垒，则B级或C级专利可以适当调高一个档位。

诚如上文所言，专利分级管理贯穿于专利生命全周期，在不同阶段的分级评价侧重点有所不同，采用的评价指标和具体方案亦存在差异。例如，日本日立公司，将新申请专利分为A~E五个等级：A级为战略性专利，是基

---

①廖娟：《基于专利价值评价的企业专利申请分级分类》，网址：https://mp.weixin.qq.com/s/pHFOIRbQk888LfUicqnTCw，最后访问时间：2022年11月27日。
②刘剑锋、肖小清、向淳：《企业专利价值分级管理方法研究》，知识产权家，网址：https://mp.weixin.qq.com/s/yJZx0LryMaaMX-KIg09-6g，最后访问时间：2022年11月20日。
③赵婷：《专利分级管理》，网址：https://mp.weixin.qq.com/s/YhaJ2UGxPZe_kCxi-kLNkg，最后访问时间：2022年11月27日。

础的、必要的发明，不容易被规避，处于前沿领域而且在技术上能够实施，应给予最高的优先级进入申请程序；B级为基础专利，是一类比较重要的专利，比较难于规避，是在研发中受青睐的技术，且具有明确的应用潜力，应优先进行申请；C级为一般专利，是相对其他竞争对手具有领先特性，同时也是其他公司必然使用不能轻易规避的技术，应该积极申请；D级为公共专利，有一定市场前景，对竞争对手来说有一定规避难度，公司需要这类专利来阻碍对手实施此项技术，也需积极申请；E级为推迟申请专利，是指一些容易被规避的技术，与现有技术区别不大的发明，虽然可以申请专利但不是很重要，这种专利申请往往会被搁置。其中，C级专利为中间价值界点，A、B两级为高价值专利，D、E两级为低价值专利。①

（二）专利已授权后的分级分类管理模式

专利授权后，更新技术价值中的先进性，增加经济价值中的市场规模前景，最终确定该专利级别，并作为该专利是否维持以及如何转化的重要判断依据。例如，授权后的专利若可以维持技术维度的先进性、市场维度的占有率、法律维度的稳定性，则可以继续维持高级别专利档位；如果发现技术落伍，不具有市场竞争性，则降为B类或C类专利档位，彼此间形成动态专利分级。

（三）按需求适当调整分级分类管理指标

根据专利质量和专利交易数据，反观专利分级分类管理指标设置的合理性，适当调整指标设置，使得分级依据具备说服力；换言之，需要建立一套有效的一致性检验机制，谨防发明人和专家评分/打分相差太多，或者防止发明人和专家有意抬高或压低某项指标评分，用互评、抽评等方式对出现明显差异的情况进行修正。②

五、专利资产价值评价指标体系及权重设计

（一）企业专利资产价值评估指标体系设计

考虑到我国企业的业务发展需求，发明人的主观要求，专利撰写者的能

---

① 廖娟：《基于专利价值评价的企业专利申请分级分类》，网址：https://mp.weixin.qq.com/s/pHFOIRbQk888LfUicqnTCw，最后访问时间：2022年11月27日。

② 李小娟、梁丽：《基于专利动态分级的高价值专利筛选实践分享》，智专北斗，网址：https://mp.weixin.qq.com/s/XT4FcREO2vkM0JolYBh78w，最后访问时间：2022年11月20日。

力、经验和精力，专利撰写特点，专利审查程序，专利管理等因素，企业在确定专利价值评价指标体系时应当考虑以下内容：专利信息获取难度或壁垒；应避免过多掺杂经济、法律因素；应考量专利引证与被引证情况；应关注企业自身创新和发展能力。同时，立足于国内外市场竞争环境，评估专利技术成果应当遵循客观性、系统性、可行性原则，充分借鉴相关评价指标，从专利自身的技术价值、法律价值、经济价值、战略价值四个维度确立专利评价指标，构建专利资产价值/质量评价指标体系（详见表3-2）。[1]

表3-2 专利资产评级中的信息标引需求及解释

指标维度	标引需求内容	解释	来源
技术价值	B1 发明团队研发实力	专利团队的核心团队人数、研究时间、研发水平等研发实力	国家知识产权局
	B2 专利项目来源	国家级项目、部委级项目、地方级项目和横向课题等专利项目来源	管理司、王舒
	B3 专利组合情况	多个专利有效的组合情况	刘剑锋、巴晓艳
	B4 行业发展趋势	该专利所在技术领域目前的发展趋势	马天旗、用户访谈
	B5 技术适用范围	专利技术方案适用的领域范围	/
	B6 技术先进性	专利技术与本领域当前的其他技术相比是否处于领先地位	/
技术价值	B7 技术不可替代性	当前是否存在解决相同或类似问题的替代技术方案	/
	B8 技术重要性	专利技术在本领域的技术地位和技术影响程度	/
	B9 配套技术依存性	专利技术是否依赖于其他技术才可实施	/
	B10 技术创新性	专利技术与现有相关技术相比的创新与原创程度	/
	B11 技术成熟度	专利技术所处的发展阶段	/
	B12 技术应用广度	该专利对技术应用影响的广度	/
	B13 技术应用长度	专利对其持有者和/或其他在后技术的影响时长	/

---

[1] 花之蕾、刘亚娟：《中国高校专利的分级评价》，《科技管理研究》2022年第16期，第47页。

续表 3-2

指标维度	标引需求内容	解释	来源
法律价值	C1 权利要求情况	权利要求书中专利的技术特征等情况	国家知识产权局
	C2 权利稳定性	授权专利被无效的可能性	管理司
	C3 不可规避性	专利权利要求保护范围是否容易被规避设计	江苏大学
	C4 依赖性	专利实施是否依赖于现有授权专利的许可,或是否作为其他专利申请的基础	江苏科技大学
	C5 侵权可判定性	是否容易发现和判断侵权行为并取证	王舒、刘剑锋
	C6 专利许可状况	本专利是否许可他人使用或者经历侵权诉讼	何向、巴晓艳
	C7 保护范围	以权利要求记载的技术特征为准的专利权保护范围	马天旗、用户访谈
	C8 有效期	当前授权专利还有多长的保护时间	/
	C9 多国申请	是否在除本国外的其他国家申请专利	/
市场价值	D1 市场应用情况	专利技术投放市场的应用情况或应用前景	国家知识产权局
	D2 市场规模状况	专利技术在市场推广后的经济效益	管理司、刘剑锋
	D3 市场占有率	专利技术在市场推广后占有的市场份额	巴晓艳、马天旗
	D4 潜在转移对象	潜在购买/受让专利权及专利技术的对象	用户访谈
	D5 合作情况	是否存在合作伙伴及合作伙伴的规模	/
	D6 竞争情况	是否存在竞争对手及竞争对手的规模	/
	D7 专利收益	专利诉讼、质押、转让、许可产生的收益	/
	D8 专利与标准关系	是否属于某技术标准的必要专利及涉及的标准数量、标准类别	/
	D9 剩余经济寿命	专利有效使用并创造超额收益的持续时间	/
	D10 同族专利情况	同一专利族的基本情况	/

续表 3-2

指标维度	标引需求内容	解释	来源
战略价值	E1 发明等级	属于 TRIZ 专利等级中的哪个等级	国家知识产权局
	E2 产业影响力	专利成果对产业发展的影响力	管理司、王舒
	E3 专利进攻能力	专利在侵权诉讼、许可谈判、纠纷调解上的能力	刘剑锋、巴晓艳
	E4 专利防御能力	专利在产品保护、市场控制中的能力	马天旗、用户访谈
	E5 专利影响力	专利在声誉提升、政策获取、技术合作中的能力	/
	E6 政策适应性	专利技术是否受政策鼓励和扶持，是否有优惠政策	/

资料来源于刘婷婷等：《面向分级需求的高校专利数据标引模型研究》，《情报探索》2022 年第 4 期。

(二) 企业专利价值评估指标架构与评分表

本书引用国内既有研究成果，主要结合中央企业课题与中国专利交易所推行的"专利价值分析指标体系"来构建专利价值分级管理指标体系，并提出"总—分—子—总"四层指标体系架构：第一层，建构专利资产价值评估以及指标体系，主要涵括技术、法律、经济三类价值（企业可以根据实际情况进一步调整、增删一级指标体系）；第二层次，初步建立专利资产价值评估二级指标体系及其解释；第三层次，制作技术价值、法律价值、经济价值的分类评分表；第四层次，综合各项一级指标，设定权重，进行初步判断并获得结论。①

1. 专利价值评估二级指标架构

根据评估实践，企业专利资产评估二级指标体系可以参照表 3-3 制定，亦可以根据工作实际、业务实际，进行指标调试和指标项目增删。根据表 3-3 可知，专利资产价值评估主要确定法律价值、技术价值、经济价值三项一级指标的维度。在法律价值维度，分为稳定性、保护范围、侵权可判定程度；在技术价值维度，分为先进性、替代性、发展成熟度；在经济价值维度，分为转化运营状况、市场适应状况、政策适应状况等二级指标内容。

---

① 张雁宇：《基于专利奖浅析专利分级分类》，《中国科技信息》2022 年第 24 期，第 32 页。

表 3-3 专利资产价值评估二级指标具体化内容

二级指标	内容				
	发明+实用新型			实审阶段发明+实用新型	
稳定性	无效、评价报告或检索具备新颖性创造性	经历复审、无效程序次数	授权专利	报告结论或检索结论无创造性	报告结论或检索结论无新颖性
保护范围	从独立权利要求项数、权利要求结构、技术特征数等方面分析被评专利的权利要求是否严密、所保护的范围是否合理等				
	涉及不同主题独立权利要求，层级布局合理，独立权利要求不包含不必要的技术特征	涉及不同主题的独立权利要求或开展组合布局	10项权利要求以下/2项及以上独立权利要求，或者独立权利要求基本不包含非必要技术特征	6项权利要求以下，仅1项独立权利要求，或者独立权利要求仅包含少量的非必要技术特征	2项权利要求或以下，或者独立权利要求中含有较多非必要技术特征数
侵权可判定程度	类型为产品还是方法，技术特征是结构特征还是功能特征，是否容易通过取证采取行使诉讼的权利				
	非建筑物结构类产品权利要求	建筑物结构——外部	建筑物结构——内部	施工方法类权利要求	测试方法
先进性	专利所解决技术问题的重要程度，技术方案实施的效果，配套专利发展状况				
	解决了重大的行业问题或者技术效果显著，或者来源于国家级课题	解决了行业急需解决的技术问题或者技术效果较好，或者来源于股份公司或者省部级课题	解决了行业一般的技术问题或者技术效果一般，或者来源于公司A类课题	技术手段常见或者技术效果差，或者来源于公司一般课题	技术手段较常见或者技术效果较差

续表 3-3

二级指标	内容				
替代性	专利被他人进行规避设计的难度，差别性的技术方案仍能够解决相同技术问题并达到相同或基本相同的技术效果，专利的实施对于授权专利的依赖程度				
	必须采用专利技术/不具备可替代方案/与强制标准相关	行业推荐采用，或者与其他方案相比明显具备优势/与推荐标准相关	与其他方案相比本技术占优势	与其他方案相当	与其他方案相比处于劣势
发展成熟度	专利技术当前处于从报告级到产业级的具体层级，被评专利生命周期的发展阶段				
	已开展行业内大范围应用	已开展系统外小范围应用	已开展系统内应用	示范应用阶段	试制/试验阶段
转化运营状况	专利及其同族专利的转让、许可、出资情况、质押融资、证券化、保险情况、涉诉、仲裁及赔偿情况				
	自主实施经济效益500万元以上，或者运营效益50万元以上	自主实施经济效益200万元以上，或者运营效益20万元以上	自主实施经济效益100万元以上，或者运营效益10万元以上	目前仅自主实施且效益不高于50万元	目前无自主实施也无运营
市场适应状况	专利对应的产品已生产并产生经济效益；专利技术或产品经过充分的市场推广后，预期未来可能实现的经济收益				
	很高	较高	一般	较低	很低
政策适应状况	政策导向、政策发布方层级、行业审批或生产资质等方面，分析关于专利技术应用及其所属产业领域的相关规定和政策措施，判断是否为政策所鼓励和扶持				
	政策鼓励	公司支持	无明确要求	与公司战略不一致	与政策导向不一致

资料来源于张雁宇：《基于专利奖浅析专利分级分类》，《中国科技信息》2022年第24期。

2. 专利价值评估评分表设计

依据专利价值评估一级、二级指标体系，根据专利实际情况分别确立法律价值评分表、技术价值评分表、经济价值评分表（详见表3-4、表3-5、表3-6）。

表 3-4　法律价值评分表

二级指标	分值				
	10	8	6	4	2
稳定度	无效、评价报告或检索具备新颖性创造性	经历复审	实用新型（5分），发明（6分）	报告结论或检索结论无创造性	报告结论或检索结论无新颖性
保护度	涉及不同主题独立权利要求，层级布局合理，独立权利要求不包含不必要的技术特征	涉及不同主题的独立权利要求或开展组合布局	10项权利要求以下或2项独立权利要求，或者独立权利要求基本不包含非必要技术特征	6项权利要求以下，仅1项独立权利要求，或者独立权利要求仅包含少量的非必要技术特征	2项权利要求或以下，或者独立权利要求中的非必要技术特征数较多
侵权可判定度	非建筑物结构类产品权利要求	建筑物结构——外部	建筑物结构——内部	施工方法类权利要求	测试方法

资料来源于王旭明：《建筑央企专利分级管理体系研究》，《中国科技信息》2022年第24期。

表 3-5　技术价值评分表

二级指标	分值				
	10	8	6	4	2
先进度	解决了重大的行业问题或者技术效果显著，或者来源于国家级课题	解决了行业急需解决的技术问题或者技术效果较好，或者来源于总部课题或者省部级课题	解决了行业一般的技术问题或者技术效果一般，或者来源于本级单位A类课题	技术手段常见或者技术效果差，或者来源于公司一般课题	技术手段较常见或者技术效果较差
重要度	必须采用专利技术或者不具备可替代方案或者与强制标准相关	行业推荐采用，或者与其他方案相比明显具备优势，或者与推荐标准相关	与其他方案相比本技术占优势	与其他方案相比水平相当	与其他方案相比处于劣势
成熟度	已开展行业内大范围应用	已开展系统外小范围应用	已开展系统内应用	示范应用阶段	试制/试验阶段

资料来源于王旭明：《建筑央企专利分级管理体系研究》，《中国科技信息》2022年第24期。

表 3-6　经济价值评分表

二级指标	分值				
	10	8	6	4	2
经济效益	自主实施经济效益 500 万元以上，或者运营效益 50 万元以上	自主实施经济效益 200 万元以上，或者运营效益 20 万元以上	自主实施经济效益 100 万元以上，或者运营效益 10 万元以上	目前仅自主实施且效益不高于 50 万元	目前无自主实施也无运营
社会效益	很高	较高	一般	较低	很低
政策效益	政策鼓励	公司支持	无明确要求	与公司战略不一致	与政策导向不一致

资料来源于王旭明：《建筑央企专利分级管理体系研究》，《中国科技信息》2022 年第 24 期。

3. 确立专利资产价值评估权重系数

根据专利资产价值评价一级指标评分结果，须整合各项指标评分。有研究指出，根据法律价值、技术价值、经济价值经验判断矩阵，经检验，矩阵的一致性检验符合要求，专利价值 = 0.38 × 法律价值 + 0.38 × 技术价值 + 0.24 × 经济价值（详见表 3-7）。[1]

表 3-7　专利资产评估一级指标和二级指标及其权重示例

一级指标	一级指标权重	二级指标	二级指标权重
法律价值	38%	稳定性	15%
		保护范围	12%
		侵权可判定	11%
技术价值	38%	先进性	11%
		替代性	17%
		发展成熟度	10%
经济价值	24%	转化运营状况	10%
		市场适应状况	8%
		政策适应状况	6%

资料来源于张雁宇：《基于专利奖浅析专利分级分类》，《中国科技信息》2022 年第 24 期。

---

[1] 张雁宇：《基于专利奖浅析专利分级分类》，载《中国科技信息》2022 年第 24 期，第 32 页。

第四节 专利资产运营转化分类管理

一、专利运营的概念

专利运营是企业专利资产运营过程中管理辅助活动的总称[1]，已有专利运营模式包括综合交易、评估、诉讼、许可、组建专利池等各类业务。专利运营模式的创新促进专利经济价值的挖掘[2]，此外业界还将创新创业管理中"创意—研究—技术创新—商业化"与专利运营结合在一起用于项目管理。广义的专利运营是指企业或其他专门组织，通过知识产权转移、许可、质押融资、管理咨询、作价入股、构建知识产权联盟等方式，借助市场交易来实现知识产权经济价值的总体性谋划。[3] 企业各类专利运营的实施均需要具备一定的条件，不论是自行实施、自行许可、自行转让、组建专利联盟等都需要挖掘、布局和转化高价值的专利组合。[4]

二、我国专利运营历程

1995年，我国首家国家级专利市场在烟台投入运营，提供专利和专利法律查询、专利技术转让、专利人才交流等检索服务。

2000年之后，宏观政策催生了各类专利运营基金，不仅出现了大量专业化的专利运营机构，高校也成为专利运营的积极参与者。[5] 2007年，朗科公司迈出中国企业通过专利获得利益的第一步，并在次年收取美国公司的专利

---

[1] 朱见军、徐永其、张宏远：《企业专利运营管理内涵及职能模块研究》，载《中国科技论坛》2010年第8期，第84页。

[2] 魏晨雨：《探索专利运营服务最新机制：以美国IPXI公司专利许可使用权证券化为例子》，《杭州科技》2014年第2期，第55页。

[3] 袁琳：《基于中介服务视角的我国知识产权运营典型模式研究：以中关村国家自主创新示范区核心区为例》，《科技管理研究》2018年第1期，第172页。

[4] 何微、黄子洋、王华、孟奇勋：《战略生态位管理视角下我国专利运营机制优化研究》，《科技管理研究》，2022年第15期，第164页。

[5] 唐恒、朱伟伟：《高校专利运营模式的构建：基于客户价值的视角》，载《研究与发展管理》2013年第25卷第1期，第89页。

第三章　供电企业专利资产的分级分类管理

许可费。

2008年，全球知名的专利运营公司高智公司进入中国。

2014年，4G通信发展让中国企业认识到国际NPE在专利领域的运作方式。2014年4月，中国成立了专利运营基金；深圳市市场监督管理局在2014年发布《企业专利运营指南》，国家知识产权局在2014年也启动了在全国知识产权运营平台的试点项目。

2015年修订的《中华人民共和国促进科技成果转化法》充分反映了实施创新驱动发展战略对科技成果转化的新要求，厘清了科研院所和高校专利处置权和收益权，将专利运营中一直存在的国有资产流失等政策风险从制度上进行了明确定义。图3-8显示了中国专利运营发展的重要节点。

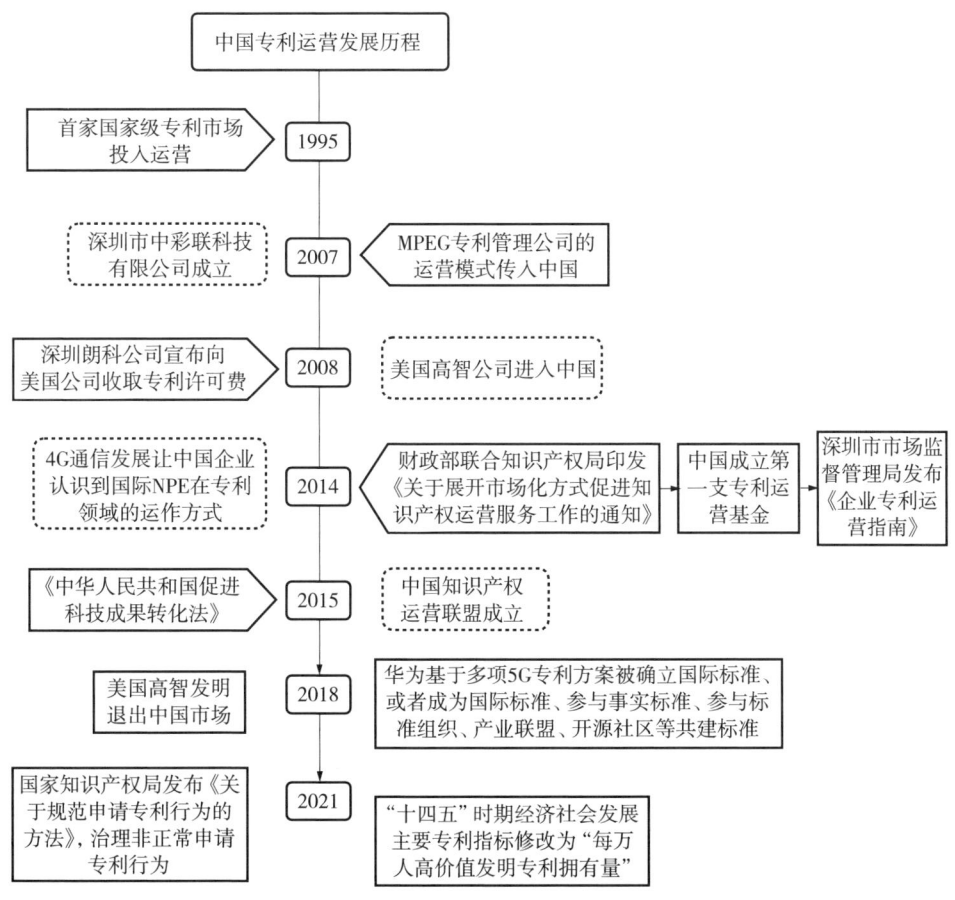

图3-8　中国专利发展历程

三、我国专利运营模式分类

虽然近年来我国专利运营发展迅速，但从宏观角度来看仍处于水平较低的发展阶段，专利技术创新水平有待加强。[1] 在我国创新发展战略背景下，专利规模逐渐增加，但其中具有较高市场价值和科技含量的专利数量较少。[2] 专利运营是一个新兴业态，专利运营理论研究与实践刚刚起步，全国专利运营机构也还没有形成新业态规模效应，且绝大多数盈利状况还不理想，这与运营模式的发展有很大关系。

比较典型的知识产权运营模式有交易中介型模式、专利池型运营模式和综合服务型运营模式三类，如图 3-9 所示。

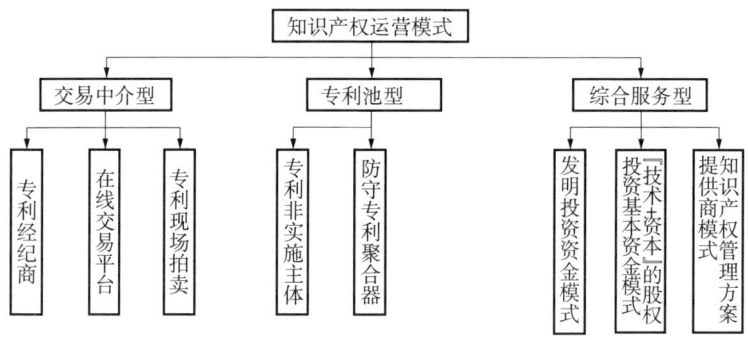

图 3-9 典型的知识产权运营模式

（一）交易中介型模式

1. 专利经纪商

专利经纪商可以在专利开发时和专利应用过程中提供专业的理论知识，为专利的生产者与消费者建立交易管道或打造交易机会。该种经营模式的特点为：

第一，利用自身市场信息的优势提高交易概率。专利经纪商的权威性使其掌握着更多的有关专利交易的市场信息，他们依赖本身的地位优势，合理

---

[1] 吴艳：《北京 IP：做知识产权运营的探路者》，载《中国知识产权报》，网址：http://scitech.people.com.cn/n1/2016/0428/c1007-28310666.html，2023 年 2 月 11 日访问。

[2] 李雨珂、邱梓泓、都平平、郭琪、段超红、王向荣：《高校高价值专利运营及品牌化建设研究》，载《中国市场》2022 年第 28 期，第 145 页。

确定专利的市场价值,为知识产权提供商寻找需求者提供协助,努力促进实现共赢。

第二,变更专利发明人的收入模式,扩展专利使用渠道。专利经纪商能够运用自身拥有的知识产权资源,通过许可或交叉许可而获得专利组合的价值,减少发明人的检索成本,避免发明人的专利在产业化的过程中因商业模式不成熟或其他原因而导致的失败,使得发明人能够更加便利地通过其无形资产取得实际收益。

第三,有效引导发明,降低市场风险。专利经纪商为了实现专利效益的最大化,首要考虑的是规避市场风险。专利经纪商根据对知识产权交易市场的分析和预测,建立专利权人与市场的有效联系,以保证创新成果转化的市场价值,可以有效避免产品"叫好不卖座"的情况。[①]

2. 专利经纪商典型案例

国内典型的专利经纪商的模式代表是北京某知识产权代理有限公司,该公司同时也是国家知识产权局首批47家全国知识产权服务品牌培育机构。据了解,这家公司的发明专利平均授权率高达93%,专利无效诉讼胜诉率达80%。许多知名知识产权纠纷案件就由这家公司代理,如国电富通公司褐煤提质技术专利情报研究,飞天诚信与以色列阿拉丁知识系统公司专利侵权诉讼案等。多年来,该公司利用自身掌握的知识产权运营资源,帮助多家企业实现了技术创新,规避了风险,实现了商业价值的最大化。

3. 在线交易平台

知识产权在线交易平台模式,是指知识产权运营服务机构借助互联网平台,聚集大量优势企业,以知识产权作为交易客体,为知识产权所有者、需求者、投资者提供一站式的知识产权业务全链条服务。这种模式的特点为:

第一,信息更新及时。利用互联网平台与相关企业合作,及时同步共享数据,可以快速聚集知识产权供需动态信息以及知识产权交易相关政策信息。

第二,提高信息匹配效率,帮助达成交易。利用互联网平台沟通的便捷性,供需企业可以根据平台发布的信息,寻找高端合作伙伴并寻求合作契机。

[①]袁琳:《基于中介服务视角的我国知识产权运营典型模式研究——以中关村国家自主创新示范区核心区为例》,载《科技管理研究》2018年第1期,第173页。

第三，减少服务成本。在交易平台上公开发布知识产权供需双方的供需信息，交易双方可以在线实时竞价交易，减少了需求与供给双方的中介服务费。

第四，强化平台成员的诚信。通过互联网搭建一个虚拟、和谐、有序的交易运营环境，可信性和可靠性是建立平台成员的基础。

4. 在线交易平台典型案例

北京知识产权运营管理有限公司致力于探索本土化知识产权运营的商业模式，着力构建"1+2+N"的知识产权运营服务体系，即整合资源搭建一个知识产权运营协同服务平台[①]，发展知识产权运营服务业务和知识产权金融服务业务，开办N种特色服务，包括特殊目的载体知识产权运营、知识产权融资、"互联网+知识产权运营"、专利池建设及运营。其中，"互联网+知识产权运营"即为在线交易模式，该模式是北京知识产权运营管理有限公司结合"互联网+"模式而打造的，聚集知识产权、资本等各类资源，促进知识产权与资本的有效对接，提供知识产权股权投资、专利质押委托贷款、专利点对点直接交易的知识产权综合性平台。

5. 专利现场拍卖[②]

专利现场拍卖与有形资产拍卖的基本流程基本相同，区别于过去一对一的转让方式，是一个卖方与多个买方通过现场竞价交易的方式实现专利权转移的模式，为专利需求双方催生了一种新的沟通和技术转移途径，是国际上专利转让和专利交易常用的一种模式。该模式的特点为：

第一，覆盖面更广，合法的竞价，以减少磋商成本。通过在短期内吸引潜在买家和有意转让专利权人士进行现场拍卖，能获得更大的经济收益，通过公平竞价，减少了传统双边谈判的环节和成本，价格高的赢家最终获得胜利，有利于实现专利价值的最大化。

第二，供给与需求信息不均衡。由于专利的特殊性，在对拍卖专利的权利进行界定时，有可能对专利的核心内容部分进行保密，从而增加了需求者

[①] 吴艳：《北京IP：做知识产权运营的探路者》，载《中国知识产权报》，网址：http://scitech.people.com.cn/n1/2016/0428/c1007-28310666.html，2023年2月11日访问。

[②] 袁琳：《基于中介服务视角的我国知识产权运营典型模式研究——以中关村国家自主创新示范区核心区为例》，载《科技管理研究》2018年第1期，第176页。

的风险。

第三，一般以优质专利类产品为主。一般来说，参与现场拍卖的专利不受条件限制，但从实际交易情况来看，现场交易的专利多是技术含量高、用途范围广、市场潜力大，能够吸引众多需求者的专利。

6. 专利在线拍卖典型案例

2010年中国技术交易所举行了中国科学院计算技术研究所首届专利拍卖会，这是国内首届专利大型拍卖会，拍卖会上有70项竞拍标的（共计90件专利）[1]，涵盖8个专利包（共计28件专利）、38项有底价专利和24项无底价专利，其中93%的标的为发明专利，66%的标的为近三年授权。来自竞拍企业的70余名代表参加了此次面向社会的拍卖竞买，最终拍卖成交28件，总成交金额近300万元人民币，成交率达40%。该次拍卖会是中关村自主创新示范区"先行先试"政策的一次成功实践，丰富了专利运营模式。

（二）专利池型运营模式

专利所有者组建专利池的初衷是为了加快专利授权，促进对技术的应用。当前，专利池已经发展成为知识产权综合领域的一个概念[2]。专利池，是指两个或两个以上的专利权人达成协商，相互间交叉许可或共同向第三方许可其专利的联营性组织；或者以一个产品、一项技术为主导，通过大量专利申请，形成其他企业无法规避的专利壁障；或者通过技术标准的实施形成专利壁障，迫使同行业相关企业缴纳一定的专利许可费。因使用专利的目的及专利用途不同而有不同的运营动机，可以将专利池型运营机构分为两类：专利非实施主体和防守专利聚合器。[3]

1. 专利非实施主体典型案例

由于我国的专利运营发展较晚[4]，目前还没有该模式的典型案例。位于美国加利福尼亚新港海湾的专利管理公司——Acacia Research，是通过专利管理和诉讼交易等来赢得收益的"专利怪物"，该公司是当今世界上最知名的

---

[1] 尤甗：《中技所科技成果转化创新之路》，《科技创业家》2011年第9期，第16页。
[2] 李奕潼：《论专利联盟的法律保障》，沈阳工业大学2015年硕士论文。
[3] 李冬焱、刘新财、陈振江：《基于专利池模式的高校科研成果转化机制研究与实践探索》，载《现代教育科学》2022年11月第6期，第43页。
[4] 毛昊、刘澄、林瀚：《中国企业专利实施和产业化问题研究》，载《科学学研究》2013年第12期，第1819页。

诉讼型非专利实施主体。在国外投资的企业同样会遭遇"专利流氓"公司的起诉侵权行为。例如，2016年，华为公司和腾讯公司均被业内人士称之为"专利流氓"的Uniloc公司起诉，两家公司被指侵权并被要求终止侵权行为。

2. 防守专利聚合器典型案例

北京IP公司建立了产业专利池，为大信息、大健康、大环保产业和企业提供防御性保护。① 此外，为避免被诉讼侵权，国内很多行业自发形成了行业专利联盟，如：2005年，国内12家企事业单位为了应对国外动态图像专家组（MPEG）系列标准下的专利联盟连续不间断地向我国收取高额的专利许可费的行为，发起成立了音视频编码标准（AVS）产业（专利）联盟；9家彩电企业为应对汤姆逊、索尼及美国的数字电视国家标准（ATSC）专利联盟的专利打压而发起成立的彩电专利联盟；2010年，为应对国际地板巨头利用专利手段对中国地板企业进行专利围剿而成立的中国地板专利联盟，以及为应对国际知名电子企业发起的专利挑战而成立的深圳LED专利联盟等。

（三）综合服务型运营模式②

综合服务型运营模式是集专利运营业务链多环节、多功能为一体，为知识产权供需双方提供价值评估、交易、金融服务等"一站式"式的综合性服务，具体包括三种模式：发明投资基金模式、"技术+资本"的股权投资基金运营模式、知识产权管理方案提供商模式。

1. 发明投资基金模式典型案例

2014年，中关村首只专注于专利运营和技术转移的基金——睿创专利运营基金正式宣告成立。该基金由中关村科技园区管委会、海淀区政府通过引导资金给予支持，多家从事智能终端与移动互联网业务的公司作为首批战略投资方参与其中，基金委托具有国际知识产权运营经验的北京智谷锐拓技术服务有限公司负责基金的投资策略与日常运营。该基金通过收购和投资有市场前景的创新项目，如智能终端、移动互联网等核心技术，集聚专利资产，实现有效组建并运营专利战略资产，推动科技成果转化，实现专利经济价值

---

①吴艳：《北京IP：做知识产权运营的探路者》，载《中国知识产权报》，网址：http://scitech.people.com.cn/n1/2016/0428/c1007-28310666.html，2023年2月11日访问。

②倪新洁、梁彪、邹涛：《企业知识产权运营模式探讨》，载《江苏科技信息》2014年12月第24期，第10页。

的最大化。

2. "技术+资本"的股权投资基金运营模式典型案例[①]

2012年,北京智谷锐拓技术服务有限公司成立,该公司致力于创新发明投资和知识产权的运营,引入了众多一流跨国公司的科学家和拥有丰富知识产权运营经验的专业人士,为缺少资金和知识产权运营经验的企业及高校院所服务,服务内容包括提供发明资金以供提高专利撰写质量、挖掘优良的专利资产等。智谷公司负责管理睿创专利基金,不仅鼓励发明人从源头上孵育高质量的专利,而且通过自主创新以及与第三方合作的方式收获原创技术,同时通过购买专利等方式创新专利资产组合,通过许可授权、转让等运营策略释放知识产权的经济价值。除此之外,该公司为了解决科技成果转化率低、持续创新后劲不足等问题,还搭建了发明网络以连接发明源头的研究方向和产业界的具体需求,并制定出一套指南。公司向具备发展潜力的创业企业或者准备上市的成长期企业注入新专利或关键专利,从而换来一部分股权,以股权获得投资回报。

3. 知识产权管理方案提供商模式典型案例

2016年开始,集慧智佳知识产权咨询公司就为被托管企业提供知识产权运营全链条业务服务,融合咨询与科技服务业务,将知识产权数据与多种科技、金融信息相结合,通过购买、出售、交叉许可等方式优化企业的专利布局,运用大数据分析的方法,为企业量身定制知识产权战略,并提供知识产权管理方案,该公司的突破与创新得到了联想等众多知名企业的认可。

四、我国专利运营风险的法律研究

(一)专利运营的法律特征

在实践中,专利运营十分复杂,同时涉及国家和社会两个层面,运营不仅受到企业内部的影响,同时也受到外部社会经济的影响,因此专利运营具有多元化的特征;经济学家科斯认为,如果要实现要素资源的最佳配置,除非产权边界明晰且主体不需要任何交易成本,否则专利市场同资本市场一样,

---

[①] 张亚峰、刘海波、吕旭宁:《专利运营的基本规律:多案例研究》,载《研究与发展管理》2016年第6期,第128页

必须依托专利制度的授权才能形成专利市场,此外,专利制度的授权范围也对专利运营产生影响,因此可推定,专利运营具有法律依存特征;根据产业异质性理论,产品的差异性是客观存在的,至少在法学领域,表现为模仿创新的难易、原创与累计创造的区别,因此专利运营具有产业异质性的特征。

(二) 专利运营的法律内涵

在经济领域,专利运营植根于市场体系,因此会受到市场秩序的影响;在政治领域,专利运营的间接主体是政府,出于平衡利益的考量,存在干涉间接主体——政府的可能性,因此可能会引发政治风险;在管理学领域,专利运营属于企业运营,有引发价格战的风险,囿于这种多元性特征,有必要界定专利运营的法律内涵。

其一,从微观层面来看,对运营主体来说,专利运营呈现的是链条状结构,它贯穿整个专利的生命周期,每个环节都有阻碍专利权财产价值的因子存在,如申请专利无法获得授权的风险等。

其二,从中部层面来看,专利权财产的实现存在着市场资源分配不均的风险,如专利劫持、专利丛林[1]。

其三,从宏观层面来看,对于利益相关者来说,专利运营潜存的中部层面的风险会削弱并且阻碍创新,甚至影响到社会福利,知识产权法律本来是公共政策,其授权专利权人有条件限制的绝对权,宗旨是激发社会创造热情,保障可持续性创新,进而增加社会的整体福利。[2]

(三) 我国专利运营风险防控的法律建议

专利运营的许多风险根源于专利制度,专利运营主体无法以一己之力改变,为完善我国自主运营风险体系的法律制度建设,本节从以下几个方面提出建议。

1. 明确专利权的保护范围

从权利产权理论来看,主体权利界限明晰是市场交易的前提,而专利权为无形财产权,其客体范围具有不确定性。应当借鉴有形财产权的规定,增

---

[1] 罗恺、袁晓东:《专利技术创新调节作用下的专利丛林与企业市场价值研究》,载《管理学报》2022年第11期,第1675页。

[2] 张冬:《创新视域下知识产权运营商业化的风险控制》,载《知识产权》2015年第6期,第74页。

强专利界限识别的明确性，可以借助映射产品描述技术特征，因此专利权权属边界的明晰可以以权利要求书记载的技术为主，以映射产品描述的技术特征为辅。

2. 从产业异质性配置专利授权标准

产品异质性决定专利制度应当适当调整权利配置，主要体现在：第一，可专利性，即是否应当授予专利；第二，非显而易见性的判断标准；第三，准确度。

3. 实行核准制和登记制并行

实行核准制和登记制并行可以区分优质专利和劣质专利，授予专利技术门槛低催生了大量劣质专利，提升专利质量是我国转变为专利强国的关键，鉴于此可以通过审查制度完成筛选。

4. 专利申请人信息披露制度

《专利法》并未对此有强制性规定，仅用第36条作为原则性的规定，专利申请人在实质审查的时候有提交材料的义务，但并未规定法律后果，如果将该义务变成强制性规定，将对劣质专利起到控制作用。[①]

第五节 专利侵权预警保护分级分类管理

近些年，许多公司因缺乏对专利风险的认识和预警能力而面临专利风险并蒙受重大经济损失。美国企业历史上损失最高的专利事故是柯达公司因未利用专利分析进行回避设计，导致自己侵犯了宝利来相机公司的核心专利，总损失高达30亿美元。[②]

电力行业关系国计民生，面对愈发激烈的市场竞争，我国电力企业亟需提高知识产权风险意识[③]，提升企业核心竞争力。本节以我国电力企业为例，着重分析了我国电力企业的运营状况，并对我国电力企业构建专利预警机制

[①] 宋晓阳：《我国专利运营风险防控的法律研究》，哈尔滨工程大学2018年硕士论文，第43页。
[②] 里韦特·克兰：《尘封的商业宝藏》，陈彬、杨时超译，中信出版社2002出版，第93—96页。
[③] 刘怡、赵纵洋、张驰：《我国电力企业专利风险与预警机制研究》，《中国发明与专利》2014年第1期，第19页。

提出了相应的措施及对策。

一、我国电力企业构建专利预警机制的必要性

（一）有利于规避专利风险

企业构建专利预警机制的重要目的在于预防。企业专利预警机制是建立在对专利信息的数据分析基础之上的，通过收集与分析国内外竞争对手相关技术领域的技术信息，研究对手专利的状况，防止陷入他人企业专利的泥沼，避免遭受专利侵权之诉。电力行业相对于通信行业来说，属于"传统"行业，这一领域中通常技术比较成熟。若是能理性客观地对相对成熟的技术进行详细分析，协助企业作细节的改进，确定研发的主题和方向，避免侵权及重复研究，可大大增强企业产品的竞争力。

（二）有利于实现企业专利管理布局战略

我国电力企业实施专利管理战略，有利于遏制竞争对手，通过较少的投入获得较大的市场份额，不断提升企业的竞争力。作为企业专利管理战略中防御战略的一环，企业专利预警机制的建立，对于完善企业专利管理战略体系，实现企业专利管理战略目标，都具有重要的意义。

（三）有利于企业健全专利风险管理体系

作为专利风险管理的重要措施之一，建立专利预警机制，对于企业规避专利风险具有重要价值。而对于我国电力企业的决策者和管理层来说，只有意识到这种价值，才能将建立专利预警机制作为一项重要的工作来开展，这无疑对我国电力企业提高其专利风险管理水平、完善企业专利风险管理体系，具有积极的促进作用。[①]

（四）有利于企业提高自主创新能力

专利信息分析是专利预警机制的基础。通过详细的专利分析，我国电力企业不仅可以规避专利风险，还可以了解行业的技术发展现状，掌握行业的技术发展趋势，寻找技术空白领域，从而为研发具有自主知识产权和国际竞争力的高端技术产品，提高企业的自主创新能力创造有利条件。

---

① 刘怡、赵纵洋、张驰：《我国电力企业专利风险与预警机制研究》，载《中国发明与专利》2014年第1期，第19页。

二、专利侵权预警保护分级分类

在对专利预警的警度进行评价的时候，需要参照一定的维度或者标准。专利预警机制的指标就是为了解决这一问题而设立的，预警指标的合适与否，是评价和决策的关键所在。[①]

专利预警机制的指标选择，必须遵循客观、科学、精简的基本原则，并且选择的指标必须具有可操作性，要避免因指标所指向的资料难以收集而导致指标的设计流于形式。

（一）专利侵权预警保护分类

专利侵权预警可以分为四类[②]：

1. 组织威胁预警

指整个组织评估即将面临风险的可能性和程度，没有指出具体的风险和时间、地点，常见于组织初步预警监控。

2. 技术变革预警

指企业在发展过程中技术出现"瓶颈"，替代性技术会给组织研发带来未知风险，需对当前技术发展的趋势进行及时监控。

3. 竞争风险预警

指同行竞争者的商业战略或者市场环境变化导致市场需求增加或减少，导致本企业的格局发生变化，从而产生经营风险，常用于通过监控竞争对手的专利和市场大环境来预测未来的市场变化，以便规避风险。

4. 专利侵权纠纷预警

指企业所拥有的专利技术具有侵权的风险，一般通过对专利、产品进行检索以规避侵权风险。

（二）专利侵权预警保护分级

1. 国家专利预警

国家专利预警是指通过国家政策并结合自身资源整合建立而成的全国范

[①] 曾令华、郭建平：《构建中部地区专利预警机制有效路径研究》，载《科技进步与对策》2009 年第 18 期，第 33 页。

[②] 王玉婷：《面对不同警情的专利预警方法综述》，载《情报理论与实践》2013 年第 9 期，第 124 页。

围的数据库,在对专利申请授权信息即重大专利信息进行采集并分析得出数据的基础上,对可能产生的重大专利争端以及危害发生程度,及时向有关部门预警,以提醒有关部门及时采取应对措施。

2003年,在中国国际专利技术与产品交易会举办的知识产权论坛上,国家知识产权局副局长张勤指出:第一,国家知识产权局专利审查和复审人员在日常的专利审查工作中要将各种案件的特征、数据和值得关注的问题输入规定的专利审查计算机预警系统;第二,全国各地知识产权局和法院在处理专利纠纷案件过程中,要将各种案件的特征、数据和值得关注的问题输入规定的专利纠纷计算机预警系统;第三,通过联网海关的进出口贸易计算机预警系统,对我国进出口贸易量进行分地区的动态监测,找出贸易量显著增加的品种。这三套计算机系统通过对输入其中的数据进行动态统计加权分析,对超过阈值的可疑信号开启黄灯,提请注意,并在经过研究达到一定的预警值后,向国家、有关部门或单位发出预警通知。①

2. 行业专利预警

行业专利预警是指通过收集、整理某行业领域内的专业信息,分析出该行业的发展现状及未来趋势,以此了解同行业竞争者的动态,向有关的政府部门发出警示信号,告知可能存在的专利风险和危害。因为专利行业存在特殊性,可以更全面高效地获得行业信息,因此能够为企业提供预警信息;目前,我国行业专利预警是由省市知识产权局或者科技局等政府部门来专门负责实施。②

3. 企业专利预警

指企业通过收集和分析本企业的专利产品相关领域的文献信息和其他信息,对可能发生重大专利争端和可能产生的危害程度向决策层发出预警,使企业可以早点发现问题并加以解决。通常需要建立内部专利预警部门,企业是市场经济的主体,也是专利直接拥有者,所以目前亟需完善企业的专利预警机制。

根据佘廉教授的企业与预警管理理论,企业专利预警系统的活动内容可

---

① 李立:《我国将建立知识产权预警机制》,载《法制日报》2003年9月5日第1版。
② 代晶:《企业专利预警系统构建研究》,四川大学2005年硕士论文,第7页。

以包括专利预警分析和专利预控对策（如图 3-10 所示①）。

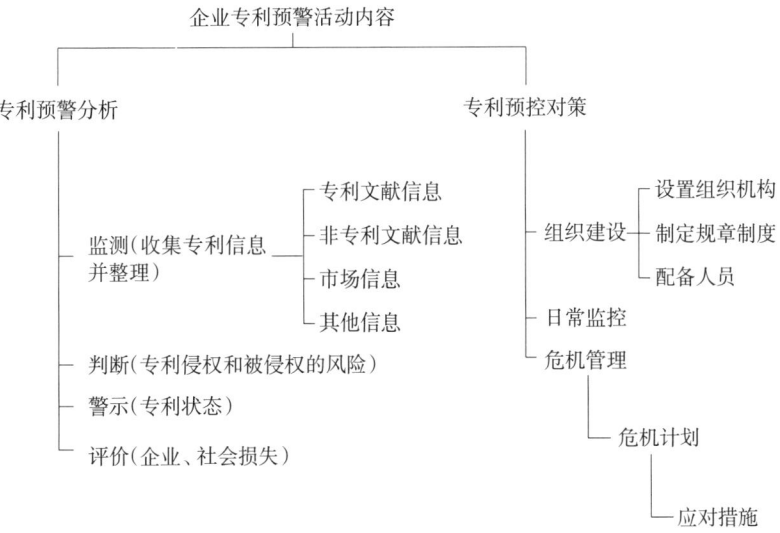

图 3-10　企业专利与活动内容

三、专利预警管理对策

企业的专利状态可以分为三类：正常状态、警戒状态、危机状态。

（一）正常状态管理对策

1. 严格监控潜在的企业专利侵权纠纷

预警系统中每个环节的工作人员都应当及时检测本专利相关信息，重点监测本企业参与的大型工程建设项目中用到的产品和技术，并将信息数据向信息中心传递。

2. 建立对策库

企业应当对潜在风险进行危机预测，策划各种危机时能应用的对策，并且保持对策库数据的时刻更新，当警戒状态或危机状态来临时，可以立刻从对策库中选择对策并实施，以便减少损失。②

---

①佘廉：《企业经营新机制——预警预控管理模式》，载《科学学研究》1994 年第 12 卷第 1 期，第 33 页。
②郑晓红：《我国知识产权预警机制的反思与完善》，载《湖南工程学院学报》2013 年第 23 卷第 2 期，第 71 页。

3. 定期培训员工

定期对员工进行培训,提升员工的业务水平和专利意识,以及危机发生时随机应变的处理能力。

(二) 警戒状态管理对策

1. 预警小组进入工作状态

针对目前存在的问题进行针对性探讨,并且指挥各专利预警部门实施对策库中的方案,企业在正常状态时,预警小组在各自的部门工作,当企业在警戒状态时,预警小组则会被集中在一起解决问题。

2. 判断是否侵权或者被侵权

如侵权,负责专利部门的人员应当将他人的专利必要技术特征和本企业的专利产品进行比较,分析本企业的专利是否落入了专利权的保护范围内。

如被侵权,收集他人侵权或者涉嫌侵权的证据,将涉嫌侵权的产品技术特征与本企业的进行比较分析,确定他人企业的专利是否落入了专利权的保护范围内,是否构成侵权。

(三) 危机状态管理对策

当企业涉嫌侵权或他人专利涉嫌侵权本企业专利时,企业将会进入危机状态。

1. 本企业侵犯他人专利的情形

(1) 及时回复警告函。

在回复中说明正在对相关事实进行调查,事实查清后再作答复,为非诉讼手段解决专利侵权纠纷打下一定的基础。

(2) 调查专利的法律状态。

在一定时间内查明他人专利的法律现存状态:包括该专利是否为中国专利,该专利的申请日或优先权日、公开日、终止日,并查明专利年费是否一直缴纳等;这些基本信息的获取,为提出抗辩作准备。

(3) 涉案专利是否无效。

当企业处于专利危机状态时,首先应当采取的对策是判断专利权人的专利是否无效,再来考虑是否提出专利权无效抗辩。

首先,对企业现有技术进行全面检索,寻找其他企业专利缺乏新颖性和创造性的证据。专利部门的专利检索人员在专利信息专题数据库里检索相关专利文献、非专利文献和市场信息。

其次，专利部门审查涉案专利的专利文件包括：该专利的授权文件，该专利在申请阶段、复审阶段、无效阶段的各种专利文件。通过这些文件可以有利于找到对本企业有利的证据。[1]

（4）协商和谈判。

在实践中很多时候当专利权人提出专利侵权警告时，企业正在实施该项专利，并且仍想继续实施该项专利，在前述抗辩都不成立的情况下，最为稳妥的方式便是主动与专利权人取得联系，协商和谈判争取较低的损害赔偿额，或者取得专利权人的实施许可或交叉许可，以便争取继续获得对本企业发展关键的技术许可使用和主导产品的许可生产。

如果对方专利权人已经提起了诉讼，便可以在法庭上主动提出调解方案，尽量友好地同对方达成调解协议，签订专利实施许可合同。

如果专利权人提出的条件过于苛刻，交由法院判决。

2. 他人侵犯本企业专利权的危机管理对策

（1）检索专利权的稳定性。

专利被他人侵犯时不能过于草率地提出诉讼，企业的专利部门应当在提起侵权诉讼之前认真检索和调查现有技术，在此基础上分析本企业的专利技术是否存在可能被宣告无效的情形。如果通过检索和调查发现专利权可能被宣告无效的，不能采取诉讼方式，可以与对方谈判，适当降低赔偿要求。

（2）收集证据。

收集以下证据：涉嫌侵权者情况的证据、有侵权事实的证据、有关损害赔偿的证据。为了增强上述证据的证明力，企业可以请求公证处的公证人员对取得的上述证据和取证过程进行公证。

（3）向侵权人发出警告函[2]。

完成前述工作后，可以向侵权人发出警告函，要求其停止侵权并赔偿损失。发警告函有利于双方通过协商等非讼途径解决纠纷，警告函可以在后续

---

[1] 马俊杰、马利娟、景晨思、董晓军：《企业专利侵权判定方法及应对策略研究》，载《航天工业管理》2021年第5期，第46页。

[2] 马俊杰、马利娟、景晨思、董晓军：《企业专利侵权判定方法及应对策略研究》，载《航天工业管理》2021年第5期，第47页。

诉讼中作为证据使用：一方面证明本企业已经主张过权利，从而达到证明对抗诉讼时效抗辩的目的；另一方面，还可以证明双方当事人初步交涉的情况。

（4）协商和谈判。

通过协商和谈判，企业可以了解侵权人的处理意见，并根据实际情况，随时调整要求和策略。

可以与对方实施交叉许可。通过协商和谈判，可以更加快速地解决纠纷。但是要注意双方达成的和解协议没有强制执行力和法律约束力，若一方反悔，另一方就必须依靠行政或司法的途径来最终解决专利侵权纠纷。

第六节　国内外专利资产分级分类管理实践

知识产权管理在企业管理中的重要性日益显著，就电力企业而言，电网属于知识、技术高度集中的特殊行业，在国家和社会中占有重要地位，专利管理在企业知识产权管理中有独特作用，在知识产权国家化的背景下，需要对专利进行有效管理来取得市场优势。

一、"WS模式"：支持科技成果转化合作的专利分级分类实操

"WS模式"是H农业大学WS集团创造的享誉全国的高校与企业科技成果转化合作样板工程，通过高校与企业的"五个捆绑"——责任捆绑、权利捆绑、利益捆绑、人才捆绑、声誉捆绑，实现科研人员、企业和高校三方共赢。H农业大学是国内发明专利量排名第二的农业高校，校方与科技管理部门密切合作，通过专利分级分类，实现专利分类管理，打造知识产权价值评估体系（详见图3-11）。

通过专利分级分类完善专利价值评估体系，促成重要专利成果的产生，辅以专利分析导航推动其转化实施，实践证明是行之有效的知识产权运营及管理方式。这对推动科技成果的转化实施，建立以人才与知识产权为纽带，打造科研人员、企业和高校三方共赢的"WS模式"具有重要作用。

第三章 供电企业专利资产的分级分类管理

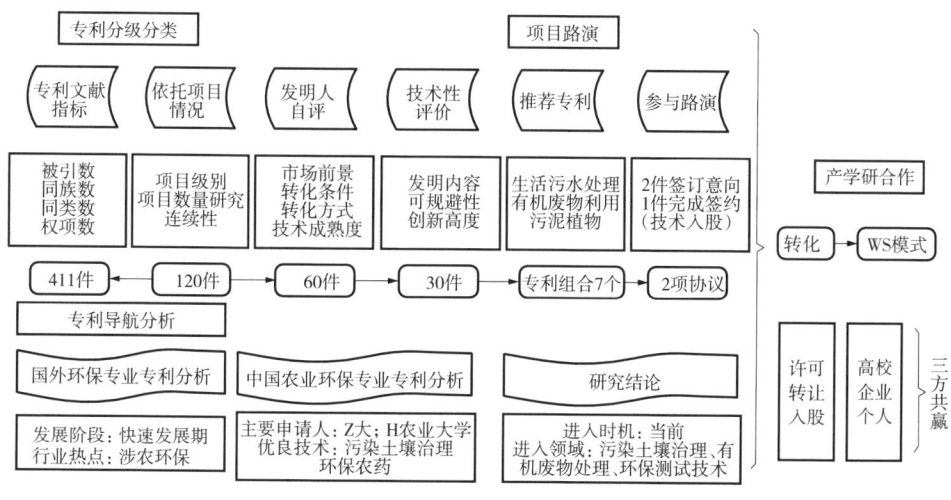

图 3-11 H 农业大学 WS 集团的"WS 模式"

二、R 公司专利资产分级管理的实践操作

R 公司是来自 J 国的全球 500 强综合跨国集团。数据显示，R 公司在专利运营收入方面表现突出。自 1996 年至 2002 年，R 公司专利相关年收入每年以 6% 的复合增长率增长，2002 年达到 588 亿日元。这都得益于公司的知识产权管理。进一步分析 R 公司的知识产权管理发现，公司的知识产权部门通过密切协调知识产权战略与公司的商业战略以保持自身的盈利能力。①

在组织上，R 公司在其知识产权部门也设立了顶级职位，这也显示出 R 公司想要从知识产权方面谋求获利的野心。为了服务其商业战略，R 公司建立了一套筛选战略性发明的策略，并为战略性专利的技术方案准备了详实的申请文件，优先启动执行海外申请的审查。例如，为了选出战略性的专利，R 公司将专利申请从 A 到 E 分为五个级别（详见图 3-12）。

---

① 专家有话说：《从日立公司专利管理看专利分级》，载智慧芽微信公众号，http://www.tuixinwan，2023 年 2 月 1 日访问。

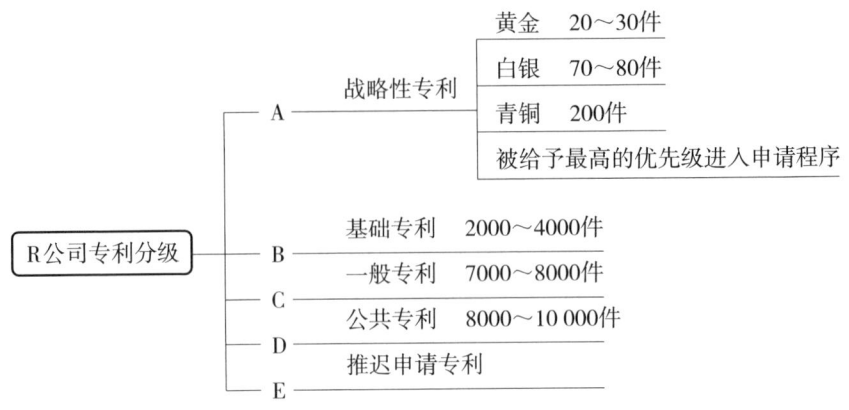

图 3-12 R 公司的专利分级分类战略管理分布概览图

三、S 市大学推进"做好分级分类 支撑精细化管理"方案

国家知识产权局专家认为，S 市大学高校国家知识产权信息服务中心与技术转化中心联合对学校有效专利进行分级分类研究，在专利分级分类的管理运营体系方面实现了创新方法，既能盘活专利资产，又能避免经费浪费，极大提高了专利管理和成果转化的便利性和实用性，对于高校的专利技术成果转化与管理具有重要的借鉴意义。

第四章 供电企业商标资产的分级分类管理

供电企业商标资产的运营、管理是企业建立商标品牌的重要环节,即便国内供电企业在区域电力供给中具有较强的市场实力,供电企业生产或提供的周边产品或服务亦应当保持商业标识与产品/服务相匹配的高标准与严要求,不断巩固商标资产的市场价值。在供电企业商标资产分级分类管理层面,应当关注商标设计与申请获权分级分类管理、商标运营与使用许可分级分类管理、商标侵权预警保护分级分类管理三个维度,现分述如下。

第一节 商标资产的概念与特征

一、商标资产的概念

20世纪80年代初的美国,企业纷纷减少广告方面的投资,学者们为了说明商标广告方面长期投资的合理性和必要性,提出了商标资产(brand equity)这一概念。Equity在英文中有两种含义,第一种含义是公平,第二种含义是资产净值或股东权益,前者显然不是"商标资产"这一概念所关心的含义。

凯勒认为商标资产源于顾客面对不同商标营销活动时产生的差异性反应,差异性反应主要表现在顾客对品牌营销的感知、偏好和行为等方面。[1] 法奎

---

[1] 凯文·凯勒:《以顾客为基础的商标资产测度和管理》,载《市场营销杂志》1993年第1期,第1-22页。

汉将商标资产定义为"商标给产品带来的超越其功能目的的附加价值或附加利益"①。而商标资产的附加利益，主要在于商标对消费者的吸引力和感召力，商标对消费者的吸引力越大，商标资产的价值越高。因此符国群将商标资产定义为，企业拥有或控制的附着于商标之上，能够为企业在未来带来额外收益的顾客关系。②刘红霞则将商标资产定义为"商标对消费者的长期吸引以及由于这种吸引给企业带来的利益"。③2011年，中国资产评估协会在财政部和原国家工商行政管理总局等部门的指导下制定了《商标资产评估指导意见》，该意见指出："商标资产是指权利人所拥有或者控制的，能够持续发挥作用并且能带来经济利益的注册商标权益。"

综上，商标资产是指企业的商标吸引相应消费者后，产生的超越其功能目的的附加价值。商标资产在法律层面上表现为注册商标，在市场层面表现为商品或服务标识的市场竞争力和市场业绩，在消费者层面表现为商品或服务的知名度、品牌形象、品牌的感知质量、品牌忠实度，在财务层面表现为商标标识商品或服务的超额获利能力。④

二、商标资产的特征

(一) 商标资产的价值特征

1. 依附性

首先，商标资产依附于某一特定商标。如果该商标的文字、图形发生了变化，附属于商标上的财产会部分或全部丧失。⑤另外，商标资产的依附性还体现在商标资产的附加价值与商标个性上。商标资产的形成通常包括三个阶段：第一个阶段是普通商标阶段，当企业商标不出名时，消费者只是根据商品或服务的质量来选购，此时商标尚不具备资产的性质。第二个阶段是商标功能性阶段，当消费者熟悉某一商品的质量和功能之后，逐渐将商标和商

---

① 彼得·法奎汉：《管理商标资产》，载《市场营销研究杂志》1989年第9期，第24-33页。
② 符国群：《关于商标资产研究的思考》，载《武汉大学学报（哲学社会科学版）》1999年第1期，第71页。
③ 刘红霞：《商标资产管理研究》，中国工商出版社2009年版。
④ 姜楠：《无形资产评估》，中国财政经济出版社2015年版。
⑤ 符国群：《关于商标资产研究的思考》，载《武汉大学学报（哲学社会科学版）》1999年第1期，第71页。

品联系起来,商标资产初步形成。第三个阶段是商标个性化阶段,由于市场竞争越来越激烈,很多商标在识别功能的基础上有了个性化的发展,以满足消费者的感情和心理需求,此时商品成了商标个性的载体。通常情况下,随着商标个性的增强,商标资产的附加价值也会增强,如消费者购买奢侈品最主要的目的是奢侈品商标背后所代表的社会地位。①

其次,商标资产依附于企业的生产经营活动。商标本身虽然是有形的,但它所提供的服务在本质上是无形的,因此商标资产被归入了无形资产这一范畴,若要将商标提供的无形的服务和商标获得的收益连接起来,需要市场交易的发生即商品买卖活动的进行。② 如果企业经常不使用商标,商标的显著性和知名度会有所下降,对消费者的吸引力也不如以往,而附加价值主要来源于商标对消费者的感召力。然而,商标资产的依附性也产生了一定的问题,商标资产的本质是一种长期顾客关系,而长期顾客关系的建立需要企业的努力和投入,因此商标资产可能会因为企业决策的失误发生价值波动且很难和企业资产分离。③

2. 计量困难性

相比于有形资产,商标资产的价值更加难以评估。一方面,美国学者阿肯提出商标资产是由商标知名度、商标认知质量、商标联想、商标忠诚、附着于商标之上的专门财产五个部分构成④,这五个部分相互联系、相互影响,难以通过技术手段准确单独计量;另一方面,商标资产价值具有不稳定性。这是因为商标资产具有依附性,企业如果减少商标运营的投入或经营决策失误,外部环境方面如其他经营者商标运营成功,消费者偏好和政策发生变化,商标资产都可能发生价值波动。另外,商标权属属性也决定了商标资产价值的不稳定性,商标未按照规定续展会被注销,在经营过程中还面临商标权被宣告无效的风险。

---

①黄发强:《商标资产的价值形成与量化》,载《中华商标》2001年第4期,第28-29页。
②卢泰宏、黄胜兵、罗纪宁:《论品牌资产的定义》,载《中山大学学报(社会科学版)》2000年第4期,第19页。
③王莲峰、吕红岑:《商标资产证券化中基础资产的选择探究》,载《电子知识产权》2019年第1期,第44页。
④符国群:《关于商标资产研究的思考》,载《武汉大学学报(哲学社会科学版)》1999年第1期,第72页。

3. 品牌延伸性

如果企业的某一商标已经具备很大的市场影响力，企业再将商标用于其他产品之上，能够以更低的营销成本占据更大的市场份额，此时商标资产给企业带来的附加价值更大。如消费者已经比较认可"华为"在手机产品上的地位，因此华为将商标延伸到电脑、智能手表、智能家电等领域时，消费者也会认可华为商品的质量。[①]

（二）商标资产的形式特征

首先，商标资产通常为驰名商标，这是因为只有当商标资产具备市场竞争力、被广大消费者认可时才能获得超额的收益。其次，商标资产可以是独立的商标权，也可以是以商标权为核心的资产组合。前者即一些商标的信誉超出所标识的商品或服务之外，称为相对独立的商标资产。而后者除了商标本身之外，往往辅之以独特的配方、先进的制造技术、特殊的工艺和完善的管理。[②] 最后，商标资产通常为商品商标和服务商标，集体商标和证明商标很难成为商标资产。

第二节　商标设计与申请获权分级分类管理

一、商标设计与申请获权概述

企业商标设计主体主要有三类：一是企业内部设计部门自行设计，二是委托社会服务机构设计，三是通过广告宣传的形式向社会征集。商标的设计应符合国家商标法律的要求，不违反社会公序良俗，便于对外宣传企业的产品和服务。在商标设计阶段，相关人员应采取严格的保密措施，不得将相关信息对外披露。

我国是实行商标注册制的国家，除驰名商标之外，只有通过注册才能获

[①] 王莲峰、吕红岑：《商标资产证券化中基础资产的选择探究》，载《电子知识产权》2019年第1期，第43页。

[②] 姜楠：《无形资产评估》，中国财政经济出版社2015年版。

得商标权。我国对于商标注册采取"申请在先"原则，商标申请是启动取得商标权利程序的第一步，即如果不同的商标申请人要在相同或类似商品上注册相同或近似商标，优先核准申请在先的商标。在中国，根据现行的商标法，商标注册基本实行自愿原则。很多企业在产品推向市场后才申请注册商标，经常错过了商标注册的最好时机，陷入进退两难的境地，如果更换商标，前期的投入化为乌有，但如果不更换商标，商标权无法受到法律保护，如北冰洋饮料经营多年被他人抢注，还花了万元的商标转让费买回自己的商标，这就要求企业"市场未动，商标先行"。

中国的自然人、法人或者其他组织取得商标权利有两条基本途径：一是直接到国家工商行政管理总局商标局，当面申请商品商标、服务商标的注册；二是通过商标代理组织申请。为了避免无谓的驳回，商标在申请之前，一般都需要进行在先商标的检索查询。在申请商标注册时，有些国家允许申报类名，但我国一直禁止使用类名申请注册商标，要求尽量按照《类似商品和服务区分表》中规范的商品名称或服务项目填写。这是商标注册的中心环节之一，因为填写范围决定了注册商标保护的范围。2014年5月1日《中华人民共和国商标法》（以下简称《商标法》）生效前，一份申请书上填报的商品或服务只能限定在一个类别之内，新法生效后则可以一个申请表同时填报多个类别的商品或服务，不过由于只是允许在遇到驳回时才可以分割，部分商品的转让尚未开放，目前还是不建议轻易申请一表多类的商标注册。现在的商标申请费用是以每个类别800元人民币计算的，同时每个类别限报10个商品或服务项目，超过的每个商品加收100元费用。在对商标注册持开放态度的同时，为了保护公共利益和其他民事主体的利益，《商标法》也规定了不予注册的情形，包括不予注册的绝对理由和不予注册的相对理由。

二、商标设计与申请获权分级分类管理的目的

目前，越来越多的企业认识到了培育商标的重要性，但商标的成长不是一蹴而就的，商标的培育管理从设计阶段开始，经过注册批准后，它和企业、产品将经受长达几十年或更长时间的考验，如果消费者不愿意接受商标的外部视觉形象，消费者也不愿意购买商标标定的商品来感知商标的整体定位，商标接下来的运营也会失去意义，因此商标设计不能马虎，需要进行分级分

类管理。

首先,商标的全球布局依赖于商标申请获权方面的分级分类管理。在经济全球化的背景下,企业要想走出国际市场、延伸品牌影响力,还应该具有选择注册商标的国际战略眼光。企业根据自身产品和经营状况,先要有针对性地选择拟申请注册商标的国家和地区(主要包括业务涉及国、竞争对手所在国等),之后再根据目标国的商标法律制度和文化以及现有的商标注册情况,对准备进行海外发展的商标分级分类管理,保证海外发展的商标不违背当地的法律法规且不和在先权利相冲突。[①] 另外,国际上的商标确权包括使用在先和注册在先两种形式,为了保障商标确权的及时性,企业要注意对不同制度的国家的商标进行分类管理。

其次,商标申请获权方面的分级分类管理是企业储备商标的重要前提。商标储备本质上是一种资源储备,确保企业未来推出新产品和拓展业务领域时有备用的商标资源,是企业品牌建设可持续发展的内在要求。商标储备有两种情形:一种是事先没有计划,只是预先将有优势的商标储存备用;另一种是对未来的商标使用有明确的计划,在该需求下进行商标储备。而企业储备商标的方式是在申请商标注册时对申请类别进行布局,企业在选择申请类别时,必须要覆盖主要的业务领域,并尽量覆盖将来可能拓展的业务范围。然而,企业的财力和精力都有限,不可能对企业的所有商标都申请全类注册,商标申请获权方面的分级分类管理就很有必要。[②]

三、商标设计与申请获权分级分类管理的建构

很多学者提出了商标设计的构建原则,总结之后主要包括以下五个方面:一是合法性,商标只有符合我国《商标法》对于商标构成要素的规定,才能在注册后受到法律保护,才能得以生存和发展。另外,最好也不要和当地的风俗习惯和宗教信仰相抵触。如香港领带大王金利来公司的商标最初以英文名称"金狮"注册,而"狮"和"输"在粤语发音中相近,香港很多人喜欢赌博,"输"字不吉利,曾宪梓则巧妙地将意译和音译结合起来以"金利来"

[①][②]于莽:《企业商标实务指南》,知识产权出版社2017年版。

注册商标。① 二是简洁性，一个商标如果能够通过易于拼读的语言，简洁明了、易于理解和记忆的图案传达产品的信息，商标才易认、易记、易读，最终有利于商标的宣传和传播。三是美观性，商标会出现在人们视觉所及的一切地方，如商店门面、街头小巷的广告牌、电视等，商标设计的美观程度不仅影响产品的市场占有率和企业的社会声誉，也会影响社会文明和环境美化。四是个性化，如果是文字商标，尽量是臆造词商标，且能够在短暂的视听时间内让消费者留下深刻的印象，以利于更好地吸引消费者并和竞争者的商标相区别。如可口可乐现在是众所周知的品牌之一，但可口可乐早期的商标为白底、红色圆圈内CocaCola手写字体，缺乏一定的个性，被百事可乐公司抢走不少市场份额，20世纪70年代美国注明设计师雷蒙·罗维改进了商标（图4-1），选用红色为底、白色字体，并在字体下面加了曲线，该曲线的弧度和粗细变化是专门经过心理测试验证过的，增强了可口可乐商标活泼的氛围，从而提高了可口可乐商标的市场竞争力。② 五是和谐性，这涉及商标和产品、企业、消费对象之间的关系，商标首先要和产品的性质、功能等协调，

图4-1　可口可乐商标变迁图

---

①梁燕君：《谈企业商标及管理》，载《商业研究》，2000年第8期第113页。
②刘艺琴、余磊：《论商标设计与品牌形象》，载《武汉大学学报（哲学社会科学版）》2005年第5期，第716页。

其次要契合企业的经营思想,最后也要注意满足消费对象的特殊消费心理。[①]由于商标设计阶段尚未进入市场,因此很难采用以市场为基准的传统知识产权价值测度方法对商标价值进行评估进而分级分类。综上,如果要对设计的商标进行分级分类管理,可以采用层次分析法,由专家对上面五个要素分别进行赋权和评分,根据 A% 合法性评分 + B% 简洁性评分 + C% 美观性评分 + D% 个性化评分 + E% 和谐性评分的结果,优先选择评估结果好的商标进行商标注册。

根据我国《商标法》第 39 条和第 40 条的规定,我国注册商标的有效期为十年,注册商标有效期届满商标权人如果要继续使用的,应当在期满前十二个月内按照规定办理续展手续,在六个月的宽展期仍未办理续展手续的,该商标就会注销。因此商标权人在注册商标以后应该建立商标管理簿记载商标事宜,按照注册年份对商标分类,保证企业商标及时续展。同时,还要记录商标涉及的商品或服务的销售量、销售利润、销售地域范围等市场信息,根据真实现金流对企业现有商标分级,最后再根据分级结果决定是否继续续展企业的商标。

第三节　商标运营与使用许可分级分类管理

一、商标运营和使用许可概述

(一) 商标运营概述

商标是一种用以区分商品或者服务来源的标识或者符号。在商品经济发达的今天,随着企业的市场营销意识不断增强,商标已经成为企业在经营活动中的重要营销工具。我国商标法规定商标注册权人享有商标专用权。具体来说,商标权人对商标享有占有、使用、收益、处分等权能。在这个基础上,商标运营是指企业充分运用其拥有的商标的权能来实现商标的资产化运作。换言之,商标运营是商标权人充分运用商标的资产属性获得财产收益的专业

[①] 刘红霞:《商标资产管理研究》,中国工商出版社 2009 年版。

化管理活动。

商标运营是对商标进行资本化运作和经营管理，在此过程中企业充分挖掘商标的价值，提升企业商标资源利用率，扩大企业规模，增强企业竞争力，从而达到提高企业经济效益的目的。① 通常，企业在商品销售的过程中采用各种手段将企业精神、商品特点等内容通过商标反复传达给消费者，使得消费者不断加深对该商标代表的商品或服务的认识，最终达到提升企业的商誉，扩大该商标代表的品牌的影响力和企业的竞争力的效果。因此有学者指出，商标和商誉是一种"表里关系"，商誉是商标的灵魂。②

通过商标运营提升企业商誉的案例比比皆是，而企业所采取的运营方式又各不相同。如上海恒源祥公司采取商标外部使用许可的方式，即向其他市场主体进行品牌授权（包括商标授权），也就是通常所说的"贴牌"。品牌授权，或者称"贴牌"，是指品牌方不直接生产产品，而是授权给各个零售商进行贴牌、组货并且销售的一种商标运营形式。恒源祥原是上海万象集团下属的一家职工不超过150人的专业经销绒线的子公司。在20世纪90年代初其通过对商标的运营，以品牌授权的方式5年内在全国控制了5家生产厂家30条生产线，建立了2000多个销售网点，产品畅销30个省市，从而达到企业竞争力和营业额的快速增长。现如今恒源祥更是建立起了百余家加盟工厂，开设超过7000个销售网点，覆盖中国80%以上的市场。通过此种商标运营方式取得成功的知名品牌还有南极人、花花公子、老爷车、富贵鸟、卡帝乐鳄鱼等服装品牌。

此外，如可口可乐公司则采取内部商标使用许可的商标运营方式，并辅以大量广告的投入来塑造品牌形象，从而取得成功。美国企业可口可乐公司在全球各个国家以合资或者租赁的方式控制了大量现成的饮料生产线，由此建立了很多瓶装厂并向瓶装厂提供浓缩原液。可口可乐饮料的浓缩原液在瓶装厂冲兑后进行瓶装，统一使用"可口可乐"商标，并统一投入大量广告，进行全球营销。表面上可口可乐向外输出的是浓缩原液这样的技术秘密配方，

---

① 王向阳：《品牌、商标和商誉运营》，载《云南财贸学院学报》1999年第1期，第31页。
② 徐春成：《论商标的存储投资功能》，载《西南民族大学学报（人文社科版）》，2016年第7期，第106页。

但实际上使得可口可乐大获成功的是"可口可乐"的商标及其背后蕴含的品牌、商誉等。采用与之类似的运营方式的还有 P&G（宝洁）、Nestle（雀巢）等知名跨国企业。上述企业无一例外都十分重视商标资产的运营，并因此取得巨大成功。由此可以看出商标使用许可是商标运营中的重要手段。

商标本身只是一个没有意义的标识或者符号，但当它被赋予意涵和价值，代表企业的精神和文化以及商品或者服务的特点之后，经过资产化、商业化的运作，能够使得其成为企业获得利润的工具。

（二）商标使用许可概述

商标使用许可是指商标权人通过法定程序允许他人使用其商标的行为，通常采用订立使用许可合同的方式。我国《商标法》规定，商标权人通过签订商标许可使用合同许可他人使用其注册商标的，应当报国家知识产权局备案商标使用许可合同，由国家知识产权局公告，未经备案的不影响该商标使用许可合同的效力，但不得对抗善意第三人。由此可见我国对商标使用许可采取登记对抗主义。商标使用许可是行使商标权的一种重要形式，也是商标运营中的重要部分。如前述恒源祥、可口可乐公司等所采取的商标运营方式，其实质上就是一种商标使用许可。

商标使用许可分为普通许可、排他许可、独占许可三种类型。独占使用许可，是指在约定的时间和地域范围内，商标权人仅许可一个被许可人以特定的方式使用商标，同时商标权人自己也不能使用该商标。该种许可的排他性及于任意第三人乃至商标权人本身，也即只有唯一的被许可人有权使用该商标，因此独占使用许可的费用一般较高。排他使用许可，是指在约定的时间和地域范围内，商标权人仅许可一个被许可人以特定的方式使用商标，但商标权人自己也可以使用该商标，也即只有该被许可人和商标权人双方可以使用该商标。普通使用许可，是指在约定的时间和地域范围内，商标权人许可他人以特定的方式使用商标，商标权人自己也可以使用该商标，也可以再许可他人在同样的时间和地域范围内使用该商标。三种许可方式导致的权利义务关系各不相同，至于选择何种使用许可方式，应该由企业根据商标的特点及行业的特性做出决定。

另外，为了保证商标所代表的企业商誉不在使用许可中受到减损，企业应当对商品质量进行监督把控。所以，进行商标使用许可时需要关注以下三个方面：首先，在进行商标授权之前应当对被许可人进行必要的尽职调查，结合被调查人的综合条件审慎选择商标使用许可的方式；其次，在商标授权之后应当对被许可人的商品质量进行监督，防止被许可人盲目追求短期利益最大化，牺牲商品质量以致商标代表的商誉减损，具体可以采取商品抽查等方式来实现；最后，当作出商标使用许可决策之时，也应当同时制定商品质量事故的应急预案，以便出现商品质量事故时能及时有效进行处理。

商标是企业的无形资产，除了将商标用于企业商品或服务的生产、销售等环节外，商标使用许可等行为也可以作为企业创造价值获得利益的方式。商标使用许可是行使商标权的一种重要方式，也是目前最为常见的商标运营方式。

二、商标运营与使用许可分级分类管理的建构

（一）商标运营与使用许可分级分类管理的目的

商标运营与商标使用许可是两个不同的概念，前者强调将商标作为无形资产进行商业化运作使之成为具有商业价值的营销工具，使企业获得超额收益；后者则是一种商标使用的方式，是指将商标许可给他人使用，从而使企业获得许可使用费用的一种行为。但这两者本质上都是利用商标这一无形资产本身来获取利益的行为，而且商标使用许可就是商标运营中的重要部分。

商标运营的目的在于激活商标这一无形资产，回馈商标增值带来的收益，使企业切实获得商标带来的利益，并进一步坚定培育高质量商标，维护企业商誉的信念。其主要表现形式有商标使用许可、商标转让、商标质押等。其中，最常见的商标运营方式为商标的使用许可，商标使用许可又可以根据被许可人的不同分为外部使用许可和内部使用许可两种类型，或者根据许可方式分为独占使用许可、排他使用许可、普通使用许可三种类型。

商标运营策略多种多样，不同的运营方式对商标的要求不一样。如上述恒源祥公司、可口可乐公司所采取的商标运营策略也需要满足一定要件，假设恒源祥或者可口可乐本身不具有一定的知名度，此种商标运营就难以开始。一般来说，这两个公司所采取的商标运营策略必须满足以下条件：一是该企业的产品或者服务必须是名牌产品或者服务，该企业的商标必须是驰名商标，并且该产品或者服务在市场上远远还没达到饱和的程度，也即市场份额有进

一步扩大的空间,这是进行此种商标运营的市场基础和前提条件。二是该企业应该具备一套成功的、有特点的、有可复制性的经营样板,同时这个样板还必须具备较大的灵活性和适应性,从而能够保障商标输出的顺利进行。三是该企业应该具有较强的协调和组织管理能力,包括在商标许可中对被许可人商品或者服务质量的监督能力,由此可以保障商标输出过程中不变形走样,防止砸了企业原本的招牌,破坏企业声誉,得不偿失。因此,此种商标运营方式并不适用于一切商标。

反过来说,不同的商标也有不一样的运营需求。如一个刚刚注册尚待投入使用的商标,对于商标运营的需求是先解决其"名声大小"问题,那么对于该商标应该通过大量使用行为,如销售和宣传来提升该商标的知名度和美誉度。而对于已经具有一定知名度的商标则需要对商标和商誉进一步扩展,将商标与其他市场要素相结合以提高商品或服务的市场占有率,降低企业经营管理费用、扩大企业盈利,此时便可以按照上述恒源祥案例或者可口可乐案例的运营方式进行。

针对不同的商标应该采用不一样的商标运营策略,具体到商标使用许可行为中,也应该针对不同的商标选择不同的使用许可方式。在商标运营与使用许可分级分类管理中,通过对商标资产进行分级分类管理,针对不同类别、不同级别的商标采用不同的运营策略和使用许可方式,可以增强商标运营策略的针对性,减少试错成本,也缩短了企业的决策时间,提高了商标运营的效率,还能够帮助企业制定经营战略,实现企业营收目标。除此之外,分级分类管理还可以减少诸如"撤三"等风险。举例来说,可以通过分级分类管理及时发现企业的闲置商标,对于已经不符合本企业发展需求,继续使用价值有限的闲置商标,可以通过商标转让的方式为企业创造收益,变闲为宝。

(二)商标运营与使用许可分级分类管理的探索

为了方便企业对商标资产的管理和决策,需要对商标进行分级分类管理,以针对不同商标资产采取不同的运营方式。在商标运营中,关注的主要是商标的资产属性。分级分类的主要目的之一是对具有知名度和美誉度的高质量商标倾斜企业的运营资源。毕竟企业的人力资源和资金都是有限的,分级分类就是为了让运营资源以最高效、最精准的方式迅速对企业的高质量商标资产发挥作用。因此,在商标运营与使用许可分级分类管理中,可以运用基于商标价值分析体系的分级分类管理方法。

对商标价值的评价主要可以分为法律价值和经济价值两个方面,即在第一层级的指标中从商标自身属性的角度分为法律和经济两类指标。第二层级的指标则将第一层级的指标分解为多类支撑指标。其中第一层级的指标法律价值可以分解为显著性和商标属性两类;经济价值可以分解为市场空间和商标知名度及美誉度两类。具体结构如表 4-1 所示。

表 4-1 商标价值评价指标体系

一级指标	二级指标	指标意义
法律价值	显著性	是指商标识别来源、区分商品或服务提供者的能力,为商标价值的基础
	商标属性	是指商标的法律属性,体现商标的法律价值
经济价值	市场空间	商标的市场空间决定了商标的发展潜力
	商标知名度及美誉度	商标知名度及美誉度是商标市场价值体现的关键

商标的显著性,是指用于特定商品或者服务的商标具有的识别来源从而区分商品或服务的提供者的特性。商标的显著性分为固有显著性和获得显著性两种。如果消费者无法通过一种标志将相同或者类似商品或服务的不同提供者区分开来,则这个标识无法代表特定商品或服务提供者的商誉,不能成为商标,在法律上没有保护的价值。因此,商标的显著性是商标法律价值评价中的基础。对于该项指标的评价,可以根据市场具体情况,由商标管理人员进行客观评价,采取百分制打分的方式。

在商标属性这一指标中,主要评价商标是否为已注册商标以及该商标属于核心商标、防御商标、联合商标中的哪一种。其中属于已注册核心商标的商标可以获得最高的评分,而属于未注册商标的评分应为最低。因为已注册商标的法律价值最为稳定,除非被提出异议,已注册商标可以确定为该企业的商标资产;而未注册商标能否通过使用获得以及是否会被抢注都是未知数,对企业而言未注册商标的稳定难以得到保障。该指标主要从商标法律上的属性对商标的稳定性和价值进行评价。

在商标的经济价值方面,商标的市场空间决定了商标的发展潜力。商标的市场空间主要通过商标目前的市场占有量以及近几年的市场发展趋势来进行评估，可以通过借助经济分析软件，结合专家打分的方式进行评价。商标的知名度和美誉度则是区分商标市场价值的关键。商标的知名度越高、美誉度越强，其在消费者中的印象越好，那么市场受欢迎程度也将越高，变现能力就越强。但是商标的知名度和美誉度是可以通过持续使用以及投入大量广告等宣传方式获得的，因此该项指标在评价中占比应较低。对于商标的知名度和美誉度的评价可以采用市场调查的方式进行。

商标价值分析体系的分级分类管理应用以上商标价值评价指标体系进行评分，针对每项二级指标采取百分制评分的方式。假如每项二级指标占一级指标的50%；每项一级指标又占50%；那么取每项二级指标评分的平均数即为该商标的价值得分，按照前20%、中40%、后40%的比例，将商标分为A、B、C三级。A级指标为高价值商标，B级指标为中等价值商标，C级指标为低价值商标。针对高价值商标，企业应该投入更多的资源，可以采取许可使用、质押等运营方式；针对低价值商标，企业则可以选择转让商标或者采取独占使用许可的方式运营，在减少企业管理负担的同时，为企业获得收益。

第四节　商标侵权预警保护分级分类管理

一、商标侵权预警保护概述

（一）商标侵权行为的内涵及外延

商标权人享有商标专用权，有权在其核定使用的商品或服务上使用其核准注册的商标。但是，商标侵权与专利侵权不同，其直接侵权行为并不与其专有权利一一对应。在专利法中，权利人享有权利就意味着除法律规定的例外情形外，有权阻止他人未经许可实施受专有权利控制的行为，即他人擅自实施受控行为构成直接侵权。然而，在商标法中并非只有未经许可在与核定使用的商品或服务相同的商品或服务上使用与核准注册的商标相同的商标才构成直接侵权。由于商标法的立法目的是确保消费者能够将注册商标与其所指示的商品或服务正确对应，防止消费者对商品或者服务的来源产生混淆，因此各国商标法均规定商标权人有权禁止他人以可能导致混淆的方式使用商标，也即在相同商品或服务上使用与其注册商标近似的商标，或者在类似商品或服务上使用与其注册商标相同或者近似的商标。当他人未经许可实施上述行为时均构成直接侵权。另外，由于实施商标专用权侵权的行为还可能借助第三人的帮助、参与和支持，而权利人追究直接侵权人责任时常常费时费力又难以得到充分的补偿。为了加强对商标权的保护，许多国家也规定引诱、帮助他人实施直接行为的行为构成间接侵权，应承担法律责任。

综上，商标侵权行为是指他人未经注册商标权人许可，在相同或者类似商品上使用与商标权人的注册商标相同或者近似的标志，并且有可能造成消费者在商品或服务来源上的混淆；或者其他干涉、妨碍商标权人使用其注册商标，损害商标权人合法权益的其他行为。[①] 具体情形在《商标法》中明确为：

- 未经商标注册人的许可，在同一种商品上使用与其注册商标相同的商标的；

- 未经商标注册人的许可，在同一种商品上使用与其注册商标近似的商标，或者在类似商品上使用与其注册商标相同或者近似的商标，容易导致混淆的；

- 销售侵犯注册商标专用权的商品的；

- 伪造、擅自制造他人注册商标标识或者销售伪造、擅自制造的注册商标标识的；

- 未经商标注册人同意，更换其注册商标并将该更换商标的商品又投入市场的；

- 故意为侵犯他人商标专用权行为提供便利条件，帮助他人实施侵犯商标专用权行为的；

- 给他人的注册商标专用权造成其他损害的。

（二）混淆理论

商标法除了保障商标权人能够排他性地使用商标标识自己的商品或服务

---

① 李明德：《知识产权法》，法律出版社2014年版，第249页。

来源，还要确保消费者能够将商标与其所指示的商品或服务正确对应。为了实现商标的识别来源功能和保障质量功能，商标法应当防止消费者对商品或服务的来源发生混淆。因此，可能导致消费者对商品或服务的来源产生混淆的行为，是商标法所要防范和制止的行为，也是构成商标侵权的必要条件。从商标法的理论和现行立法状况来看，认定商标侵权的规则建立于混淆理论的基础之上。需要强调的是，只要对商标的使用足以"容易导致"消费者对商品或服务的来源产生混淆，就可以构成直接侵权，商标权人并不需要证明有消费者实际发生了混淆。①

是否混淆应当以普通消费者的一般注意力为标准，判断时综合运用隔离观察比较法、显著部分观察比较法、整体观察比较法，主要关注商标之间是否近似以及商品或服务之间是否类似这两个问题，而且对于以上问题，实际上不应作出是或者否的绝对回答，而是一个对程度的判断。②

在进行商标之间是否近似而容易混淆的判断时，商标的文字、发音和图形本身的近似度是首要考察的要素，同时注册商标的显著性和知名度也应当予以考虑。在美国联邦第二巡回法院 1961 年判决的"Polaroid vs Polarad"案件中就提出了，在先使用的商标显著性越高，知名度越高，后使用商标与该商标越相近，所标识的商品或服务越类似，就越可能造成混淆。另外，商标所表达的含义以及其给消费者留下的印象也十分关键。因为消费者在购买商品或服务时不可能总是拿着注册商标与想要购买的商品或服务进行比对，而往往只能凭借对注册商标不精确的回忆进行判断。在消费者运用隔离观察比较法时，商标所表达的含义以及其给消费者留下的印象则发挥着决定性作用。

而在对商品或服务的类似程度进行判断时，商品、服务分类也可以作为一定程度上的参考依据。

（三）商标侵权预警的概念及功能

对于预警理论和预警机制的研究肇始于军事领域，在不断进步与发展中，预警理论与预警机制也扩大运用到其他领域。在知识产权领域中，对专利侵权预警的研究已经相对成熟，但对于商标侵权预警的研究还非常欠缺。

---

①王迁：《知识产权法教程》（第六版），中国人民大学出版社 2019 年版，第 610 页。
②王迁：《知识产权法教程》（第六版），中国人民大学出版社 2019 年版，第 619 页。

预警实际上就是在问题出现之前，对事物的状态及可能出现的后果进行监控和分析，若发现有异常或者危险状况即将发生，便将预测到的异常或危险状况上报给相关部门，再由相关部门讨论决定如何减小或避免异常或者危险状况的发生及由其带来的损害。简言之，预警的目的在于在危险到来之前发现端倪，并采取行动将损失降到最低。

商标侵权预警则是对商标侵权这种危险进行监控和分析，在商标侵权损害尚未发生或扩大之际，对企业进行预告，企业针对具体情况决定采取放长线钓大鱼、停止侵权警告、许可谈判或者其他行政、司法手段进行处理。在此过程中通常包含以下几个环节：首先应当对商标侵权的警源进行识别和分析。警源即是指危险发生的根源，包括内生警源和外生警源。具体到商标侵权中，表现为企业商标侵犯他人商标权的内生警源和他人商标侵犯企业商标权的外生警源。其次是进行警源监测和警兆识别，即对可能发生商标侵权的相关领域进行监测，如对企业商标投放的市场进行监测；并对可能导致与企业商标混淆的其他商标使用情形进行识别和分析。再次是进行警界确定，即将实际发生的商标使用情况与商标混淆情形进行比对，当确认为混淆而导致商标侵权风险时发出预警。最后是警级评估，是对出现的商标侵权风险进行严重程度的评估，根据风险的严重程度再进行等级的划分并反馈给企业。收到预警之后，企业便可以根据商标侵权预警的情况，及时采取维权措施。

商标侵权预警机制具有以下功能。一方面，商标侵权预警机制可以减少企业因商标侵权行为造成的经济损失。通过对潜在的或者已经出现的商标侵权行为及时采取措施，企业可以最大程度降低侵权行为可能对销售额以及市场份额产生的影响。例如，本欲购买企业产品的消费者由于商标侵权产生混淆而购买附有侵权商标的产品，就导致企业本应获得的收入减少了。而且，如果该产品为消费者长期使用或者是需要反复购买的消耗品，如果没有及时对侵权行为采取措施，那么企业的市场份额就可能因消费者逐渐对其他品牌产生依赖而减损。反过来说，如果通过商标侵权预警及时了解了侵权情况并采取了措施，不但可以减少销售额的损失，还可以避免市场份额的丢失。另一方面，商标侵权预警机制有助于维护企业商誉。这是因为，与一般有体物不同，商誉受到的损害通常难以通过恢复原状等方式得到救济。举例而言，购买了质量低劣的假冒商品的消费者可能由此对企业商誉产生负面印象，但这一负面印象并不一定经由侵权人的损害赔偿或赔礼道歉等方式就得以抹除。通过建立运行商标侵权预警机制，企业可以在损害发生或扩大前，及时采取相应措施进行处理，避免商誉受到难以挽回的损害。

二、商标侵权预警保护分级分类管理的建构

（一）商标侵权预警保护分级分类管理的目的

商标侵权预警保护能够实现对商标侵权行为的监测，使企业对于可能发生的商标侵权行为能够作出及时的反应，从而减少企业的经济损失并保护企业商誉。

然而，现实中商标侵权的情形五花八门，应对商标侵权行为的招数也多种多样。如果侵权人规模较小，且其侵权行为不是非常严重，对企业危害不大，企业只希望侵权人停止侵权行为，不在乎是否获得侵权损害赔偿，则可以选择发送警告函的方式应对，因为警告相比于其他维权方式具有时间快、成本低的优势，能够提高企业维权效率、降低维权成本，尽量减小侵权所带来的负面影响及损失。但是，如果侵权人是具有一定规模的企业，或者已经实施多次侵权行为，此时警告函未必可以起到维权效果，那么权利人应该着手收集侵权证据，采取其他的维权手段。

由此可见，针对不同的商标侵权情形，出于企业利益的不同考量，应该采取不同的维权措施。通过对商标侵权预警结果进行分级分类管理，本身是一种对商标侵权预警机制的完善，并且通过对预警结果的分级分类还能够帮助企业快速定位有效的维权预案，以便于更快地做出采取何种维权措施的决策，从而更好地实现商标侵权预警的保护功能。

（二）商标侵权预警保护分级分类管理的探索

商标侵权的维权考验企业对商标侵权的防范意识、商标侵权预警机制的效率以及有效应对商标侵权行为的方案的发挥。如果不能正确识别商标侵权事件的类别和级别，导致维权方案的选择出现偏差，资源配置不当，便可能延误维权的时机。

目前传统的分级分类方法存在以下三种：一是事后评估，即根据商标侵权行为的影响和严重程度进行划分；二是静态分级分类法，以主观经验打分为基础，对每个商标侵权事件进行评价，其中评价的级别标准和级别数是一

成不变的；三是动态分级分类法，即分级分类随着商标侵权事件样本的扩充而不断调整和完善。动态分级分类法强调事前分级分类，把商标侵权事件的分级分类与应对措施的紧急程度紧密联系起来，突出了时间因素对分级分类的影响，是商标侵权预警保护分级分类管理的优选方法。

商标侵权预警保护分级分类管理应通过系统分析被侵权商标的显著性和知名度、所指示商品或服务的类似程度以及商标侵权行为的影响和危害程度等特征，建立起维权预案和商标侵权事件特征的关系，从而探索出科学的分级分类体系，为维权预案及预案库的建立打下基础，并指导商标侵权管理的决策者快速准确地选择预案。基本思想以商标侵权应对机理和维权流程为基础，提取商标侵权事件分级分类的评价因素，以时间为基础变量，运用定性和定量相结合方法寻找这些因素与商标侵权事件分级分类结果之间的关系，反映出随着时间的变化，经济成本的变化，及侵权事态的变化——分级分类也在不断变化。

商标侵权预警保护分级分类管理体系的构建分两步走。第一步是构建商标侵权预警保护分类管理体系。首先，确定分类变量。商标侵权预警的主要影响因素为混淆判断的考察要素，即商标的文字、发音和图形的近似度、商标的显著性、商标的知名度以及所指示商品或服务的类似程度等，可以将以上要素作为分类变量。其次，分类变量预处理。根据变量的变化情况，将变量分为定量变量和定性变量，并结合实际情况对定性变量按照一定合理原则向定量方面进行转化，即对上述变量要素进行赋值，即对商标的文字、发音和图形的近似度、商标的显著性、商标的知名度以及所指示商品或服务的类似程度打分。最后，进行聚类分析。传统分类是按照某一个因素进行划分，然而商标侵权事件的影响因素不止一个，聚类分析方法的引入，可以实现对商标侵权事件进行基于多个分类因素的综合、动态分类。聚类分析可以借助SPSS统计分析软件来实现。

第二步是构建商标侵权预警保护分级管理体系。在分类的基础上，应确定在相应商标侵权类别下的相关要素和影响参数，设定相应的要素模块，在此基础上判断商标侵权预警的严重程度，即商标侵权预警的等级。首先，确定分级要素。商标侵权预警的分级要素主要包括实际经济损失数额、市场份额的损失数额、企业商誉影响程度等。其次，选取研究样本。样本应该具有代表性，可以通过检索国内外的典型商标侵权案例作为样本。将总样本两组，一组作为训练样本，用于构造预测模型；另一组作为测试样本，用于验证预测模型的有效性。再次，对分级数据进行预处理。对于实际经济损失数额、市场份额的损失数额等变量可以按照实际计量数额赋值，对于企业商誉影响程度等变量可以结合历史经验和现实判断，采用专家评分的方法赋值。从次，进行因子分析。对训练样本的分级变量及数值进行因子分析，尽量将观测变量浓缩为少数的几个因子。因子分析并非必要步骤，可以根据实际情况决定是否进行。最后，通过判别分析建立分级判别函数。判别分析是一种进行判别和分级分类的技术手段，可以基于一定数量的案例，建立判别函数，从而实现对观测值的分级，即将观测到的商标侵权事件的观测值代入判别函数中，进行分级判断。该判别函数可以用测试组样检验，如果误判率较低，在可以接受的范围内，那么该判别函数有效，可以应用。

当然，建构起来的商标侵权预警保护分级分类管理体系还可以在具体的分类变量和分级要素中进一步扩展和完善。此外，针对分级分类的结果，企业可以进一步将维权预案进行配对，提高决策效率。

第五节 企业商标分级分类管理实践

一、美的集团商标分级分类管理实践经验

美的集团会根据商标分级合理分配资源并进行布局和维护。首先，当集团品牌或某个品牌属于跨事业部的利用时，集团会兼顾各个事业部的利益，尽量全面保护。如果是事业部的品牌，集团会侧重事业部的发展和实际需求予以针对性保护。其次，考察商标是全品类品牌还是细分领域的品牌。如果是全品类品牌，在商标布局设计的时候会考虑得更加全面一些；如果是某个细分领域的品牌，则关注得更微观一些。再次，区分内销和外销品牌。如果是内销品牌，更注重中文商标的布局；如果是外销品牌则更注重外文商标的布局，如英文商标、韩语商标、阿拉伯语商标等，这样有助于品牌在当地的传播。最后，重要品牌倾向全类布局，特别是核心业务和关联业务，包括第

7类、第9类、第11类、第21类、第37类、第38类、第41类和第42类，而这些业务领域是会发生变化的。而防御类商标只是为了防止他人抢注，一般不会全类布局。对于重要商标，美的集团会提升保护力度，定期查漏补缺，对其他商标则采取逐步补强的策略。

二、鲁能集团的商标管理实践经验

电力企业的商标内涵包含两个层次：第一个层次是产品商标，主要是指电力产品的质量、性能、安全性；第二个层次是综合商标，它是建立在产品商标的基础之上的电力产品特有的品质和文化的象征。如果电力企业仅有产品商标，则商标资产价值并不大，因为电力产品具有特殊性，需要达到一定的国家标准，电力产品之间的差异比较小；但如果电力企业在产品商标基础上不断创新，赋予该商标新的生命力，就会让人们不断建立起对该商标的忠诚度。之后企业再用该商标拓展其他产品时，消费者也更乐于接受。

鲁能是山东电力集团化发展出的综合商标，除了电力行业，现已涵盖金融证券、信息通信、商贸旅游、制造工业、体育文化、矿业开发、房地产和农业等产业，这主要是因为鲁能商标不单单是电力产品的象征，更是一种质量保证、品质内涵、经营理念、企业文化和目标追求，因此电力企业在对商标进行分级分类时要重点发展具有这种特色的商标。[①]

三、Interbrand公司商标评估方法

英国伦敦的Interbrand公司是品牌评估的先驱，它提倡的Interbrand方法（图4-2）被广泛应用。商标评估是商标分级分类的前提，故商标分级分类可以借鉴该公司的方法。

该方法涉及三个层面的分析，分别是财务分析、市场分析和品牌分析。财务分析主要是计算某个产品或某项业务的沉淀收益，计算方式是其未来收益扣除有形资产创造的收益后的余额。市场分析是为了确定在产品的沉淀收益中商标起了多大的作用，在某些行业，如香烟、饮料、化妆品等，其商标

---

① 田金玉、牛东晓：《电力商标价值及其评估模型的初探》，载《会计之友（B）》2005年第2期，第15页。

对消费者的选择起了比较大的引领作用，而有的行业如高技术产品，其价值或收益可能归因于专利、技术、客户数据库等非商标类的无形资产。

Interbrand 公司采用"品牌作用指数"的方法计算非品牌无形资产在收益中所占的比重，对于非商标资产所创造的未来收益予以扣除。品牌分析则是了解被评估商标在同行业其他商标中的相对地位，这主要是为了衡量商标未来收益变为现实收益过程中存在的风险。而 Interbrand 公司从市场性质、稳定性、市场地位、品牌趋势、品牌支持、行销范围、品牌保护七个方面对品牌强度进行评价。①

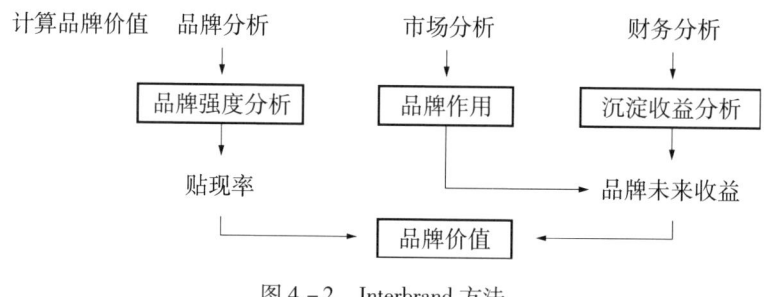

图 4-2 Interbrand 方法

资源来源于符国群：《Interbrand 品牌评估法评介》，载《外国经济与管理》1999 年第 11 期。

---

① 符国群：《Interbrand 品牌评估法评介》，载《外国经济与管理》1999 年第 11 期，第 37-41 页。

第五章 供电企业数据资产的分级分类管理

数据资产作为全球新型的战略资源,在法律性质、保护模式、保护路径等维度均有可供探讨的极大空间。作为企业运营管理的重要战略要素,企业对其应当予以高度重视。鉴于此,供电企业数据资产分级分类管理可以界定为数据资产确权、数据资产定价、数据资产分级分类运营、数据资产分级分类保护几个维度,现分述如下。

第一节 数据与数据资产

一、数据的概念

数据是描述客观事物的符号记录,同时也是表征信息的媒介,一般以数字、文本、图像、声音及视频等格式表现。在社会信息化的背景下,数据已经渗入个人社会生活的各个方面,这些数据不仅事关具体的个人隐私,还是企业发展战略以及政府管理决策的关键因素。

2015 年,国务院印发《促进大数据发展行动纲要》明确指出,数据已成为我国基础性战略资源,对生产、流通、分配、消费等社会生活方式和国家治理能力产生愈发重要的影响,是推动经济发展转型的新动力,也是塑造国家竞争优势的全新机遇,同时大数据成为提升政府治理能力的新手段。加速大数据部署,强化大数据应用,是稳增长、促改革、调结构、惠民生以及实现政府治理能力现代化的应有之义和必然要求。①

2020年4月9日，中共中央、国务院发布《关于构建更加完善的要素市场化配置体制机制的意见》，数据被首次列为除土地、劳动力、资本、技术之外的第五大生产要素，这在认识方面无疑是一个重大突破。②

互联网技术的演变使数据的规模呈爆发之势，互联网从业者通过利用不断迭代的技术，能够收集大量有价值的数据，业内普遍利用数据以便于云计算、用户画像及个性化推荐等技术和目的的实现，同时这也逐渐催生了当下的高度针对具体用户的网络购物平台以及数据产品的出现。③数据已经演变成为能够创造巨大经济价值的一种新型资源，同时也被商业市场愈发重视。

二、数据权益资产化的意义

当数据在生产中扮演越来越重要的位置时，业界开始思考：在数据资源被某个特定主体拥有或控制、掌握，并且预期为该主体带来一定的经济利益时，数据能否成为数字经济时代下的一种新型资产？从目前国内的大数据交易所成立情况来看，越来越多的企业将大数据战略视作企业发展战略的重中之重，数据的资产化不可避免地成为当下的发展趋势。

（一）平衡数据权益的保护和使用模式

在数据权益资产化后，目前以政府和企业为主导的数据集中管理模式将会被改变，个人将会加入保护和管理自身信息的主体当中，形成政府、企业以及个人共同承担信息保护责任的"谁产生、谁维护、谁受益、谁负责"的模式和多维度的信息保护及利用机制。

（二）加强数据流动，打破数据壁垒

由于各自的商业目的或业务场景限制，企业间存在一定的数据壁垒，难以形成全面有效的数据共享格局。而公民对自己的信息的掌握最为全面、真实，以个人为中心的信息收集和共享方式使数据需求方直接从个人手里获得

---

① 《国务院关于印发促进大数据发展行动纲要的通知》（国发〔2015〕50号），2015年9月5日发布。
② 《中共中央、国务院关于构建更加完善的要素市场化配置体制机制的意见》，2020年4月9日发布。
③ 龙卫球：《数据新型财产权构建及其体系研究》，载《政法论坛》2017年第4期，第63－64页。

各类型数据,有效打破数据壁垒,更好地发挥数据价值。[1]

(三) 避免过度采集个人信息及相关法律纠纷

目前,互联网应用软件的使用乱象纷呈,个人信息在未经明确授权的情况下即被收集和使用,由此带来的骚扰电话及个人信息泄露等问题屡见不鲜,这同样给商业发展埋下了不小隐患。数据权益资产化完成后,数据使用方可以用较低成本从自然人手里买到他们的个人信息,自然就无须从其他企业或机构购买个人信息,若这种交易模式得到普及,服务机构在收集个人信息时将无额外动力过度收集个人信息,自然也降低了个人信息被泄露、被滥用的概率。

(四) 推动和影响信息所有权的设立

数据权益资产化是个人信息所有权建立的前提,是推动个人信息所有权确立的工具。个人信息所有权事关财产权利的归属,而个人信息必须通过数据权益资产化才能具备相应的财产性质。在数据权益资产化过程中,个人信息的抽象特征将被具体成资产的不同属性,使所有权得以明确,相应的法律制度也会逐渐完善。

第二节 数据资产的概念与特征

一、数据资产的概念

在了解数据资产之前,需要对资产的定义有一个初步了解。国家标准对资产的描述是"对组织有潜在价值或实际价值的物品、事物或实体"。[2] 而会计学中对于资产的定义更为具体,根据《企业会计准则——基本准则》中第二十条给出的定义,资产是指企业过去的交易或者事项形成的、由企业拥有

---

[1] 朱晓武、黄绍进:《数据权益资产化与监管——大数据时代的个人信息保护与价值实现》,人民邮电出版社2020年版,第70页。

[2] 中华人民共和国国家质量监督检验检疫总局、中国国家标准化管理委员会《资产管理综述、原则和术语》,GB/T33172—2016,第10页。

或者控制的、预期会给企业带来经济利益的资源。① 该定义下的资产应当包含以下三方面的内容：资产的形成与来源、特定主体对资产的拥有或控制、资产能够带来预期收益的特性。另外，依据我国企业会计准则，资源除了需符合上述定义外还需同时满足以下条件，才能被认定为资产：该资源的价值或者成本能够被客观可靠地量化计量、与该资源相关的经济利益较大概率流入该企业。除此之外，《国民账户体系2008》同样将资产视作一种价值储备②，其对利益性的强调，表明了业界普遍认同资产能给相应经济主体带来经济利益的特征。而对于无形资产，国家标准给出的定义是"特定主体拥有或者控制的，不具有特定实物形态，能持续发挥作用且能带来经济利益的非货币性资源"③。

回到数据资产的定义方面，在上述对于资产定义的分析基础上，目前已经有若干不同的对于数据资产的定义，中国信息通信研究院于2019年发布的《数据资产管理实践白皮书》给出的定义是：企业过去的交易或事项形成的，由企业拥有或者控制的、能够为企业带来未来经济利益的、以物理或电子的方式记录的数据资源。④ 中国资产评估协会2020年发布的《资产评估专家指引第9号——数据资产评估》中则认为是由特定主体合法拥有或者控制，能持续发挥作用并且能带来直接或者间接经济利益的数据资源。⑤ 也有学者认为数据资产是带有权利性质（如所有权和使用权）且具有可计量价值的可读取的网络数据集合。

对于数据资产所属的主体范围，应当认为不仅仅局限于企业，国家、政府部门、职能单位、非营利性机构乃至个人同样能够成为数据资产的主体。首先，政府部门在日常工作过程中同样会生产、制造和收集数据，自然人个人同理。其次，这部分数据对于政府部门等单位来说具备与其他政府部门、

---

① 国务院财政部发布的《企业会计准则——基本准则》（中华人民共和国财政部令第33号）第20条。
② 《国民账户体系2008》https://unstats.un.org/unsd/nationalaccount/docs/SNA2008Chinese.pdf，2022年12月23日访问。
③ 中华人民共和国国家质量监督检验检疫总局、中国国家标准化管理委员会《无形资产分类与代码》，GB/T35416—2017，第1页。
④ 中国信息通信研究院云计算与大数据研究所发布的《数据资产管理实践白皮书（4.0版）》（2019年6月）第1页。
⑤ 中国资产评估协会发布的《资产评估专家指引第9号——数据资产评估》（2020年）第1页。

企业等主体开放共享、互换交易等形式的利用价值，对于自然人个人来说则具有为其谋取经济利益的可能性，故无论是政府部门的政务数据还是自然人的个人数据，都具备现实意义上的应用价值或经济价值属性，因此这些数据同样应被认为能够资产化，成为相对应的经济主体的数据资产。

基于上述分析，数据资产更适宜被定义为特定主体过去的交易或事项形成的，且由该主体拥有或控制的，预期能够为该主体带来经济效益的以物理或电子方式记录的数据资源。

二、数据资产的特征

首先，数据资产兼顾数据资源的各种特点，主要包括无形性、可复制性、弱排他性、时效性和垄断性等。

表 5-1 数据资源的特点

主要性质	基本含义
无形性	数据不具有特定的实物形态，在传播及使用过程中不会损耗，可以被反复使用
可复制性	数据可以被主体无限复制，并供不同主体同时使用，任何主体对数据的使用都不会影响其他使用者的使用利益
非竞争性和弱排他性	数据的再生传输成本较低，可以无限量产生，这是非竞争性的表现。数据虽然可以由不特定的多数主体同时使用，但是数据的所有者或控制者可以通过技术手段对该数据进行加密，以达到排除他人使用的效果，这使得数据具有弱排他性
时效性	数据可能每时每刻都在发生变化，特定数据从产生到失去价值之间的时间窗口可能是非常短暂的，故数据的所有者需要采取手段及时进行维护更新
依附性	数据无法独立存在，其必须依附于一定的现实载体（通信设备）从而发挥自身价值
垄断性	在数据密集型领域，具有优势地位的数据主体通常通过数据巩固自己的垄断地位

（一）无形性与可复制性

数据资源的无形性和可复制性是由中国信息通信研究院政策与经济研究

所在其发布的《数据资产化：数据资产确认与会计计量研究报告》中提出。[①] 无形性是指数据资源在与外在载体脱离后表现出的无实体形态的性质。数据资源的无形性主要表现在以下两方面：第一，在没有固定于特定载体时，数据资源没有特定的形态，其价值则来自于数据资源自身所表征的无形的信息本身。第二，数据资源的数量及其自身的价值不会在传播及使用过程中消耗，可以被反复使用，这也是数据资源与自然资源最显著的区别之一。可复制性是指数据主体可以轻易地备份、复制相应的数据资源，并提供给不同主体同时使用，这种做法不但不会带来更多的边际成本，反而进一步推动了数据共享，实现数据层面上的资源整合，让数据资源在不同主体手中发光发热，发挥更大作用。

另一方面，正是由于数据资源的无形性和可复制性的特点，数据泄露成了一个亟需关注的问题和风险点。数据资源在被不断复制的过程中被更多的主体所持有，同时，由于不同主体对数据的保管水平参差不齐，例如在小厂商的数据安全方面的技术不达标，又过于追求减少经营成本的情况下，用户隐私被泄露无疑是大概率会发生的事件。国际上知名企业数据泄露的案例同样层出不穷，宜家加拿大公司在2022年5月泄露了9.5万名客户的包括姓名、电子邮件地址、邮编及电话号码等在内的数据。Meta（Facebook 母公司）在2021年有大约5.33亿用户的个人数据被黑客窃取，并受到2.65亿欧元的罚款。[②]

（二）非竞争性和弱排他性

美国经济学家萨缪尔森曾于20世纪提出公共物品理论，该理论主要阐述了社会产品的两大特性即竞争性和排他性。[③] 竞争性与社会产品的成本相关，消费者之间对于某种产品不存在竞争，一个人的消费既不会增加该产品的生产成本，也不会导致其他消费者对该产品的消费的减少，则该产品具有非竞争性。非排他性是指某主体在消费某社会产品时，不能排除其他人消费这一产品（不论其他人是否付费）。

[①] 中国信息通信研究院：《数据资产化：数据资产确认与会计计量研究报告（2020年）》第13-14页。
[②] 腾讯新闻：《泄露超5亿用户数据！重罚20亿》，https://new.qq.com/rain/a/20221129A0A2ZM00，2022年12月25日访问。
[③] MBA智库百科：《公共物品》，https://wiki.mbalib.com/wiki/%E5%85%AC%E5%85%B1%E7%89%A9%E5%93%81，2022年12月25日访问。

数据资源的非竞争性来自于其可复制性的特点，数据可以被主体无限复制，并供不同主体同时使用，任何主体对数据的使用都不会影响其他使用者的使用利益。对数据进行复制的边际成本很低，这使得数据资源适合被复制后传播利用，这促进了数据资源在不同主体之间的分享，使同样的一份数据在不同的主体的使用下尽可能地发挥更多作用和功能。

数据资源的弱排他性与其无形性的特点有关，因为数据不具有特定的实物形态，其可能被多个不同主体在同一时间使用，且其本身的数量和价值不会随着使用过程而改变。但是数据的所有者或控制者可以通过技术手段对该数据进行加密，以达到排除他人使用的效果，这使得数据具有一定的排他性。但因为只有少数重要的隐私数据需要被加密，故这种排他性一般程度较低，总的来说，数据的弱排他性在一定程度上有助于保护用户隐私和信息安全，但这也带来了数据垄断的隐患。

（三）时效性

数据资产是一种新型无形资产，一般而言其本身的价值会随时间流逝而降低。相比其他资源，数据在每时每刻都可能在发生改变和更新，如果数据不能及时准确地反映事物的最新情况，则无法起到应有的作用，甚至与预期效果背道而驰。以地图软件为例，道路上的交通拥堵情况、天气情况等数据是随时变化的，企业应当及时获取实时数据，以准确反映目前各道路的真实交通状况，如若不然，则有可能对司机做出错误引导，浪费用户大量路途时间，甚至造成交通事故。

（四）依附性

数据无论在存储、使用还是传播时都需要借助一定的媒介，不同介质的用途侧重也不同，如存储介质（如硬盘）侧重存储容量以及数据存储的稳定性，流通介质（如数据线）更侧重连接的稳定性与传输速率。

（五）垄断性

数据垄断在很长一段时间以来都是人们关注的焦点，我国现行的《反垄断法》规定的垄断行为包括"具有或者可能具有排除、限制竞争效果的经营者集中"等三种行为。对于"数据垄断"的理解主要分为两种情形，第一种情形是企业对数据资源完全独占持有而排除他人的使用；另外一种则是企业通过利用自己的数据资源巩固自身垄断地位，常见于互联网行业中的超级平台或大体量企业。对于前一种情形，有观点认为相应数据本就属于企业自己，故不存在垄断与否的概念，所以现实中的数据垄断应当指后一种情形，即超级平台利用自身优势收集大量数据资源以巩固其垄断地位。

数据资产除了兼顾了上述数据资源的特征外，因其资产属性还具有更为特殊的性质：外部性和利益性。

外部性在经济学上指某经济主体做出的决策行为将会对另一经济主体产生正向或负向的影响，但该经济主体既不因此获得利益也无需为此负责。正外部性通常体现在数据资产的协同交流中，如支付宝、微信等软件收集到的居民信息不仅有助于阿里巴巴、腾讯公司其他业务的开展和推进，还能为政府的反诈骗等工作提供便利。负外部性则主要表现为经济主体对数据权益人或其他经济主体带来的危害，企业数据泄露是这方面较为典型的例子。

利益性指数据资产能够为经济主体带来相应的经济利益，这也是数据资产的重要特性。[1] 即使是经济主体拥有的部分数据无法在自己手中"物尽其用"，因此通过出售或转让与其他主体使用，同样可获得量化收益。事实上，经济主体通过挖掘数据资产中的有效信息，还能达到提升工作效率、优化管理的功效，这同样也会给企业带来难以量化的间接收益，形成竞争优势，而这也是数据资产发挥作用更为重要的一个方面。

第三节　数据资产确权与定价

"数据资产"这个术语早在20世纪就已经出现，但时至今日，其仍然停留在概念层面，要进入会计报表仍存诸多困难，由此可见数据资产化的实现难度是非常大的。而数据因与一般意义上的有形物和无形知识产权不同，其资产化的过程还将面临诸多技术挑战，比如数据资产的价值评估、数据资产的外在表现形态、数据流通的技术支持，乃至数据资产本身的定义都需要技术层次上的规范表述。在目前国家实施大数据战略的背景下，要想推动数据资产从概念转变为现实，就必须着手解决在数据资产化过程中的技术问题。

---

[1] 曾燕：《数据资源与数据资产概论》，中国社会科学出版社2020年版，第278–280页。

一、数据确权

现行的法律框架没有明确确认数据资产的权利主体，对于不同类型的数据需要分别讨论。

首先是自有数据，即企业或其他主体自身产生的数据，一般可理解为该主体是当然的权利主体。例如自然人对本人的个人数据，企业对本企业的业务数据、经营管理数据以及系统运行和安全数据等。

其次是采集的以及采集后加工的数据，企业对于采集的其他主体的数据，以及采集后进行加工从而形成的数据是否享有必然的所有权尚有待讨论，有观点认为企业在对数据进行采集和加工后这部分数据即具备了独创性，企业可根据《著作权法》得到法律保护。但事实上相关法律并未明确界定数据加工的"独创性"标准，而通常依赖于法官的自由裁量，故加工数据被认定为具有独创性的空间有限。再者，《TRIPS协议》的保护范围仅包括"独创性的编排"，而不是数据本身。① 当然，地方性规定如《深圳经济特区数据条例》第58条，规定有"市场主体对合法处理数据形成的数据产品和服务，可以依法自主使用，取得收益，进行处分。"② 明确规定了企业享有收益权和处分权，但仍未明确规定其享有完整的所有权，且该规定仅为地方性规定，并不当然能普遍适用。

2022全球数商大会发布了数据市场发展的最新成果，其中就包括《全国统一数据资产登记体系建设白皮书》，该报告是目前关于如何构建全国统一的数据资产登记体系的最新研究成果。资产登记的首要功能就是确权，《白皮书》指出目前建立数据资产登记制度及平台是大势所趋，并提出采用"七统一"的原则来建设全国统一数据资产登记体系及市场，即统一登记机构、统一登记载体（平台系统）、统一登记依据、统一登记程序、统一审查规则、统一登记证书、统一登记效力。③ 不仅阐述了体系建设的重要意义，还从制定法律依据、创建一体化的登记机构等角度提出了具体路径建议。

---

① 《与贸易有关的知识产权协定》（AGREEMENT ON TRADE-RELATED ASPECTS OF INTELLECTUAL PROPERTY RIGHTS）第10条。
② 深圳市人民代表大会常务委员会发布的《深圳经济特区数据条例》第58条。
③ 上海数据交易所发布的《全国统一数据资产登记体系建设白皮书》

二、数据权益定价

当前市场上主流的数据权益定价方法包括协议定价法、第三方定价法、实时定价法和元组定价法。

协议定价法是目前应用最为广泛的数据定价方法,指数据持有者和数据购买者在第三方平台的帮助下反复协商,最终在价格方面达成一致意见。数据持有者根据其对持有的数据的认识可率先为数据定价,购买者则可根据自己的判断与数据持有者以反复报价、磋商的形式议价。这种方法的优点在于定价过程较为方便,议价只发生在买卖双方之间,针对性和目的性较强。但其缺点在于买卖双方存在信息不对称的情形,往往双方对相关数据的定价相去甚远,导致数据的价格与其真实价值存在较大偏差。

第三方定价法是目前被运用于国内外大数据交易平台的方法,该方法有助于解决数据持有者无法对其数据进行准确定价的问题,依托第三方平台进行定价和交易。数据交易平台以数据量、数据完整性、数据时间跨度等作为衡量数据价值的指标,结合自身拥有的数据特性对数据进行定价。但是这种方法首先需要确保第三方平台的可靠性,而目前尚没有规范统一的国内外数据交易平台,交易平台不透明使得用户容易出现信息不对称和信息误传的情况。而且,在这种方法下买卖双方交易的往往是整个数据集,若购买者仅需其中部分数据,也只能购买整个数据集,从而导致了相当大程度的浪费。

元组定价法中元组的含义是数据集中单条待交易的数据,人工定价不能对数据集中的每个元组分别进行定价,而对数据集整体的定价过程中往往直接假定每个元组的价格相同,但在实践过程中各个元组包含的隐私信息量完全不同,故这种假定是完全不成立的。有相关学者提出了根据数据产品的成本、信息熵、信用等级和数据引用指数等因素通过一定的公式计算数据价格,这在技术上肯定了元组的使用价值。但在实践过程中,还存在诸如用户的需求偏好等影响数据定价的因素,且该方法不能体现数据稀缺性、获取难度和用户通过数据可获得的利益等价值,此外数据往往包含大量用户隐私,因此影响数据定价的因素种类繁多复杂,难以通过几个公式进行准确的计算。

实时定价法是仿照股票、期货、期权等金融产品的定价模式,数据产品因为其样本数据的体量和价值而具有一个初始上市价值,而上市销售后,其价值随着市场供需情况的变化而实时变化。这种方法充分考虑了市场对于数据价值的决定作用，使数据产品定价更为科学合理，但同样有容易滋生投机行为、扰乱市场秩序的缺点。

第四节　数据资产分级分类与运营

一、数据分类与分级标准

（一）数据分类标准的原则

数据分类是指将具有相同属性的数据归纳到一起，通过不同属性之间的特征差异完成数据之间的划分。一般认为在建立分类标准时，应遵循下列原则（表5-2）。

表5-2　数据分类标准的原则

原则	基本含义
稳定性原则	即以数据最基础、最本质且不易发生变化的特征为分类依据，从而维持分类体系的稳定性，确保其可长期适用，保证各类数据之间在不同时期的纵向可比性
规范性原则	分类标准中使用的术语应当能准确表示该类别的具体特征，且在词汇和表达的选择上具有一致性
明确性原则	不同数据种类间的界限清晰，不会发生混淆
系统性原则	分类标准应当逻辑清晰、层次合理，充分发挥数据分类的优势，避免数据混乱
可扩充性原则	对数据分类标准预留一定空间，在出现不属于现有划分标准中任何一类的新型数据时能够保证不会打乱整个系统的逻辑框架
综合实用性原则	制定分类标准应遵循实事求是的宗旨，在成本尽量小的情况下设计出一套实用的、通用的规则体系
兼容性原则	不同分类标准间应能够快速转换与对接。在体系设计过程中应以国家标准为核心，只有国家标准未明确规定时才可参照行业标准以及国际标准

资料来源于朱晓武、黄绍进：《数据权益资产化与监督——大数据时代的个人信息保护与价值实现》，人民邮电出版社2020年版，第74-75页。

（二）数据分级标准的原则

对数据进行科学合理的分级是在合法前提下对关键数据、核心数据采取高效的保护措施的前提，且有利于在数据权益交易过程中根据数据级别的不同采取更具有针对性的定价措施，减少不必要的投入。在建立数据分级标准时，应遵循下列原则（表5-3）。

表5-3 数据分级标准的原则

原则	基本含义
依从性原则	制定标准的过程中严格遵守国家法律法规及相应政策的要求
可执行性原则	分级标准应当简洁明了，能够充分满足实际需要，切忌空洞、复杂或无法落地
合理性原则	分级界限具有合理性，既不能过于宽泛，也不宜过于细致
时效性原则	建立数据分级标准应当充分考虑标准的时效性，随着数据的迭代和社会发展及时更新等级划分规范
客观性原则	分级标准应充分满足客观事实，经得起复核与校验
自主性原则	应结合企业具体的实际情况和发展战略，有针对性地制定适合自身的规则，但自主制定并不意味着完全自主，而应保证基本的定级逻辑在全范围内是统一的

（三）数据分类分级标准

1. CISSP 官方分级标准

全球权威信息安全认证 CISSP 在其官方学习指南（第7版）中对政府数据和商业数据设置了分级标准。针对政府和军方数据，CISSP 按照保密程度的高低划分为了绝密、秘密、机密、敏感但非机密以及非机密五个数据等级，如图5-1所示。针对商业数据，CISSP 按照数据敏感程度划分出机密或隐私、敏感、公开以及非机密四个数据等级，如图5-2所示。

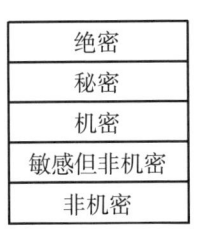

图5-1 政府/军方数据分级标准

资料来源于朱晓武、黄绍进：《数据权益资产化与监督——大数据时代的个人信息保护与价值实现》，北京人民邮电出版社2020年版，第77页。

第五章 供电企业数据资产的分级分类管理

图 5-2 商业数据分级标准

2.《信息安全技术 电信和互联网大数据安全管控分类分级实施指南》

2017 年由国家质量监督检验检疫总局和国家标准化管理委员会发布的《信息安全技术 电信和互联网大数据安全管控分类分级实施指南》将用户数据划分为用户身份相关数据、用户服务内容数据和用户服务衍生数据三类，如表 5-4 所示，并按照敏感程度的高低将数据划分为极敏感级、敏感级、较敏感级和低敏感级四个等级，如表 5-5 所示。①

表 5-4 数据分类表

类别	子类及范围
（A 类）用户身份相关数据	（A1）用户身份和标识信息：（A1-1）自然人身份标识、（A1-2）网络身份标识、（A1-3）用户基本资料、（A1-4）实体身份证明、（A1-5）用户私密资料 （A2）用户网络身份鉴权信息：（A2-1）密码及关联信息
（B 类）用户服务内容数据	（B1）服务内容和资料数据：（B1-1）服务内容数据、（B1-2）联系人信息
（C 类）用户服务衍生数据	（C1）用户服务使用数据：（C1-1）业务订购关系、（C1-2）服务记录和日志、（C1-3）消费信息和账单、（C1-4）位置数据、（C1-5）违规记录数据 （C2）设备信息：（C2-1）设备标识、（C2-2）设备资料

---

① 中华人民共和国国家质量监督检验检疫总局、中国国家标准化管理委员会《信息安全技术 电信和互联网大数据安全管控分类分级实施指南（工作组讨论稿）》，第 3-5 页。

表 5-5 数据分级表

类别	定位	子类及范围
第四级	极敏感级	(A1-4) 实体身份证明、(A1-5) 用户私密资料 (A2-1) 用户密码及关联信息
第三级	敏感级	(A1-1) 自然人身份标识、(A1-2) 网络身份标识、(A1-3) 用户基本资料 (B1-1) 服务内容数据、(B1-2) 联系人信息 (C1-2) 服务记录和日志、(C1-4) 位置数据
第二级	较敏感级	(C1-3) 消费信息和账单 (C2-1) 终端设备标识、(C2-2) 终端设备资料
第一级	低敏感级	(C1-1) 业务订购关系、(C1-5) 违规记录数据

二、数据资产运营

为了更好释放数据价值，需要构建一套完整的资产运营体系。通常企业数据资产运营过程分为数据资产识别、数据资产维护和数据资产服务三大环节。

（一）数据资产识别

数据资产识别是指对全公司数据的资产化登记，即通过明确资产范围，对现有的存量数据进行集中式盘点，对增量数据资产自动化注册，准确、有效地识别企业数据资产。在确定资产范围后，需对数据资产制定属性描述框架，对于不同类型的资产来说其描述框架也有差异，但一般需要明确资产的业务定义，技术规范和管理对象，表 5-6 为基础数据资产的属性描述框架示例。

表 5-6 基础数据资产属性框架示例

业务属性		技术属性		管理属性	
资产项名称	数据资产的字段中英文描述名称	资产项类型	描述资产项的字段类型，如 NUM、VAR 等	权属部门	资产项定义责任的业务牵头部门

续表 5-6

业务属性		技术属性		管理属性	
业务流程	资产产生的业务流程	资产项长度	资产项的取值长度	安全等级	资产项的数据安全等级，对应不同的安全管理要求
业务定义	描述资产项的标准业务定义	资产项值域	码值类资产项代码取值范围	是否隐私数据	是否属于个人隐私信息
资产状态	新增、修改、作废	资产项精度	数值类资产项的取值精度	对应信息标准	所引用的数据标准项

存量数据盘点一般工程量较大，对技术要求相对较高，因此建议采用分阶段集中性的盘点方式，依照"先易后难，急用先行"的原则进行盘点，另一方面可借鉴业内成熟规范的资产目录框架，提升盘点内容的完整性和前瞻性。增量数据资产注册流程相对固定但涉及面广，故需要在采集数据、数据加工、数据入户等产生数据资产的环节设置注册节点，并通过系统接口完成自动注册。

（二）数据资产维护

针对已有的数据资产需构建一套完整的维护机制，对资产的定义、内容以及权属等进行及时更新和维护，提高查找及使用数据的效率。维护主要包括数据内容维护、数据资产目录与属性框架维护和数据访问权限维护。数据内容维护指是定期同步元数据信息以实现资产内容的更新，并对已下线的数据资产进行失效处理。在数据访问权限方面由管理人员进行数据资产底层数据预览权限管理，权限类型包括全公司公开、部门公开、自定义范围公开、私密等。

（三）数据资产服务

数据资产服务是实现数据资产价值的主要方式，通过整理常见的资产应用场景，完善资产服务体系，帮助业务提升数字生产效率。表 5-7 为常见的数据资产服务。

表5-7 常见的数据资产服务

数据资产服务类型	基本含义
检索类服务	通过建设多视角数据标签和数据预览等功能,帮助用户检索和获取想要的高价值数据
展示类服务	通过数据大屏幕等可视化工具,展示全量数据资产规模、分布以及关联关系等信息
估值类服务	搭建数据资产量化评估体系,从成本、收益、市场价值等维度对不同类型数据资产进行量化评估
互动类服务	对数据进行点赞、评论、星级打分和自定义分组收藏,搭建数据资产共享共用的生态环境

第五节 数据资产安全保护管理

由于国家强力推进数字经济与实体经济融合加速,数据正逐步取代土地、资本、劳动力等生产要素成为新一轮科技革命和产业变革中最活跃的关键驱动力量。数据正深刻改变着生产要素配置格局、影响着产业运作方式和商业模式。

从国家层面来看,国家已出台了一系列关于数据资产管理方面的政策和制度规范,各行业在实践中也逐步探索出了数据资产管理的方法和策略。许多企业鉴于国家对数据资源的战略性布局来进行数据资产的梳理和管理,为完成数字化转型奠定基础。但当前许多企业构建的数据资产管理体系水平不高,许多企业都缺少科学有效的数据管理机制,也没有针对数据资产权益制定完善保护措施方案,很容易导致数据被非法使用和泄漏。企业的数据资产正面临极大的风险。

一、数据资产面临风险

(一) 数据侵权风险

随着大数据时代的到来,人们看到大数据凭借对数据的超强收集、大容量存储、快速检索、智能分析、精准预判能力而对世界做出了深刻的改变,甚至重新刷新了"人类对知识的定义"。但在隐秘的角落,大数据对公共隐私的侵袭已经越过了警戒线。私人领域与公共领域的界限开始模糊,侵权行为方式越来越隐蔽、侵权性质越来越难以认定、侵权后果越来越多样和严重、侵权行为和结果的因果关系越来越松散。① 在各类用户数据频繁泄露事件的背后,不单是使用者的身心遭到创伤,其隐私权、知情权、数据删除权和数据财产权等权利均受到了侵犯(图5-3)。

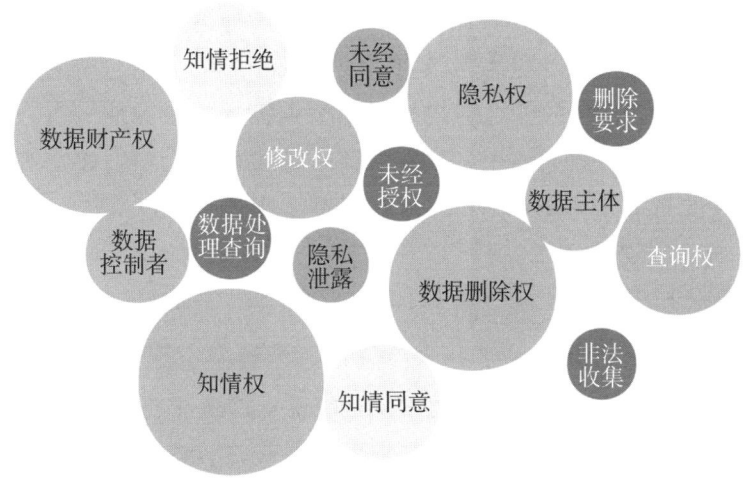

图 5-3 数据侵权风险

根据国家法律规定,隐私权是指数据主体的私人信息依法受到保护,不被他人非法侵扰、知悉、搜集、利用和公开等的一种人格权。② 知情权是指数据主体有知悉和接受信息的自由和权利,包括知情同意/拒绝权、请求权和修改权。修改权是数据主体根据请求向控制者补充或更改数据的权利,以确保数据的准确性、完整性和及时性。知情同意/拒绝权是指数据主体在得知其数据被收集、出售和使用后同意或拒绝的权利。删除权是指在符合规定条件时,作为信息主体的个人所享有的请求个人信息处理者删除所处理的其个人信息的权利。③

---

①徐明:《大数据时代的隐私危机及其侵权法应对》,载《中国法学》2017年第1期,第131页。
②张新宝:《隐私权的法律保护》,北京群众出版社1997年版。
③程啸:《〈论个人信息保护法〉中的删除权》,载《社会科学辑刊》2022年第1期,第104页。

在采集数据时，必须先取得数据主体的同意或进行过相关处理协定才能对数据进行处理，若未同意就获取含有个人隐私的数据，将产生侵犯数据主体隐私权的风险；在数据加工、处理时，数据的加工方式、处理程度等均需征得数据主体的知情同意，数据主体有权对数据处理和加工过程进行查询，并对数据的准确性、完整性、及时性进行修正和补充，如发现数据中含有不希望被公布的信息，或处理不当的情形，则有权请求删除数据，若数据控制者未能及时将数据删除，则可能导致数据主体的数据删除权被侵犯；此外，在数据交易情形下，数据需求方需获得拥有数据财产权的数据供应方的授权或转让许可后才可以通过对数据进行占有、使用和处分来获得收益。若数据供应方未拥有数据财产权就将数据提供给数据需求方或数据需求方未按合约条款对数据进行不合理的使用、转让、再交易来获取利益，就会产生数据财产权中的数据使用权、处分权和收益权侵权风险。[①]

（二）数据安全风险

在数据驱动时代，物物可感知，人人可上网、时时可链接，计算机网络伴随着信息流、数据流悄无声息地渗透到各个国家、各个领域。[②] 在保证应用广泛的基础上，计算机网络高度重视开放性，这就造成了它的安全脆弱性。由于互联网采用的 TCP/IP 协议的安全性相对较低，极容易在应用层、传输层、链路层、网络层上受到形式多样的网络攻击，给信息系统埋下安全隐患。

2020 年，云安全联盟（CSA）发布《云计算 11 大威胁报告》[③]，其中包括 Capital One、迪士尼、GitHub 和特斯拉在内的九大知名公司进行了云安全案例调查。结果显示，目前的云计算存在数据泄漏、配置错误和变更控制不足，身份、凭证、访问和密钥管理不善，账户劫持，内部威胁，不安全的接口和 API、元结构和应用程序结构故障等 11 项严重的安全问题。

与云计算领域相似，在企业中传统的数据安全在内部与外部也面临着诸

[①] 王卫、张梦君：《基于 WBS-RBS 的数据交易侵权风险识别》，载《情报理论与实践》2021 年第 44 卷第 12 期，第 85 页。

[②] 王世伟：《论大数据时代信息安全的新特点与新要求》，载《图书情报工作》2016 年第 60 卷第 6 期，第 6 页。

[③]《CSA 发布 2020 最新版〈云计算 11 大威胁报告〉》，见搜狐网 https://www.sohu.com/a/426238262_120347998，2022 年 12 月 29 日访问。

多风险。在 IDC 发布的《2021 中国大数据平台市场份额报告》[①]显示，企业在实施大数据分析项目中面临数据可用性和质量及数据可访问性、安全性和治理等技术挑战。企业数据资产也面临着病毒、木马、恶意代码攻击等安全威胁，常见的传统数据安全风险如图 5-4 所示。

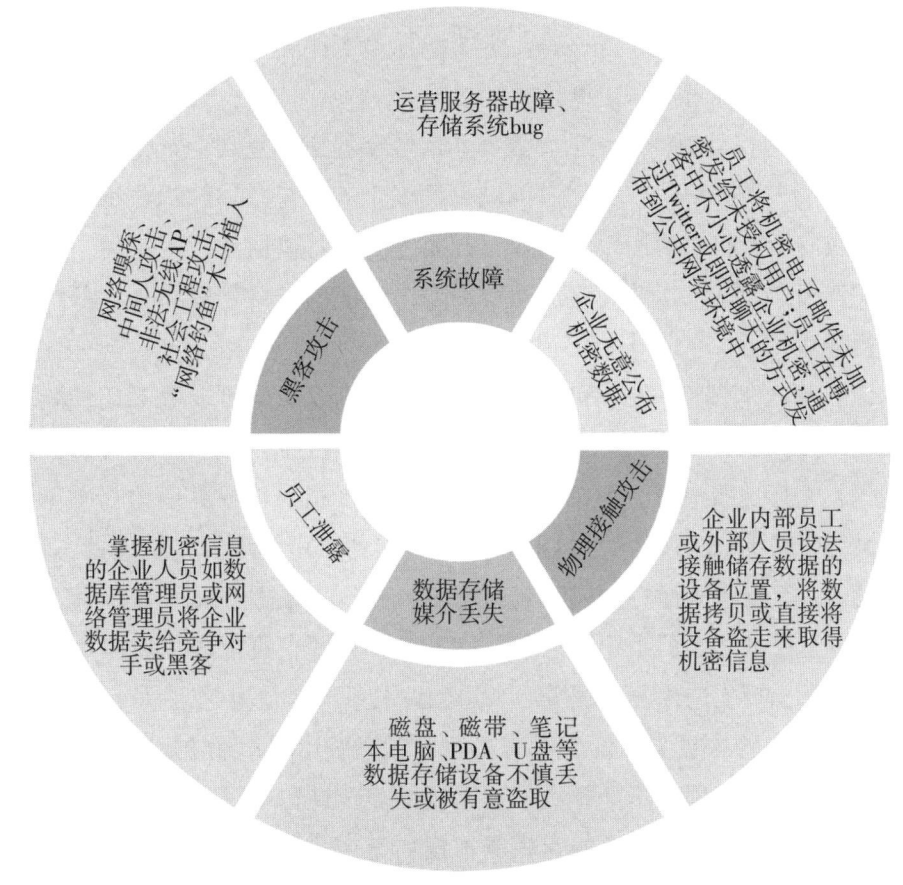

图 5-4 传统的数据安全风险

在外部，企业数据安全面临的威胁常为黑客攻击者主动或被动地采用网络嗅探、中间人攻击、非法无线 AP、木马植入等方式入侵企业内网对目标信息进行破坏或窃取，这会给企业造成重大的数据损失。在内部，企业员工是

[①]《IDC 首发中国大数据平台市场份额报告》，见 IDC 官网 https://www.idc.com/getdoc.jsp?containerId=prCHC48030321，2022 年 12 月 30 日访问。

造成企业数据威胁的高发群体,尤其是高级管理层的员工。当掌握着大量机密信息的员工在利诱之下将企业数据卖给竞争对手或在网上无意间泄露核心机密被人利用时,都会对企业的经济、稳定造成极大的冲击。另外还有些偶然情况,如由于火灾、雷电等不可抗力因素导致服务器被毁、系统崩溃使得重要数据丢失甚至被毁,这也会对公司数据安全造成威胁。[①]

相较于传统风险,大数据时代企业数据资产伴随着数据种类的丰富和数据更迭的频繁面临着更多更复杂的挑战。

(1)数据权益划分更复杂。数据作为数字经济的重要组成部分,其本身本就涉及了多种类型的权益划分问题,例如个人信息权、知识产权、商业秘密中涉及的所有权、使用权、处置权归属等。同时数据的衍生驱动了数据生态链的逐渐成形,数据的高速流通更加使得企业的权益管理和利益分配变得更为复杂。

(2)新技术带来了更多的安全风险。一系列以"数据"为导向的新思维引发了一大批"大干快上"的新技术,但这些新技术中有些并没有考虑到安全问题,尤其是那些已经存在安全漏洞的底层资源架构,更是为其所运行的应用系统带来了安全风险。[②]这些缺陷会影响到应用系统的可扩展性、性能、安全性,甚至会带来潜在的风险。例如,基于Hadoop框架的系统,其本身并不存在安全性缺陷,但由于底层代码库的架构问题,可能会导致应用软件被他人使用后出现无法恢复数据安全、影响业务系统等情况。

(3)防护要求更高。随着数据处理手段的多元化,数据的收集、存储、分析等处理活动的规模不断扩大,对系统的安全性提出了更高的要求。尤其是地理绘图、遥感标注、挖掘建模等数据新型应用领域,需要更灵活、更有针对性的保护措施。现有的传统安全方法虽然可以采用层次化的方法进行扩充,但是与大数据应用的要求相比,仍然有很大的差距。

[①] 汪东芳、鞠杰:《大数据时代计算机网络信息安全及防护策略研究》,载《无线互联科技》2015年第24期,第40页。

[②] 马英:《大数据时代的数据资产保护》,载《数据通信》2021年第4期,第38页。

二、数据资产保护框架

(一) 数据资产脱敏分类

目前,很多企业在数字化转型过程中,都将数据作为资产进行管理,但由于缺乏对数据资产管理的认识,使得数据资产出现了不少问题。如"重建设、轻管理"造成"建设—不共享"的恶性循环。为加强数据资产的监管和防范风险,提高企业数字化转型及风险防控能力,我们通过建立规范的数据安全保护框架来完善企业的数据生命周期管理。

首先,将数据资产按敏感程度划分为:核心数据资产、重要数据资产和一般数据资产。核心数据资产指对企业业务有直接贡献或产生经营效益的重要信息;重要数据资产指对企业业务具有战略意义的信息和关键决策依据;一般数据资产指企业日常经营过程中产生的非重要、非经营信息,如员工花名册、绩效考核记录等。随后利用脱敏技术,对各个层次数据资产的比重进行严格的控制,设置初始数据资产的比例为:1%的核心资产,9%的重要数据资产,90%的普通数据资产。后期会根据业务和人员不同类型的数据资产占比情况,逐步优化核心数据资产比例,以实现降低风险、减少隐患的目标。最后,对三类数据资产分别进行"应用级""人员级""资源级"权限管理,并在此基础上实现数据资产的准入、准出和数据资产的全过程控制。[①]

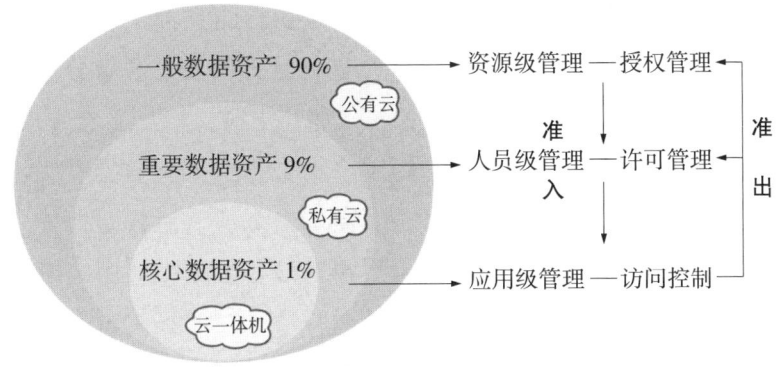

图 5-5 数据资产分类

[①] 刘涤西、钟磊、范絮妍:《开拓 DT 时代数据资产权益保护新视野》,载《中国信息安全》2017 年第 12 期,第 33-34 页。

（二）数据资产保护模型

数据资产保护模型以数据资产权益保护平台为实施抓手，通过平台小组配合协作生成数据资源底账，并借助数据库底账批次管理模型对不同等级数据库底账进行管理，明确数据所有者权益，最后采用数据安全问题解决方法论为数据资产保驾护航，构建数据安全控制机制，为组织建立全方位的数据保护体系，展示出组织内数据资产及其使用效益的全景图（图5-6）。

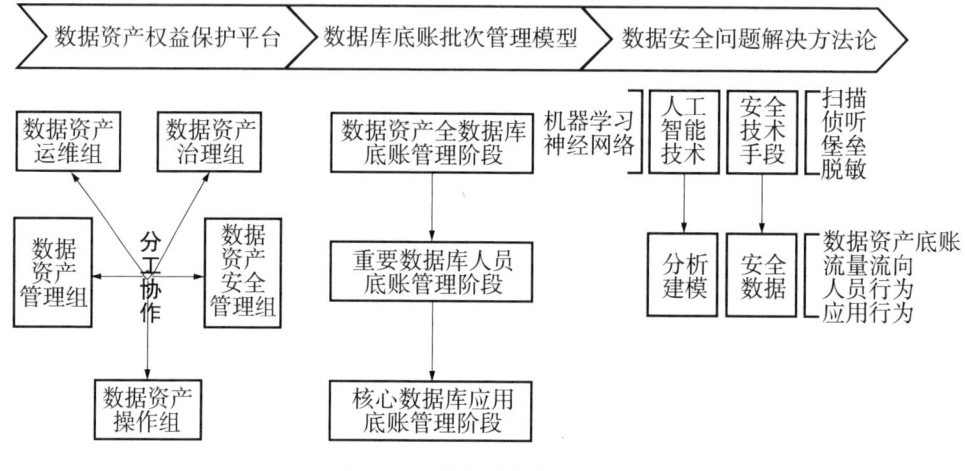

图 5-6　数据资产保护模型

（1）数据资产权益保护平台。数据资产治理组、数据资产管理组、数据资产安全管理组、数据资产运维组及数据资产操作组共同组成数据资产权益保护平台，各个小组依次负责对数据资产进行清理清查、脱敏分类、审计管控、检查维护和权益申明，各组分工协作，相互支持，相互配合。

（2）数据库底账批次管理模型。起初先对数据资产全数据库底账进行管理，在数据资产全数据库中实现业务逻辑上的数据所有者权益保护。随后对重要数据库人员底账进行专项管理，最后再对核心数据库应用底账进行一定优化和提升，在应用层实现加强保护。此过程中，在业务逻辑上遵循数据资产全数据库底账、重要数据库人员底账与核心数据库应用底账的管理先后次序。经过这三个标志性阶段，逐步实现对数据所有者权益的充分维护。

（3）数据安全问题解决方法论。对于数据安全问题，需要采取人工智能技术与安全技术手段并重的方法。一方面通过使用诸如扫描、侦听、堡垒、脱敏等安全技术手段来获取数据资产底账、流量流向、人员行为、应用行为等重要安全数据，另一方面引入机器学习、神经网络、大数据分析等先进技术手段，实现对不同类型的数据资产进行智能建模和高效计算。

（三）数据资产保护实施要点

（1）数据资产清查整理。清查历史数据，登记基本情况，确定数据资产归属范围，建立数据资产目录体系。在基础数据清理工作的同时，开展企业历史数据质量评估工作，按照质量等级对企业的历史数据进行清理评级，按照级别分级管理。在清理数据资产时要注意方法，对于不能通过清理、整改、完善解决的历史数据，需要逐步予以封存，待企业具备一定的条件后再对历史数据加以利用；对于需要通过处理、整改、完善解决的历史数据，应积极探索有效的处理方式和方法，尽快完成处理、完善工作；对于需要通过清理、调整等方式加以解决的数据资产，应结合实际情况，制定企业内部管理制度及具体处理办法。

（2）实施运维管理。针对100%的数据资产，开展数据库、存储资源的安全防护工作，对重要基础数据和存储资源定期进行检查与维护，建立数据库运维管理系统支撑能力，实现对关键应用系统和数据库的运维管理和监控维护。开展应用系统之间、业务系统与基础数据库之间、应用系统与存储之间的联动工作，对系统内的所有数据资产进行全生命周期管理，包括：数据资产的入库、出库、使用管理和维护更新，实现对各系统基础数据和业务数据进行有效防护。

（3）落实安全管理。针对10%的重要级别以上数据资产，实施人员准入准出管理，结合身份识别系统、安全设备以及网络日志等数据信息的应用行为审计功能，对人员身份认证、访问许可等内容进行审计和管控。并结合访问日志、敏感操作等数据信息提供实时数据动态检测和告警，动态地呈现出人员的热度变化情况。通过对行为数据的分析比对，发现异常行为并进行处置。

（4）推进权益保护。针对1%的核心数据资产，实施应用准入准出管理，应用准入前，明确应用用户及其数据资产所有者身份，为应用用户设置权限，控制或限制其访问数据资产和行为。对数据库中应用账号信息进行脱敏处理，明确数据资产所有者，为数据资产的使用、维护、更新与共享提供合法依据。

第六节　供电企业数据资产管理实践

一、数据资产运营管理体系构建实例

在"三型两网、世界一流"战略下，国网甘肃省电力公司某供电公司以精益化管理为基础，将实际与创新理念融合，构建出了适合该省地市供电企业数据资产运营的管理体系。[①]

该公司首先形成"集中管理、统一运维"的组织构架模式，后携盘点管理、质量管理、安全管理、共享管理、应用管理、退役管理六维并重（如图5-7所示），加强设备全生命周期的价值管理，积极推进精益化运维，持续开展了全专业、全业务的精益管理活动。

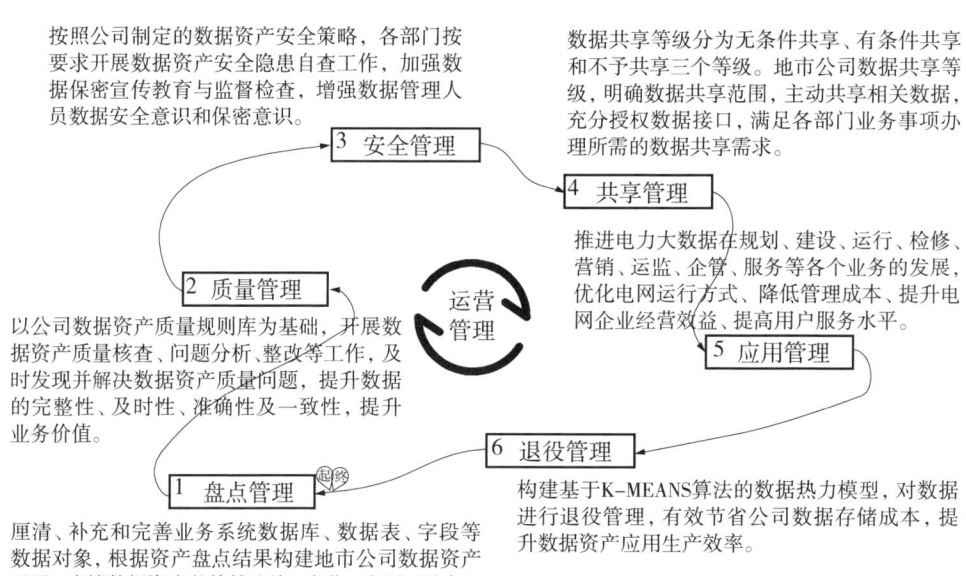

图5-7　数据资产运营管理

---

①周静龙、段波、张乐桢、芦爱燕：《地市供电企业数据资产运营管理体系构建》，载《中国设备工程》2021年第7期，第56页。

组织构架方面，国网甘肃省电力公司白银供电公司首先成立数据资产管理中心，将其作为地市级电力企业通信、运营、专业管理的核心。其次，联合各地市公司及各业务单位的领导成立管理中心决策小组，负责对地市供电公司的数据资产进行组织、协调。最后，组织各专业部门和技术支持部门组成数据资产管理工作小组，由各个单位根据原有的专业技术，分别进行数据的生产、录入、维护、治理和应用。

国网甘肃省电力公司某供电公司认为，盘点管理重点在于厘清、补充和完善业务系统的数据，建立数据资产目录，实现数据资产的快速检索；质量管理应让各业务部门遵循公司所编制的数据资产质量核查治理方案来进行质量核查，并对发现的问题及时整改，确保数据的准确性；安全管理的有效措施是加强数据资产安全隐患的自查工作，确保数据收集、传输、存储、处理、使用和销毁的过程符合安全管理规范；共享管理需要公司根据数据共享划分等级，明确数据共享的范围来授权数据接口，满足各业务部门的合理需要；应用管理要求有关业务小组推动电力大数据在建设、运营、检修、销售等业务领域的发展，形成数据应用成果来优化电网运行方式、减少管理成本、促进电网企业的经营效益；退役管理为可以通过 K-MEANS 算法建立数据热力模型，借此节约公司的数据存储成本，提高数据资产应用的生产效率。

二、数据资产全寿命周期管理实例

数据管理知识体系是由美国数据管理协会（Data Management Association，DAMA）提出，涵盖企业所需数据知识的定义、分类和描述方法，以及各类型数据管理具体内容和流程的一套理论体系，主要适用于企业内部各业务领域的数据管理实践。该理论将数据资产生命周期管理划分为数据仓库和商务智能管理、数据开发、参考数据与主数据管理、元数据管理、数据质量管理、数据操作、文档和内容管理、数据治理、数据架构管理、数据安全管理 10 项数据管理内容。[1] 根据 DAMA 标准，国网江苏省供电公司因地制宜设计出了适合本地区特点的数据资产生命周期管理系统。

---

[1] 顾斌、彭涛、车伟：《企业运营数据资产全生命周期管理体系研究》，载《企业改革与管理》2017 年第 5 期，第 4 页。

该体系主要是将数据资产寿命周期划分为规划设计、创建纳管、应用运维、备份归档四个阶段。其中规划设计聚焦于资产规划设计，创建纳管主要分解为资产创建和资产纳管两个步骤，应用运维包括数据流转、数据运用、资产变更、质量管理四个环节，备份归档包括备份归档和效能分析两项流程，具体如图5-8所示。[①]

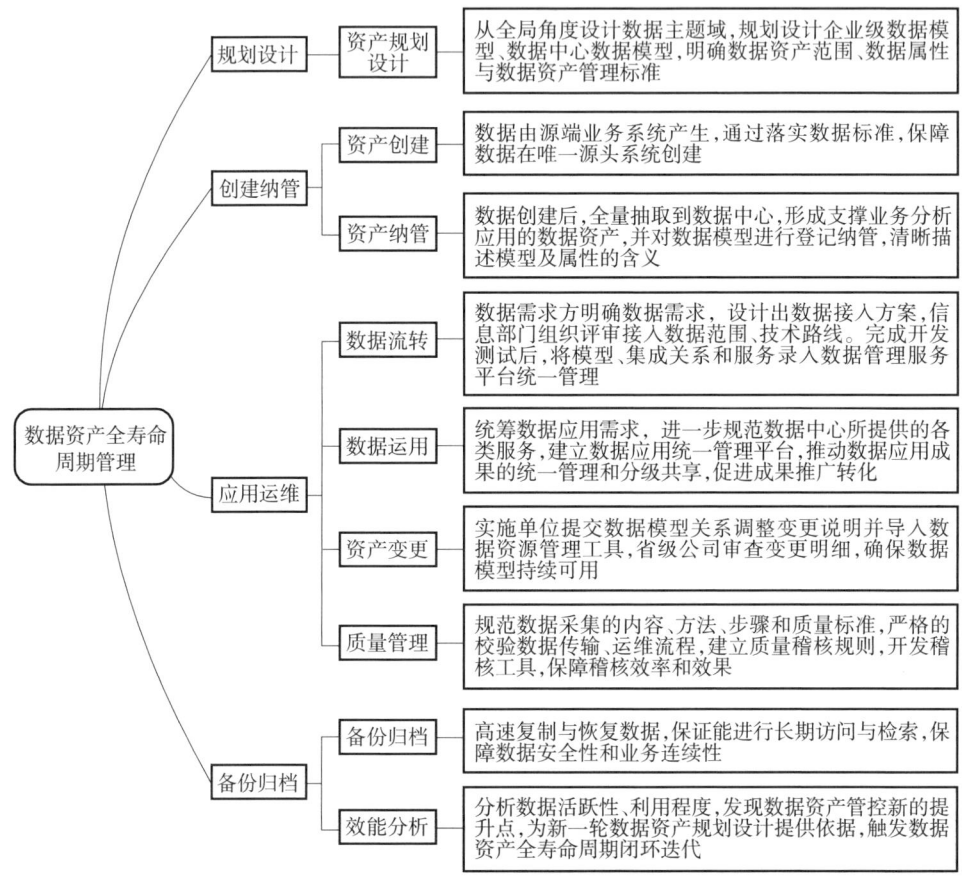

图5-8　数据资产全生命周期管理

在规划设计阶段，国网江苏省电力有限公司从全局角度设计了11个一级数据主题域和77个二级数据主题域（如表5-8所示）。将企业级逻辑模型作

[①] 鲍丽山、查易艺、何金陵、董永放：《省级电网企业数据资产管控模式探索与实践》，载《电力信息与通信技术》2018年第16期，第45-47页。

为企业业务对象、业务对象数据项及业务对象间关系的基本蓝图。通过逻辑模型梳理业务系统物理模型，设计出数据库体系结构，使用数据资源管理工具对物理模型进行集中管理，实现对模型的快速定位、查询与应用。

在创建纳管阶段，该公司一边在源端业务系统创建数据资产，另一边构建平台和机制对所有的数据输入源进行集中纳管，持续开展数据输入重复性检查，并组织整改治理。同时就数据描述完整性、规范性、一致性问题制定数据字典管理工作规范，优化数据字典在设计、维护、变更和使用阶段的管理流程，促进数据资源的高效利用。

在应用运维阶段，国网江苏省电力有限公司把流程管理作为工作重点，综合保证数据的应用效果。数据流通环节中，由需求方确定数据需求并设计数据访问方案，待信息部门进行审核无误后，再将模型、整合关系和服务统一输入数据管理服务平台进行管理。数据应用环节进一步规范了数据中心所提供的服务标准与流程，促进数据应用成果转变。资产变更环节由实施单位对数据模型的关系调整提出变更说明并引入数据资源管理工具，省级公司对变更明细进行复核，确保数据模型持续可用。质量管理流程对数据采集内容、方式、步骤及质量标准进行规范，严格地校验数据传输、运行维护过程，制定质量稽核规则，研制稽核工具，确保稽核的效率与成效。

在备份归档阶段，该公司既对数据和资产进行备份归档，确保数据库能够长时间的访问和检索，保证数据的安全性及业务的连续性，又对数据的活跃性、利用程度进行分析，为数据资产管控找到新的改进点，以期对新一轮数据资产的规划设计有所帮助，引发数据资产全寿命周期的闭环迭代。

表 5-8 数据主题域设计

一级主题域	二级主题域
人员	组织 用工 培训 绩效 薪酬 人事 保险
财务	科目 总账 应收 应付 预算 资金
物资	供应商 物资 采购 库存 配送 质监
客户	客户档案 用电计量 电费收缴 营销业务 客户工程 客户服务 用电检查 客户变更 客户关系
市场	参与者 市场运行 能量计划

续表 5-8

一级主题域	二级主题域
资产	资产台账 资产运维 资产检修 资产环境 资产监测 资产实效 资产分析 资产业主
电网	电网拓扑 电网监视 电网操作 运行方式 保护配置 线损 电能质量
安全	风险 目标计划 安全过程 安全事件 安全绩效 安全规范
项目	项目组成 项目成本 项目进度 项目计划 项目质量 项目技术 项目协调
综合	规划管理 综合计划 规划设计 综合分析 业务监控 稽查管理 知识管理 政工管理 工会管理 后勤管理 品牌管理
信通	系统建设 信息展现 集成服务 数据服务 安全技术 系统运维 基础设施

三、数据资产安全管理体系构建实例

国网 S 省电力公司为加强公司信息化建设并在数据融合、大数据、云计算及数据综合治理等新型业务领域取得新建树，将国家电网制度章程与自身特点完美结合，以数据安全管理制度、人员与权限控制、安全管理策略三方面为核心构建了数据资产安全管理体系，并在落地层面制定出了具体的管理方法。[1]

在数据安全管理制度方面，国网 S 省电力公司以《国家电网公司数据基础运维工作规范（2017 版）》（以下简称《工作规范》）为标准，将省公司的管理章程与《工作规范》的理念相融合，梳理出省公司的管理章程和各部门数据安全管理的权限与职责，从实际情况规定了数据接入、使用、导入导出、分级、销毁等数据安全管理流程。

在人员与权限控制方面，国网 S 省电力公司首先对数据保密等级进行定级（如图 5-9 所示），并以业务线条为基础自下而上对数据项进行分级分类（如表 5-9 所示），然后根据企业人员、相关部门和外部部门的工作范围以及数据安全职责的不同，对这些人员进行了不同的授权管理。

---

[1] 杨帆、张琴、刘捷、龚艳、王电钢、曾愚：《国网四川电力数据资产安全管理体系构建研究》，载《电力信息与通信技术》2018 年第 16 期，第 90-93 页。

第五章 供电企业数据资产的分级分类管理

在数据安全管理策略方面，国网 S 省电力公司四川省供电公司对数据需求、数据产生（采集、加工）、数据利用（传输、存储）、数据销毁四个阶段进行数据安全管理，并分别采取了相应的安全措施。以使用阶段为例，数据的使用阶段需要依次进行审计、分析决策、测试及研发、灾备、保存、归档、备份等安全措施来保证数据资产的安全性。

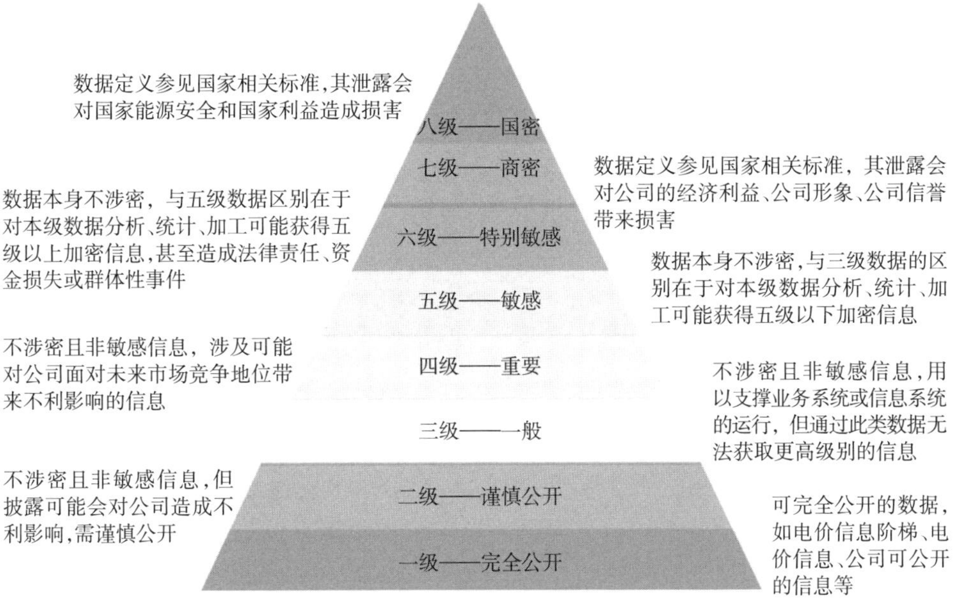

金字塔图（从上到下）：
- 八级——国密：数据定义参见国家相关标准，其泄露会对国家能源安全和国家利益造成损害
- 七级——商密：数据定义参见国家相关标准，其泄露会对公司的经济利益、公司形象、公司信誉带来损害
- 六级——特别敏感：数据本身不涉密，与五级数据区别在于对本级数据分析、统计、加工可能获得五级以上加密信息，甚至造成法律责任、资金损失或群体性事件
- 五级——敏感：数据本身不涉密，与三级数据的区别在于对本级数据分析、统计、加工可能获得五级以下加密信息
- 四级——重要：不涉密且非敏感信息，涉及可能对公司面对未来市场竞争地位带来不利影响的信息
- 三级——一般：不涉密且非敏感信息，用以支撑业务系统或信息系统的运行，但通过此类数据无法获取更高级别的信息
- 二级——谨慎公开：不涉密且非敏感信息，但披露可能会对公司造成不利影响，需谨慎公开
- 一级——完全公开：可完全公开的数据，如电价信息阶梯、电价信息、公司可公开的信息等

图 5-9　数据保密等级

表 5-9　数据分级分类

	数据项分类		保密等级
业务数据	客户信息	个人客户	姓名、证件号码、联系方式、教育及婚姻状况、社会职务等	六级
			照片、证件图像、用电信息、账户信息等	五级
		企业客户	企业名称、营业执照、法人代表、企业注册地点、联系方式等	六级
			客户号、征信信息、公专变信息等	五级
	产品信息		支付密码、查询密码等	六级
			用电卡号、电表序列号、用户状态等	五级
	公共信息类	财务类	科目信息、会计单元信息等	三级
		公共信息类	基准电价、阶梯电价、服务时间等	一级

续表 5-9

数据项分类			保密等级
基础环境数据	系统类	系统架构图、数据库结构、管理账号及口令等	七级
	网络类	网络拓扑结构、配置参数、路由器策略、防火墙策略等	七级
	应用类	软件设计文档、数据字典、源代码、配置参数等	七级
	运维类	运维脚本、管理员账号及口令、操作手册等	七级
	环境类	机房电力、空调配置及参数、运维手册等	七级

第六章 供电企业商业秘密的分级分类管理

自《中华人民共和国民法典》第 123 条确立"商业秘密"的财产属性以来,商业秘密越来越受到企业的关注。供电企业商业秘密资产的管理、运营直接关乎企业的核心竞争力和可持续发展,具体可以分为商业秘密定密环节分级分类管理、商业秘密使用管理分级分类、商业秘密侵权预警保护分级分类三个维度,现分述如下。

第一节 商业秘密的概念与特征

一、商业秘密的概念

在我国的法律体系之中,商业秘密这一概念首先出现于《民事诉讼法》之中,但其仅强调了司法程序中对于诉讼当事人商业秘密的保护,并未给出商业秘密的明确定义[①]。直至 1993 年,基于中美两国就知识产权相关问题签署的合作备忘录[②],我国制定并颁布了首部对商业秘密施以实体保护的法律——《反不正当竞争法》,其明确了商业秘密的概念:"不为公众所知悉、能为权利人带来经济利益、具有实用性并经权利人采取保密措施的技术信息和经营信息。"随后,国家工商行政管理局 1995 年发布并于 1997 年修正的《关

---

①《民事诉讼法》(1991)第六十六条规定,对涉及商业秘密的证据应当保密,需要在法庭出示的,不得在公开开庭时出示;第一百二十条规定,涉及商业秘密的案件,当事人申请不公开审理的,可以不公开审理。

②《中华人民共和国政府与美利坚合众国政府 关于保护知识产权的谅解备忘录》第四条。

于禁止侵犯商业秘密行为的若干规定》①、最高人民法院 2007 年发布的《最高人民法院关于审理不正当竞争民事案件应用法律若干问题的解释》（以下简称《不正当竞争司法解释》）②均分别对上述四项构成要件作出了不同的诠释。基于上述内容，可将该时期商业秘密的构成要件概括为四点，即非公知性、经济性、实用性和保密性。

《反不正当竞争法》施行 24 年后，迎来了第一次大规模的修订。聚焦到商业秘密概念本身，修改的要点主要体现在以下几个方面：第一，将价值性要件的表述修改为"具有商业价值"；第二，删去了实用性要件，换言之，自 2017 年起，商业秘密的构成要件由四要件变为了三要件。这次修订，一方面消除了实用性与价值性存在的语义上的重复；另一方面适当放宽了我国商业秘密的保护范围，使我国的商业秘密保护制度能够更好地与国际接轨。③值得注意的是，2020 年修订的《不正当竞争司法解释》并未删去"实用性"这一要件；而在最高人民法院同年发布的《最高人民法院关于审理不正当竞争民事案件应用法律若干问题的解释》（以下简称《商业秘密司法解释》）则注意到了法律规范衔接的问题，仅是讨论了非公知性、价值性和保密性三项要件。

《反不正当竞争法》于 2019 年再次修订，商业秘密的概念并未有所调整，仅是将其保护范围由"技术信息和经营信息"扩展至符合法定构成要件的商业信息。由此可以确定，商业秘密的构成要件有三：非公知性、保密性和价值性，商业秘密"是指不为公众所知悉、具有商业价值并经权利人采取相应保密措施的技术信息、经营信息等商业信息"。

二、商业秘密的特征

（一）非公知性

非公知性是商业秘密最为核心的构成要件，一旦商业秘密丧失秘密状态，便无法恢复，权利人基于该商业秘密而产生的竞争优势也会荡然无存。我国

---

① 《关于禁止侵犯商业秘密行为的若干规定》（1997）第二条。
② 《最高人民法院关于审理不正当竞争民事案件应用法律若干问题的解释》（2007）第九至十一条。
③ 袁荷刚：《反思与重构：我国商业秘密立法之完善》，载《法学杂志》2012 年第 1 期，第 154 页。

法律规范采取了"定义+反向列举"的方式，详尽阐明了非公知性的具体内涵。定义层面，依据《反不正当竞争法》第九条的规定，非公知性是指"不为公众所知悉"；《不正当竞争司法解释》和《商业秘密司法解释》均将"不为公众所知悉"解释为"不为所属领域的相关人员普遍知悉和容易获得"。反向列举层面，《不正当竞争司法解释》和《商业秘密司法解释》均是列举了多项否定非公知性成立的客观情形，两项规定的内容并无实质性的差别。

根据《反不正当竞争法》及其司法解释的内容，判断非公知性是否成立的主体为"有关信息所属领域的相关人员"。可见，在非公知性的语境之下，"公众"的含义发生了变化，即在广义含义的基础之上增加了领域的限制。换言之，法律对于非公知性的要求并不是绝对的，即使商业秘密权利人以外的其他主体知悉该商业秘密内容的，该商业秘密也不必然丧失非公知性。这一设定与国外通行做法一致，例如TRIPS将判断非公知性的主体限定为"处理所涉信息范围内的人"，美国《统一商业秘密法》将"公众"解释为"可以从该信息的披露或者使用中获得经济价值的人员"。

进一步地，与专利制度中的"本领域技术人员"相同，"有关信息所属领域的相关人员"也是一种拟制的人，其能够在有关商业秘密进行非公知状态之前，知悉或者获得该商业秘密领域内与之相关的知识或者信息。但应当注意，非公知性的判断标准与新颖性是截然不同的，两者至少存在以下差别：首先，新颖性的要求是绝对的，具有极强的排他性，而非公知性的要求仅是相对的，排他性较弱；其次，判断新颖性的时间节点为申请日，而商业秘密并无申请日一说；最后，判断新颖性的基本原则包括单独对比原则和同样的发明或者实用新型原则，强调技术领域、所要解决的技术问题、技术方案以及技术效果等方面的对比情况，而非公知性的判断并不受单独对比原则的限制，[①]且在判断非技术秘密的非公知性时，其并无涉及任何技术相关的内容。通说认为，非公知性仅要求商业秘密与相关领域的常识存在最低限度的差异即可，尽管国内外也有部分判决在引入商业秘密的新颖性，但其均是在强调

[①] 江苏省高级人民法院《侵犯商业秘密民事纠纷案件审理指南》第5.2条第2款：一般而言，在对被告的技术信息与原告主张的技术秘密是否相同或实质性相同进行技术比对时，应当针对原告主张的每一个技术秘密内容或其组合进行技术比对、分析，不应当采用专利侵权比对中逐一比对每一个技术特征的方法。

商业秘密内容的非常识性或者说是其与常识之间的区别。

（二）价值性

商业秘密价值包括因该商业秘密不为公众所知悉而具备的现实价值或潜在价值，即可以表现为积极的获利，也可以表现为消极的节约成本、避免损失等。[1]价值性最本质的体现在于商业秘密权利人因掌握商业秘密而保持竞争优势。[2]对于价值性，有以下几点内容应当注意：

商业秘密的价值包括现实价值和潜在价值，对于现实价值，商业秘密可以是直接应用的信息；对于潜在价值，商业秘密可以是阶段性的研发成果或者实验数据等信息，其虽然不能直接应用，但可为后续的研究奠定基础。《商业秘密司法解释》第七条第二款的规定便肯定了阶段性成果的价值性。因此，不论是已经可以直接应用的信息，还是在研究、开发、测试阶段中的信息，都可能成为商业秘密。

信息可分为积极信息和消极信息，前者指可直接被实施、具有可再现性的信息，后者指不可直接被实施、不具备可再现性的信息。需要说明的是，无论是积极信息还是消极信息，只要其能够为权利人带来竞争优势，该信息便具有价值。例如，实验失败的数据，可以使持有者避免出现同样的错误，减少研发的时间和成本，在竞争中获得优势，进而该数据便具有了价值。

（三）保密性

《反不正当竞争法》以及相关司法解释要求商业秘密权利人对商业秘密施加的保密措施仅是"相应""合理"，在正常情况下可防止商业秘密泄露，并不要求万无一失，以及能够阻止不正当手段。正如在杜邦诉克里斯托夫商业秘密侵权案中，法官认为，被告受雇于第三方在空中拍摄原告在建的工程以获取原告商业秘密，如果要求原告为了保护其商业秘密万无一失而在建工现场上建造屋顶，对原告而言是难以承受的，法律并未要求原告为阻止他人不应采取的方式而采取不合理的保密措施。[3]除此以外，商业秘密权利人在采取保密措施时，还应满足以下几个条件：

---

[1] 李扬：《反不正当竞争法基本原理》，知识产权出版社2022年版，第137页。
[2] 孔祥俊：《反不正当竞争法新原理》，法律出版社2019年版，第377页。
[3] 参见 E. I. duPont deNemours & Co. v. Christopher, 431 F. 2d at 1016 (5th Cir. 1970)。

一是保密内容可识别，确保接触或者可能接触商业秘密的人对于商业秘密的内容具有认识可能性。尽管《不正当竞争司法解释》和《商业秘密司法解释》均列举了签订保密协议、在合同中约定保密义务等保密措施，但这并不意味着任何形式的保密协议或者保密条款都是适当的。这里还需要考虑保密条款是否明确具体地限定了保密内容；如果协议中仅是提供了原则性、概括性的保密范围，并不能使协议相对方准确识别商业秘密的范围和内容，进而也就无法达到防止某项商业秘密泄露的目的。因此，原则性的保密条款或者保密协议并不足以构成合理的保密措施。

二是保密措施可识别，商业秘密权利人不仅要有主观上的保密愿望，还必须通过客观的保密措施将该保密愿望表现出来，以使第三方知道权利人对该商业秘密有保密的意图。

三是保密措施与保密内容、载体相对应。以技术秘密为例，技术秘密的载体通常为图纸、文档、产品等，其中，图纸、文档等内部资料可始终处于技术秘密权利人的控制之下；而载有技术秘密的产品一旦进入流通市场，便脱离了权利人的控制。若权利人仅是在公司内部采取了保密协议等内部保密措施，却未对相关产品施加任何反向工程的限制，则该保密措施显然并不合理。

第二节　商业秘密定密环节分级分类管理

定密，即确定商业秘密的保护范围，该环节需要进行的工作主要包括：识别商业秘密、确定商业秘密的类别和级别、根据所确定的类别和级别设置相应的保密措施等。

一、识别商业秘密

《反不正当竞争法》仅是列举了技术秘密和经营秘密这两类商业秘密，其中，技术秘密包括与技术有关的结构、原料、组分、配方、材料、样品、样式、植物新品种繁殖材料、工艺、方法或其步骤、算法、数据、计算机程序及其有关文档等信息；经营秘密包括与经营活动有关的创意、管理、销售、财务、计划、样本、招投标材料、客户信息、数据等信息。识别商业秘密本质上是一项信息筛选工作。具体地,企业在识别商业秘密时,首先应当成立至少由法务和业务人员组成的专门负责商业秘密管理工作的部门或者工作小组,且需注意以下几点工作:

区分商业秘密和商业秘密的载体。想要识别商业秘密,无疑首先需要找到承载某项具体商业秘密的载体,只有借助载体,商业秘密才可再现。常见的商业秘密载体包括技术图纸、U盘、合同文本、项目文件、实体商品等。但在实际操作过程中,梳理商业秘密的工作人员时常会将商业秘密与商业秘密的载体相混淆,这样的情况在商业秘密侵权纠纷案件中也时有发生,原告错将商业秘密的载体作为商业秘密向人民法院提起诉讼。例如在"京印钞厂诉樊宫保侵犯商业秘密纠纷案"中,原告所主张的商业秘密为6种印油。案中,法官明确物质只是商业秘密的载体,而非商业秘密的保护对象,其配方、制造流程、工艺等内容可能成为商业秘密。因此,法院最终认定印油的合成工艺构成商业秘密,而非印油本身。[1] 可见,商业秘密的载体通常是有形的,其仅是记录商业秘密的工具;而商业秘密则是无形的信息,两者不可等同。

确定来源合法的商业秘密。除满足商业秘密的三项构成要件外,商业秘密最重要的一项基本要求便是来源合法。商业秘密的来源分为原始取得和继受取得,原始取得技术秘密的主要途径包括独立开发、合作开发、委托开发以及反向工程等,原始取得经营秘密的途径则主要包括走访、调研、营销等;继受取得技术秘密和经营秘密的途径基本相同,均包括收购、许可等。通过以上方式取得的商业秘密来源基本都是无瑕疵的。

确定符合构成要件的商业秘密。首先是价值性,这对于公司业务人员而言一目了然,最容易判断。其次是非公知性,即区分商业秘密和已公开或者即将公开的信息,一般需要关注出版物、新闻报道、展览会、报告会、行业公知常识或惯例等。同时,非公知性是一个动态变化的构成要件,在确定商业秘密之后,尤其是技术秘密,业务和法务人员还应时时关注与该技术秘密内容相关的技术动态,确定是否有他人以相同或者近似的技术方案申请专利,进而确定该技术秘密是否还有继续保密的价值以及是否可能存在泄密的情形。

---

[1] 北京市第一中级人民法院(2005)一中民初字第4081号民事判决书。

二、确定商业秘密的类别和级别

商业秘密的类别是指按照商业秘密内容的重要性分出的类别，通常可根据商业秘密泄露可能对公司造成的影响大小分为三级，分别是核心商业秘密、重要商业秘密和普通商业秘密。核心商业秘密是公司层面最重要的商业秘密，直接影响公司商业价值、市场竞争力以及基础性的安全，对公司的根本利益有着决定性的影响，一旦泄露可能给公司、客户或者员工造成严重不利影响或者使公司丧失巨大的市场竞争优势，并带来重大的法律责任，例如公司级业务战略决策、市场计划、核心技术、未公开的财务保密数据、重要合作伙伴、合作授权价格等。重要商业秘密，是指如泄露将直接或间接对公司、客户和员工造成不利影响、经济损失、减损市场竞争优势，并可能发生潜在法律责任的信息，如财务数据、大型活动的计划方案、一般预决算信息、需要限定访问对象的业务和技术信息以及采购流程中的数据等。普通商业秘密，是指如泄露到公司外部，可能对公司、客户或者员工造成很小或者可以忽略不计的负面影响，例如公司内部的规章制度、管理体系文件、业务内部公开的非敏感项目计划、方案、进度、分析报告等。

商业秘密的级别通常是指商业秘密的密级，即商业秘密保密程度的等级。通常可分为三级：绝密级、机密级和普通级，分别对应着核心商业秘密、重要商业秘密和普通商业秘密。不同级别商业秘密的区别主要在于可传播的范围或者可接触的人员。对于绝密级商业秘密，应仅限于特定人员在特定范围、特定实践内掌握和使用，在公司内部严禁非业务相关人员接触、讨论和传播；机密级商业秘密通常是仅限特定部门或人员根据其职权范围掌握和使用的商业秘密，仅限相关业务人员接触和使用；普通级商业秘密则可在公司内部传播，通常情况下，仅限业务相关人员或签署相关保密协议的第三方人员使用。

三、设置保密措施

围绕商业秘密建立的保密体系根据保密措施所针对的对象可分为人员、载体和区域三个层级。

（一）人员

针对公司员工，可以按照其入职的流程，将相关的保密措施分为入职前、在职中和离职后三个阶段。

为防止公司卷入不必要的商业秘密侵权纠纷以及由此延伸的知识产权权属纠纷,在确定是否聘用一名新员工之前,应关注该员工是否已与原工作单位解除劳动关系,并对其进行商业秘密相关的背调,包括该员工是否与原工作单位签署保密协议、竞业协议,是否负有相关的保密义务,以及相关协议和保密义务的期限。在新员工入职过程中,应要求其列明在原工作单位工作期间产出的知识产权,并签署不侵权、不携带任何商业秘密的承诺书。

员工在职时,公司最重要的便是积极组织以商业秘密为主题的相关培训。关于培训,法务、业务和人力资源的同事应该全方位参与,法务同事负责宣传贯彻商业秘密的定义、侵犯商业秘密的法律责任等,业务同事负责强调与其职能相关的商业秘密的具体内容及其重要等级和密级,人力资源同事则负责统筹整体的培训工作,例如何时、何地、何人进行培训以及制作相关的培训物料等。除此以外,还需要根据该名员工的工作职责和接触商业秘密的可能性的大小,考虑与其签署保密协议和竞业限制协议,或者在与其签署的劳动合同中增加保密条款或者竞业限制条款。

员工离职时,应妥善办理好离职手续。具体地,应指定专人做好各种工作资料、文件等与商业秘密有关的交接,禁止员工离职时复制、拷贝与商业秘密有关的任何资料或者文件。同时,对离职员工重申其离职后对已经知悉的商业秘密负有保密义务,若存在泄密的情况,则可能追究其相应的法律责任。对于一些处理、接触核心商业秘密的员工,企业还应在其离职后定期跟踪了解其具体去向,以便实时评估其是否履行保密义务或者竞业限制义务。

(二)载体

对商业秘密载体的管理,应以源头治理和全过程控制为核心,按照"谁经手,谁负责"的责任转移制度,确定商业秘密载体的责任人。[①] 企业中常见的商业秘密载体包括纸质文件、计算机信息系统、可移动的信息存储介质等物理存储设备。对于纸质载体,用于记录商业秘密的纸张应带有商业秘密标记,或在纸张上印有警示性的标志或标记,以提示企业员工该纸张的重要性。对于计算机信息系统,应按商业秘密的密级严格限定访问、复制、传输

---

① 徐瑞卿、张爽、崔素珍:《涉密载体管理探析》,载《涉密载体管理探析》2015年第7期,第56页。

和存储的权限,具体内容可见表6-1。对于可移动的信息存储介质等物理存储载体,不用时应存放在保密室、锁好的办公桌抽屉或档案柜等。

表6-1 各级商业秘密管理措施

级别	绝密级商业秘密	机密级商业秘密	普通级商业秘密
访问	仅向指定的授权人员或岗位授予访问权限	内部员工或基于业务需要并授权的第三方人员	
	由高管或指定代表审批授权	由申请人中心或部门负责人及其指定代表审批授权	
复制/分发	严格控制,原则上不得进行复制/分发	基于业务或岗位需要进行复制,业务必需时分发	内部员工和授权第三方进行复制/分发
传输	内部传输和外部传输时均需签署保密协议		外部传输时需要签署保密协议
	通过安全网络传输,并进行加密		通过安全网络传输
	发送邮件时,邮件主题标明绝密级	发送邮件时,邮件主题标明机密级	发送邮件时,邮件主题标明普通级
存储	需要启用访问控制,不限于用户名和密码		

对于上述各类型载体所带有的标志或者标记,应当注明其所载商业秘密的各种信息,以告知接触该商业秘密的主体此为商业秘密,提示其对该商业秘密负有保密义务,具体可以包括密级、权利人、定密人、保密期限、文件编号、存放场所等。除此以外,对于不同密级的标志,可采用不同的颜色、字体、字号等,以充分向可能接触商业秘密的人员提示该商业秘密的密级。

除以上三个阶段的管理外,企业还应按照相关性原则和最小接触原则严格控制员工知悉商业秘密的范围,毕竟一项商业秘密被知悉的范围越广,流通的环节越多,该商业秘密被泄露的风险也就越高。通常地,可将一项完整的商业秘密拆分成如表6-1所示。

(三)场所

对场所的管理主要是对产生和存放商业秘密的区域(统称为"涉密区域")进行管理。对涉密区域进行管理的原则是,根据涉密区域产生和存放商业秘密的类别和级别设置以下隔离防护措施:可按照密级划定企业员工进入涉密区域的权限、在涉密区域入口处设置与密级相关联的明显标志、根据

续表 6-1

涉密区域情况设置安保等。

私人或者合作伙伴外来参观、交流的,企业对接人应提前通过多种途径了解并确认来访人员的基本情况和真实意图,若存在可疑或者无真实合作意愿的,建议婉拒来访请求。确有必要接待的,应在会客室或者会议室进行,未经业务部门或有关负责人同意,不得擅自接引外部人员进入办公区域或者涉密区域。

(四)保密期限

尽管法律并未限制商业秘密的有效期,但其应具有一定的时效性,其一旦失去对商业秘密权利人竞争优势或者经济利益的影响,那么,该项商业秘密便失去了价值,企业也无必要对其施加相应的保密措施。因此,在讨论完为防止商业秘密泄露所采取的各项保密措施之后,还应明确各项商业秘密的保密期限。

对于企业而言,准确界定一项商业秘密的保密期限无疑是极为困难的,毕竟市场无时无刻不在变化,商业秘密的保密期限自然也会随着市场变化或者技术更新迭代而发生变化,其本质上是一个动态变化的期限。更多情况下,企业只能根据商业秘密对其影响的各项因素进行预判,无法确定一个十分准确的数值。对于保密期限,可以综合采用两种方法进行限定:

一是根据商业秘密的密级设置一个固定的期限,密级越高,保密期限越长。对此,绝密级商业秘密的保密期限可根据具体情况,设置为 5~10 年,机密级商业秘密的保密期限可设置为 1~3 年,普通级商业秘密的保密期限可设置为 1 年以内。二是设置一项特定条件来界定商业秘密的保密期限,一旦预设条件达成,则该商业秘密解密。例如,可将招投标过程中形成的商业秘密的解密条件设置为"招投标结束"。

应当注意的是,以上确定后的商业秘密类别、级别以及保密措施并非一成不变的,企业商业秘密管理人员、组织需定期按照实际工作需要重新定密,对商业秘密的类别、级别以及保密措施进行调整,以使企业内部的商业秘密适应经济市场和技术迭代发展。商业秘密类别、级别和保密措施确有改变的,应做好变更记录,并做好信息跟踪工作。

第三节 商业秘密使用管理阶段分级分类管理

在商业秘密定密投入企业实际运营中的使用环节，分级分类管理呈现出三个要点：分级分类的动态调整性、"对人管理"、"对物管理"。

一、商业秘密分级分类管理的动态调整性

商业秘密的级别是以重要性和关键业务相连性为评估标准，直接使用数字评级，或使用名称，在密级定义上力求清晰实用，因此企业及时对某项或者某类商业秘密进行科学动态评价，有利于增加商业秘密使用的实效性和使用管理的科学性。一种常见的分级是在两个主要标准下结合以下列举的指标进行评估，包括业务关键程度、风险点级别、泄密造成的经济损失等，按照权重得出最后评级总分。具体操作是首先让一项商业秘密或者多项商业秘密的管理责任人组织，此人通常是对应业务部门的负责人，组织本部门员工评分，再由管理负责人审核拟定总分，最终依据商业秘密管理委员会的评级方案，由商业密管理委员会确定或者调整商业秘密的密级与保护程度。[①]

商业秘密的时间性、专有性及不公开性的不确定因素，使得商业秘密的分级分类相较于知识产权其他类型难度更高。商业秘密在分级评价过程中，既要与特定主体及主体的商誉结合起来，又要意识到评价结果是可能存在极端情况的"变量"，变化的范围比其他知识产权类型都更广，这个评价结果常由"披露与否"影响，即未披露则该项商业秘密无价，对应的级别极高，披露则该项商业秘密对应价值可能降为零。[②]

商业秘密属于企业资产的一部分，那么在合计各部分资产时首要任务是清查资产，企业于其他步骤（分类分级、评估价值、整体报告）之前，应形成一份资产管理的清单，一方面，在商业秘密作为无形资产动态运营中，持续不断地经历定密入级、调整级别、注销密级等环节，基于此，清查作为资

[①] 许琦敏：《企业商业秘密保护框架建立初探》，上海交通大学2016年硕士论文，第14-16页。
[②] 郑成思：《论知识产权的评估》，载《法律科学》1998年第1期，第50页。

产的商业秘密具有挑战性；另一方面，因为不具备稳定的制成商业秘密清单的物理位置条件，列明这样一种存储于文件资料上、计算机硬盘中及企业工作人员脑海里的无形资产绝非易事。化解问题的核心在于企业业务往来中涉及的所有商业秘密相关信息，此种商业秘密是因采取了保密措施而具有价值的信息集，通常情况是企业工作人员知悉的、应用到企业实际运营的信息。创建商业秘密清单的三个主要步骤是培训员工内容（教会员工在信息中识别出商业秘密）、商业秘密收集（收集属于商业秘密的潜在信息）、审查订正清单（清除企业工作人员商业秘密管理清单中的无效重复部分）。[①]

通常继企业完成资产清查与商业秘密定密环节之后，企业还需要评价潜在的商业秘密资产，须考虑清单所涉及的商业秘密是否达标，选择以法院常适用的 UTSA 法定标准[②]和《侵权法重述》中提到的 6 大标准。UTSA 标准中对于商业秘密的把握有 4 个要点：①商业秘密是能获取实存的或者潜在的具有独立性的经济价值的信息；②通常为特定人所知悉，不为大众普遍知悉，并且通过披露、使用信息可获取一定经济利益；③很难以正当手段获取，并且通过披露、使用信息能够获取经济利益；④启用了适合的安全保密措施。另外在商业秘密使用阶段识别潜在商业秘密时需要注意 4 个条件：①此项信息的保密是否确实使得企业获取了具有独立性的经济利益；②此项信息是否被他人所普遍知悉；③此项信息是否容易采用正当手段获取；④一定环境内针对此项信息是否启用了适合的安全保密措施。显然，UTSA 的法定界定标准仅是商业秘密是否存在的判断标准，对于商业秘密的级别判定，可参考商业秘密六大要素后进行划分。其中六要素包括①在商业秘密服务的领域之外，信息被知悉的程度；②在商业秘密服务的领域内，信息为相关人员知悉的程度；③启用的安全保密措施的程度；④此商业秘密对持有者与其竞争者的经济价值；⑤产出此信息中付出的成本；⑥此信息被持有者之外主体知悉或复刻的难易度。在定密环节，六大要素显然提供了相对细节的标准，不过这也使得评估过程更加繁琐，所以应该将其适用于企业高经济价值的商业秘密的

---

① [美] 马克·R. 哈里根等：《商业秘密资产管理（2016）》，余仲儒译，知识产权出版社 2016 年版，第 81-87 页。
② 寇飞：《商业秘密的秘密性要件及侵犯商业秘密的认定标准》，载《中国发明与专利》2019 年第 16 期，第 95-99 页。

分级分类，确认是否构成商业秘密。定密环节是商业秘密资产认定统筹的重要过程，通过使用管理环节，确保商业秘密定密之后仍能保持不同级别商业秘密之间的区分度，也能保证商业秘密的保护程度及资源的合理分配。

商业秘密应分种类，再对应到处理方式，在 UTSA 在安全措施要求中提及的"视情形应合理"，法院在实际判决中往往认为企业的商业秘密的评估价值与最终判定符合安全要求的必要条件。鉴于企业的营销部门发展计划、公司高层管理的薪酬安排以及企业新品研发规划或者是规划前阶段性业绩等多种内容的差异，商业秘密的保密分级亟待探索，应识别出各种商业秘密的敏感程度，同时标识处理方式及安全管理举措。保密分类一般情况下不超过五级且不应少于三级。划分类型为"公开信息——非保密级别""个人信息——义务保护级别"等。一级至三级属于专用于商业秘密的分级。[①] 除为适应各企业不同自身特点而设置的分级标签外，在只有一级的情形下，使用率最高的标签是"保密与专有"，在三级共存的情形下，最常投入分级管理的标签为"保密""机密"与"最高机密"。各级别的设定遵循以敏感程度为依据，将处于发布、披露、传输和控制管理及跟踪预警等节点的商业秘密分级管理，形成安全管理的结构化体系。另外与程序确定相一致，即使处于时刻变化的商业秘密管理环境中，对应到分级管理不能是绝对固定的。例如一次产品的创新性突破，意味着失败的另一次产品试验结果的敏感程度升高。所以分级管理是需要动态调整的，换言之，将审查作为定期开展项目是必要的；把确认过的商业秘密分类评估，可以保证企业采用合理的处理措施与安全保密协议。分类分级在定密环节显得尤为关键，将商业秘密使用 SFP 分类[②]后，可直接详细地展示商业秘密的等级，这一环节能准确把须要保护的商业秘密信息与达不到 UTSA 标准的信息区别。

企业将商业秘密的划分进一步细化，首要原则是在通常情况下，是否对公司的该项内容分级保护，这取决于企业的实际需求和发展战略。在《中央企业商业秘密保护暂行规定》中提出，以"泄密将导致企业遭受经济损失的

[①] 郑成思：《论知识产权的评估》，载《法律科学》1998 年第 1 期，第 50 页。
[②] 刘红等：《多维度数据分级分类安全管理框架》，载《信息网络安全》2021 年第 21 期，第 48 – 53 页。

程度"为标准,对商业秘密定密操作为两个级别——"核心商业秘密""普通商业秘密",继而得出商业秘密的评估结果,把它视作使用管理阶段的重要参考依据,方便于企业日常经营活动的知识产权保护。在使用管理阶段的对商业秘密的保护期限的适时调整依旧是关键一环。① 商业秘密具备秘密的特性——一定时间内的秘密,由于市场竞争激烈,一旦商业秘密对相关权益人的经济效益影响消失,该项内容不具有再保护之必要。保护期限与企业核心技术的升级和经营业务市场变化相联系,例如某项商业秘密所涵盖的技术更新迭代,已创造的新技术足以取代旧技术,对原有旧的商业秘密撤除保护措施。前述提及的保密期限商业秘密变化的,可长可短,可增可减,很多老字号的配方实际已保密超过通常标准中建议的保护期限,其他更多企业在未能提前明确保密期限时,许多国有企业嵌套《中华人民共和国保守国家秘密法》的规定(下称《保密法》),对应出秘密级别、机密级别与绝密级别的国家秘密的最长限期,即 10 年、20 年、30 年。实际中这样的建议性标准似乎并未取得大范围推广,各行业在生产运营的实践中,往往遵循的首要原则是充分发挥现有信息的效用,尽可能保证信息交互,过长的保密期限对企业资源配置是弊大于利的。学者建议企业授权对业务部门分别授权,围绕"企业利益"优化管理保密期限。保密期的管理手段包括时间限期与事件条件。①时间限期:是一定周期内,员工负有保密义务,在保密协议所规定的限期届满后,保密终止。时间限期表现形式为:一种是保密的时间,即明确确定的一段时间,比如保密 3 年、4 年等。另一种是解密的时间,即确定特定的时间点,比如将一项商业秘密的解密时间定于 2025 年 12 月 31 日,至此日期则保密终止。②事件条件:设定解密的特定条件,特定条件成就时保密终止。例如把一次投标文件的解密条件设定"投标完成"的条件等。出于对运营成本和管理效率的考虑,企业商业秘密的保密期限不适用于保密法中的特殊解密条款。企业商业秘密期限届至或者解密条件达成则解密,不再设置特定的解密审批程序。②

---

①《保密法比较研究》课题组:《保密法比较研究》,金城出版社 2001 年版,第 358 页。
②张素英:《ZL 重机公司商业秘密保护对策研究》,北京林业大学 2016 年硕士论文,第 21-22 页。

二、商业秘密分级分类管理中的"对人管理"

商业秘密的使用管理阶段,又称持续管理阶段,注重对涉密员工按照部门划分在日常业务工作中的保密情况进行监督,秉持制度意识,由各部门监督负责人管理相应部门内的涉商密员工,适时开展保密教育讲座并组织培训。一旦在商密使用过程中,负责人员发现商密员工违反商业秘密使用管理制度规定的,迅速做出及时纠偏、重新培训等反应,视情况轻重,做出警告等处理,情况严重作调离岗位的处理,报备上级取消商密人员的使用资格。[①]

使用管理阶段的分级分类包括对涉密人员的管理,商业秘密的流失,大多与企业员工有关,加强对涉密人员的管理显得尤为重要。首先,从招聘流程、日常监督到离职环节应全过程管理,招聘时审慎考察应聘人员与商密工作的适配度,[②] 可将"受教育程度""商业秘密原有认知""性格"等作为考察内容,商密人员招纳过程中,履行保密条款的提示和说明义务,确保雇佣员工认识到保密条款的重要性。其次,商密员工在权限范围内依规使用商业秘密,列为员工绩效考核,设置科学奖惩系统,注重奖励的可操作性,有效降低员工离职率,也是提升商业秘密分级保护的合理手段。如设置长期服务奖和启用忠诚奖励计划,再如借鉴企业高管的管理措施,对涉密人员实行股权激励方案。另外,应照顾离职涉密员工的情绪,考虑过激反应存在的可能,杜绝其抱有极端情绪离职。关于交接事项的范围包含涉密人员可能接触到的所有商业秘密,并依规依程序完成交接。在离职手续之前,重点强调泄密可能产生的法律后果。一是明确商业秘密涉密的岗位和人员。梳理出部门商业秘密涉密岗位,清晰实行分类管理,分别将"核心商密"和"一般商密"涉及的岗位明列出来,全部明确涉密事项和保密期限。二是建立商业秘密涉密人员审查制度。严格商业秘密涉密人员聘任前审查制度。公司按照"先审后用、严格把关"原则,了解入职人员学习经历、与前雇主签署竞业限制协议情况等,要求本人签字承诺。人事部门建立相关管理档案,根据涉密人员岗

---

① 于雷等:《大型国有企业商业秘密"五位一体"管理体系的构建》,载《保密科学技术》2019年第7期,第61-64页。

② 斯建东、金菲:《电网企业商业秘密涉密人员管理体系建设探索与实践》,载《企业管理》2016年第1期,第24-25页。

位变动等情况作出动态调整。定期对在职商业秘密涉密人员进行复查。公司及时变动不适合的在岗的员工,对于员工的亲属或者其他有密切关系的人受任于竞争企业或单位的,依照程序和级别采取相应调动措施;仅是兼职的,首先采取劝告举措,劝告后达不成目标的,依法律程序解除劳动合同关系。三是升级商业秘密涉密员工的监管。及时并精准地签订保密协议,企业与商业秘密涉密人员签订《涉密人员保证书》《离岗保密承诺书》及所属部门的相关涉密人员《专项责任书》,对涉及重要商业秘密的,适当增加出国(境)前审批和谈话等;凡接触过商业秘密申请离职的,须得按相关制度完成离职检查。总之,商业秘密管理模式作为公司整体运营的组成部分,却是最能反映内部人员管理质量和内控机制效率的,[①] 公司的商密信息亟待符合实际贴合企业特性的分级分类调控机制,采取依重要性梯度区分员工的接触权限,以涉密的职级和岗位性质调配其授权。

三、商业秘密使用管理阶段分级分类的"对物管理"

定密阶段对商业秘密"载体"管理仍然要持续辐射到使用环节,在商密使用管理阶段载体的管理就是对"物"的管理,即硬件维护和网络管理。第一,对纸张记录的商业秘密,采用的纸张应印有专门底纹、标志或使用了特定色,或于普通纸面中添加了标志字或警示语等防止复印的措施。第二,通过计算机记录的商业秘密,为了防止偷印或秘密灭失等问题,购入质优的技术支持软件,实现对系统的各个接口、光驱等进行分级管控,并对移动储存介质进行绑定(经审批登记),仅专用的 U 盘、硬盘在专门的计算机可进行资料的传输、下载与更新,如此便管好了窗口机、绑定的 U 盘。另外,通过互联网发生的泄密,须在互联网和企业内部信息网络之间添加阻隔介质,固定并监测企业内部各部门与互联网直接链接的计算机,保证交互信息时必经过起防护作用的阻隔介质。[②]

[①] 许琦敏:《企业商业秘密保护框架建立初探》,上海交通大学 2016 年硕士论文,第 10-21 页。
[②] 覃廷贵:《大型企业商业秘密保护研究》,华南理工大学 2018 年硕士论文,第 28-31 页。

第四节　商业秘密侵权预警保护分级分类管理

我国企业可以通过构建商业秘密风险预警机制，增强企业防范知识产权风险的能力。知识产权风险预警机制主要包括商业秘密信息搜集、信息分析与识别、风险评价及相应措施、绩效评估和信息反馈等方面。[①] 企业实际运营中的侵权预警保护，商业秘密的分级分类管理应当重点关注四个方面：商业秘密分类信息搜集、商业秘密分类分级信息识别、泄密风险评价及相应措施。

一、商业秘密分类信息搜集

在商业秘密分级分类不断完善的过程中，企业充分收集了能够适用于企业自身的商业秘密分类，结合自身特点及实际需求，把形式多样的商业秘密分类作为识别企业商业秘密存在的风险点，实现高效的商业秘密侵权预警保护的分级分类管理。以下是企业商业秘密常见的类型：

（一）根据商业秘密的存在形式分类

①未申请和未正式投入市场使用的商业秘密：产品尚不属于秘密，产品的制造方法或者构成部分可能涉及商业秘密；②配方类：包括工业、化学和药品的配方；③升级的工艺程序、新的操作方法和技术诀窍：实际中存在这种情况，几种不一样的设备已进入公知领域，通过组合的特别方式，创新出的先进的工艺技术、操作方法，也可能成为商业秘密；④机器、设备改进部分：市场中公开交易的机器、设备等不属于商业秘密，不过经过特定人员经特定保密措施处理的，这种改进的部分可能属于商业秘密；⑤记载研发过程的文件资料：如设计蓝本、研发成果文稿、工程文件、工艺改进后的图样等；⑥和主营业务相关的文件资料：如供应商信息汇总、销售规划、营销方法等；⑦顾客信息类：又称客户清单。商业秘密作为"信息"下的一种，涉及的范

[①]焦娜：《"一带一路"背景下我国企业知识产权风险防范及应对措施》，载《中国工程咨询》2020年第3期，第42－47页。

围相当广泛；若有效管理，则助力企业更好生产经营，若不慎泄密，则可能导致企业的竞争力下降、经济利益损失。

（二）根据商业秘密的权利归属分类

①职务性商业秘密：商业秘密权属属于单位；②非职务性商业秘密：职工利用本单位的一定条件，于本职之外研发的商业秘密，原则上归职工个人所有。单位在支付合理报酬的前提下，有优先使用该商业秘密的权利。如果单位与职工在商业秘密权利归属问题上另有约定，应当按照约定执行；③委托型的商业秘密：受托方与委托方签订协议，受托方将对方要求的技术任务完成，委托方给付约定费用，依协议内容确定权属，没有约定的，商业秘密由委托方所有；④数人共同研发型的商业秘密：此种类型商业秘密实际上是共有财产，但较之通常意义上的共有财产，它更具难以分割的特点。共有人应协议约定利益分配方式。一旦对商业秘密行使处分权，须经过共有人一致同意，所获利益由权利人共享，处分产生的费用由权利人共担。[①]

（三）根据重要程度分类

商业秘密的类别还可以按照其重要程度，划分为关键类、重要类、一般类及其他情报信息类。第一类的关键性商密，是指公司的根基类商业秘密，像主营产品的配方、核心技术，核心工艺技巧等都归于这一类；第二类是重要性商密，在商密体系中占据重要地位，具有一定的经济价值，泄密不会对公司造成毁灭般的影响，但公司可能因此遭受极大损失；第三类是一般性商密，体现一定的竞争力，在发生泄密事件等情形下，公司仍有补救机会；最后一类是属于商密的其他信息，虽并不属于重点保护范围，但这些信息资源的整合和串联存在潜在经济价值，公司需要在较短时间内较快地予以保护的信息。

（四）依据保密手段保密程度分类

依据保密手段保密程度从高至低可分类为：①采取极高程度保密手段的商业秘密，如可口可乐的配方中有三种关键成分，这三种组成成分被企业特选的三个高级保密职员分别知悉，并将三位员工的身份隐藏。三人签署了"永不泄密""绝不透密"的协议，三人之间不得交互配方信息，甚至不得使

[①] 王鹏：《企业商业秘密保护研究》，中国海洋大学2021年硕士论文，第10-11页。

用同一交通工具外出，避免交通意外导致配方失传的情况出现；①；②采取合理程度保密手段的商业秘密，一般的商业秘密达到极高的保密程度需法律的认可。适当采用了保密手段，要点是保密措施的强度符合了预期合理的程度，例如美国判例认为，该强度下的保密措施应涵盖人员数量、物理障碍、分解商密等7项内容②；③采取一般保密程度的商业秘密，不得侵犯他人合法权益作为公民的法律义务，因此只要权利人采取的保密方式拥有可识别的特征，这时这种保密方式是合理的。③ 就如"墨汁配方案"④ 里，原告公司于生产的墨汁配料通知单的包装注明了"秘密"两字，也把主料与辅料成分配方区分保护，最终法院也认定了此种具有一般程度的保密措施是合理的；④采取专利保护程度的商业秘密，在张某等诉南新公司商业秘密纠纷案中，当事人将在协议中载明"中国专利产品"视为采取了"保密措施"，显然不符合要求。既然是"专利产品"是指其技术方案应当不具有"秘密性"，进入公知领域。所以即使双方协议包含"中国专利产品"，也不可认定这种商业秘密采取了符合法律要求的保密措施。⑤

（五）根据行业类别分类

按照行业类别，结合商业秘密保护的一般规则分为：①策划创意类；②医药行业类；③互联网技术类；④餐饮行业类；⑤会计师事务所等专业机构类；⑥机械和仪器制造业类、医美行业类。⑥

（六）电网企业商业秘密分级⑦

电网企业从企业性质出发，在商业秘密使用管理阶段中，倾向以商业秘密的重要性以及泄密带来的经济损失为分级标准，将商业秘密分为：

1. 核心商业秘密：泄密后果是企业遭受极其严重的损失，密级标注为："核心商密"，包括：

---

①马秀山：《可口可乐与"7×货物"》，载《工业产权》1988年第1期，第41页
②刘金波、朴勇植：《日、美商业秘密保护法律制度比较研究》，载《中国法学》1994年第3期。
③彭学龙：《从美国最新判例看客户名单商业秘密属性的认定》，载《知识产权》2003年第1期。
④北京市第一中级人民法院（2003）一中民初字第9031号民事判决书。
⑤最高人民法院民事审判第三庭：《知识产权审判指导与参考》（第2卷），法律出版社2001年版，第571–584页。
⑥张志胜：《商业秘密分类保护与案例评析》，法律出版社2022年版。
⑦《国家电网保护商业秘密规定》第16条。

（1）电网企业中长期规划等发展战略及其规划事项；

（2）资产重组、并购及其他内容等公司重大决策事项；

（3）公司融资项目的前期工作研究报告、后评估报告、公司融资方案等；

（4）不能依据《中华人民共和国专利法》及《中华人民共和国著作权法》等法律法规保护的公司重大科技成果的关键技术资料；

（5）计算机网络与信息系统的安全评估和安全漏洞分析报告；

（6）其他需要作为商业秘密保护的特别重要事项。

2. 普通商业秘密：一旦泄露会使公司的利益遭受较大的事项，密级标注为："普通商密"，包括：

（1）尚未公布的公司年度会计决算及财务报告；

（2）尚未公布的电力销售状况、经营活动分析、发供电市场结构分析的报告及资料；

（3）下达各直管单位的劳动工资计划，企业薪酬调整方案；

（4）与境内外公司签订的重要商务协议和合同，商务谈判过程的有关资料；

（5）拥有自主知识产权的计算机软件源码程序及详细设计档案；

（6）其他需要作为商业秘密保护的重要事项。

二、商业秘密分类分级信息识别

商业秘密侵权预警阶段，企业应当搭建舆情监测和控制机制，收集企业或行业即时的舆情信息，保障属于商业秘密的信息的安全，根据获取信息机制的判断结果，适时启动预警方案或处置措施。获悉企业商业秘密管理信息的人员需进行商业秘密价值评估、进入商密使用阶段的调整状态，包括调整归入商业秘密保护级别的类型与范围，确保商业秘密保密制度体系的协调性。大型公司在商业秘密的分级管理上，依循商业秘密的秘密性、价值性与泄密使得公司遭受到经济损失程度，将商业秘密调整为"核心""重要""一般"，对应各密级使用的保密程度，既要突出重点保护核心级，又要兼顾保密体系的稳定与协调，动态加固保密管理系统。商业秘密保密制度的"硬度"与"软度"并重，"硬度"是指对涉密人员具有强约束力，能够明晰对应岗位责任及涉密业务内容。"软度"是指制度应该重视合理科学设置奖惩系统并与企业文化衔接，有效融合商密人员的奖励机制于员工绩效考核系统，服务于企业文化建构格局。在形成保密管理手册中，确定公共信息公开和商业秘密保密的界限。全过程的商业秘密使用管理制度，为其分级分类管理提供组织架构条件，如突破性技术管理、客户信息管理、外贸事务管理、涉密区域管理、涉密员工管理、商业秘密专用计算机管理等。建议有需求且有资源的公司设置合规下的"商业秘密分级管理"法律服务，通过涉密管理层人员、评定专家、熟悉业务的部门负责人和专业律师团队，共同为商业秘密的分级管理出力，从秘密分级到级别变更，再到监控检查所有流程，既能促进合规建设，又能完善公司商业秘密的安全保护网络，丰富预警措施的方法和渠道，防止侵权行为的发生以及降低侵权后维权的难度。[①]

三、风险分级分类评价及相应措施

（一）风险分级分类评价

（1）划定评级标准。综合考虑公司的运营现状及保密管理水平，确定具有可操作性的商业秘密风险分级标准，风险评估人应当知悉该标准与标准形成的逻辑。

（2）综合评估得分。参与评估人员是保密管理的责任部门，评估范围包括保密业务的组织管理和工作流程的风险点。综合各个相关部门及人员评分评级后，能够综合得出各项商业秘密风险点的风控级别，该风控级别应与商业秘密在定密、使用管理阶段的级别评价保持相对稳定，风险预警系统的合理搭建将利于企业预防、控制风险，就具体的多级别的风险点而言，视企业规模、时间、资源等情况，可划定单一的或者多级的止损线，当企业的风险管理人员预测到风险指标在未来一定时期将要超过设置的数值时，通过预警及时做出应对措施，真正严控精抓，实现企业商业秘密分级分类保护体系的良性运作。[②]

[①] 孙宏臣：《电力数据中的商业秘密及个人信息权的保护》，载《中国电力企业管理》2022年第10期，第68-71页。
[②] 李奇：《风险管理在企业保密工作中的作用与探索》，载《时代金融》2015年第4期，第108-109页。

(3)建立评价体系。搭建商业秘密风险分级评价体系,服务于风险管理战略,过程中将形成商密风险情况的数据库,不断归纳总结业务的风险点,关注物联网、大数据及区块链等新技术或新渠道对商业秘密的影响,及时更新风险点的级别,完善风险点数据库。根据职位和职务,协调保护管理和创造效益,风险的分级评价同样体现着商业秘密分级分类管理的内涵,优化和完善企业现有的业务流程和保护制度。①

(二)预警机制与相应措施

依据对风险事项的分级监测,启动预警机制,落实应急措施。构架自网络边界,到终端与载体、邮箱和涉密人员设备的覆盖监测,深度分析涉密人员对商密信息的使用、管理及反馈行为,配合员工的保密权限变动、访问范围调整,一旦发现违规行为,立刻发出警告并记录,尤其要重视对终端的监测,杜绝核心秘密自内网终端泄出。终端、网络和邮件等监测系统的监测数据应汇总到集中监测平台,通过对监测数据的集中高效管理,支撑技术取证和事故溯源,以此作为评级考核和深度分析的重要数据基础。加大应急处置力度,提高应急响应能力,面对实时监测中发现的问题和预警信息,按照应急预案中的处理方案,严肃处理失泄密风险事项。②

预警预报机制的具体操作是:①全过程预警程序化,一方面出于考察,这是发现失泄密征兆的前提;②预警责任分解,各个程序分别确定好责任人,责任人要具有良好的保密管理意识及管理能力;③建构科学的商密分级保护和商密风险防控的评估系统,健全与各个级别相匹配的实施方案、预案、失泄密补救方案以及配套规章制度;④定期按五种等级(五个预报等级:红色、橙色、黄色、蓝色和绿色)评估保密风险,发现隐患,按相应的方案或标准实施管理。③

最终从企业组织层面来看,首先要组建企业关于商业机密的危机管理指挥机构,真正将危机预警纳入企业机密危机管理的结构中来,组织成一条严

---

① 文玲锋等:《构建国有企业商业秘密保护管理体系》,载《中国电力企业管理》2019年第4期,第86-87页。
② 文玲锋等:《构建国有企业商业秘密保护管理体系》,载《中国电力企业管理》2019年第4期,第86-87页。
③ 李奇:《风险管理在企业保密工作中的作用与探索》,载《时代金融》2015年第4期,第108-109页。

密的集警报、应对、解决于一体的危机管理连锁体系；其次是要对可能爆发的泄密事件进行风险分级、分层次管理；然后是要不定期举行商业秘密危机发生的模拟实战演练；接着是要完善科学处理关于商业秘密危机、提高危机预防的相关管理措施；最后则是要随着形势的发展，不断调整与创新对于不同的商业机密侵害事件危机管理的科学办法，使得该危机预警机制管理工作更趋于现实性、具体性、针对性、及时性和有效性。[①]

第五节　供电企业商业秘密分级分类管理实践

商业秘密分级分类三阶段管理构想实践仍在探索中，鲜少有电力企业的商业秘密分级分类实践案例，以下将列举一些企业在某一阶段或者某些方面行之有效的举措，以供参考。

一、ZL 重机企业：商业秘密定密阶段、使用管理阶段分级分类实践[②]

由 ZL 重机公司 10 个部门填写商业秘密信息调查表（详见表 6-2），收集商业秘密信息种类，按保密价值评估保护等级，最终形成《ZL 重机公司商业秘密范围清单》。

表 6-2　商业秘密信息保密价值评估调查表

名称	来源	是否拥有专利	有无情报价值	泄密损失程度	泄密损害描述	保密期限
				一般 较大 严重		
				一般 较大 严重		

---

① 李艺等：《论我国企业商业秘密危机管理的预警机制研究》，载《中国商界》2010 年第 8 期，第 130 页。
② 张素英：《ZL 重机公司商业秘密保护对策研究》，北京林业大学 2016 年硕士论文，第 21-22 页。

续表 6-2

名称	来源	是否拥有专利	有无情报价值	泄密损失程度	泄密损害描述	保密期限
				一般 较大 严重		

资料来源于张素英:《ZL 重机公司商业秘密保护对策研究》,北京林业大学 2016 年硕士论文,第 20 页。

调查表的相关内容被赋予相应权值:即对"是否公开(a)"和"批准专利化(b)"填写肯定判断的分别赋予"0"值,填写否定判断的分别赋予"1"值;依据其所填写的"一般损害",或者"较大损害",或者"严重损害",对应在填写"有无泄密损害(c)"和"有无获取需求(d)"肯定判断中赋值为"0.1",或"0.3",或"0.5",而对其填写否定判断的上述选项中都赋予"0",最后按照 $[a\times b\times(c+d\times 0.1)]$ 的公式进行计算,得出各位填写人的保密价值评估分值。评估值在 0.1~0.29 范围内的是"一般损害",即一般(或三级)商业秘密;评估值在 0.3~0.49 范围内的是"较大损害",即重要(或二级)商业秘密;在 0.5 以上是"严重损害"即核心(或一级)商业秘密。若多名参评人员对相同商密有不同保密价值判断的,应当遵循少数服从多数原则,有重大争议的,保密委员会享有最终判断权。根据 10 部门所产生的商业秘密事项进行现场抽样调查评估的不完全统计,经与公司保密委员会沟通,汇总整理出 ZL 重机公司 83 项商业秘密。其中一级商业秘密 21 项,二级商业秘密 43 项,三级商业秘密 19 项。在剔除了与商业秘密法律定义不符的商业秘密类别后。比如:信息为某领域或者行业公知信息,易获得的信息,已对外公开发布的,已申请专利的信息等。

以公司填报上来的技术秘密信息为例说明如下:

(1)研发项目全套资料。这属于商业秘密信息载体,只能作为标密对象,不能列入定密范围。

(2)关键控制技术。这一表述过于笼统,不能定密。

(3)挖掘机操作评价方法及准则。该方法及准则需要告知所有用户,属于公开信息,不具有可保性,不宜定密。

（4）新材料轻量化工作装置。这属于技术引进设备，公司与对方没有保密约定，没必要定密。根据汇总上来的信息情况，并征求公司保密委员会、总经理办公室意见，经过信息筛选、去重合并同类项。ZL重机公司所产生的商业秘密共73项，其中一级商业秘密8项，二级商业秘密44项，三级商业秘密21项。这73项商业秘密信息中，科技、管理类43项，生产、经营类12项，情报、决策类18项。这些信息经过整理汇总，标上相应保密等级、保密期限，即形成《ZL重机公司商业秘密范围清单》。随着公司经营情况的变化，公司将定期由保密委员会组织商业秘密分级保护级别调整工作。

总体来说，是否对公司的该项内容分级保护，取决于企业的实际需求和发展战略。在《中央企业商业秘密保护暂行规定》中提出，以"泄密将导致企业遭受经济损失的程度"为标准，对商业秘密定密操作为两个级别——"核心商业秘密""普通商业秘密"，ZL公司也以此分类为基础，根据上述评估结果，在《ZL重机公司商业秘密范围清单》中，建议将一级商业秘密定为"核心商业秘密"，将二级、三级商业秘密定为"普通商业秘密"。在生产经营活动中，对商业秘密采取分级保护措施，把它视作使用管理阶段的重要参考依据，以便于企业日常经营活动的知识产权保护。

二、中国某物资公司：商业秘密侵权预警阶段分级分类实践[①]

许多国有企业逐步探索适用于企业自身特点的商业秘密侵权预警方案，其中国网天津物资公司聚焦于投标业务，以流程为架构主线，在总结业务风险点时确定各个节点的泄密风险点，主要整理中高风险点，匹配到各个岗位的员工职责和具体业务。保证各个岗位员工能够知悉此业务中的泄密风险指标库，按照业务岗位具体要求，形成配套的投标事务管理流程操作指南，不断更新商业秘密侵权预警案例，发挥案例教育的警示作用，提升相关员工的风险侵权预警意识和风险控制能力，为继续增强招投标泄密风险预警能力，企业依托评标基地建构的商业秘密公开展示平台，稳固了企业反腐廉洁的风

[①] 侯伟等：《大型电网企业招投标商业秘密保护模式创新研究》，载《中国管理信息化》2016年第2期，第108－109页。

险防控系统,也增效了企业依法治企的成果。企业通过心理学中个体基于不安全意识下的行为模式,确定了体系的关键影响因素,选择"行为倾向""人格特性和保密知识"等4个第一层次关键因子和16个第二层次关键因子,观测保密意识为核心的影响因子评价体系,研究对象包括业务员工、材料供应商、招投标评价专家和负责单位,区别对象群体的心理差异,设计成各种版本的商业秘密风险预警意识问卷,突出"实名制"测量,形成了特别的量化评价模型。

三、国网S市电力公司:运营数据类商业秘密的分级分类实践[①]

在电网企业实践中纳入商业秘密保护范围的数据分级分类管理体系,对商业秘密使用管理阶段依然具有借鉴意义。电网企业运营数据中聚集着公司运作的海量信息,根据这类数据及其生命周期的特点,形成分类分级的保密评估模型,搭建全过程的保密管理体系。电网企业运营数据是对规划设计、投资建设、电网运行、营销服务等电网企业核心业务的分类资源投入、过程状态及产出实效的动态反映。

关于电网企业运营数据分类分级全过程保密管理体系的构建。除了主要属于定密阶段的"解读法规制度、明晰保密要求""辨别数据特性,确定防控要点""搭建分级体系,优化密级评价""贯彻'五位一体',调控管理策略",以及"落实泄密责任,完善全程保密"都体现了使用阶段的商业秘密分级分类"动态""责任制"的原则。对于分级体系的搭建模型如图6-1所示:

[①] 陈安、王翀:《基于分类分级的电网企业运营数据全过程保密管理》,载《管理ABC》2018年第11期,第91页。

第六章 供电企业商业秘密的分级分类管理

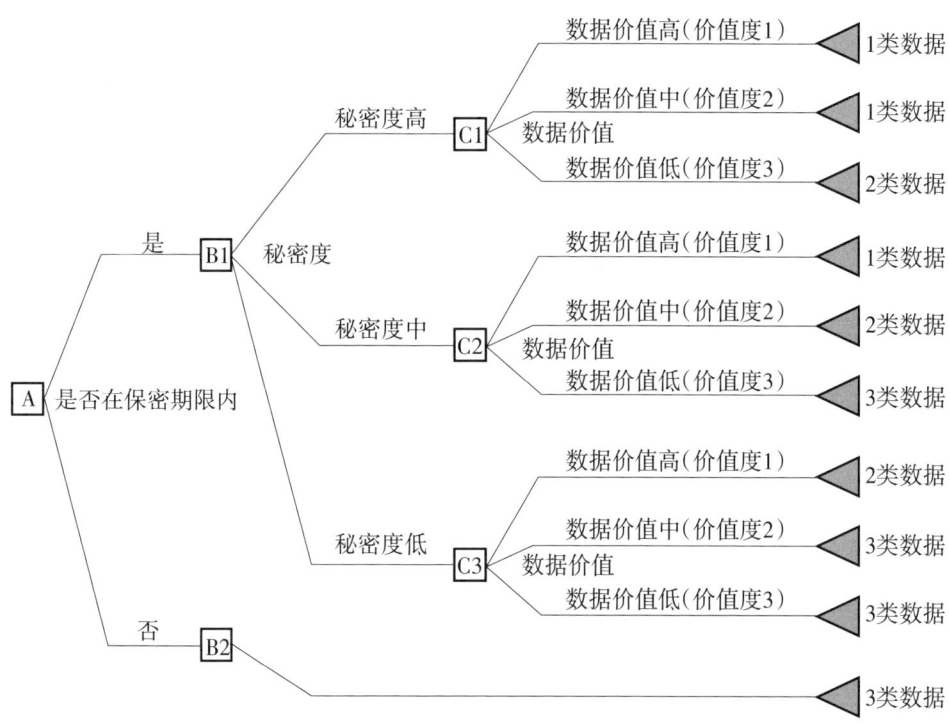

图 6-1 数据类商业秘密分级体系的搭建模型

资料来源于陈安、王翀：《基于分类分级的电网企业运营数据全过程保密管理》，载《管理 ABC》2018 年第 11 期，第 92 页。

第七章 供电企业知识产权分级分类管理实践：以专利为中心

第一节 A 供电局的专利分析

一、B 电力公司专利总量分析

截至 2022 年 12 月 31 日，B 电力公司专利整体情况如表 7-1 所示。B 电力公司共有 25 157 件专利申请，发明专利审查中有 6983 件，B 电力公司授权专利 14 691 件，专利授权率为 80.8%。目前授权有效专利为 11 905 件，授权有效率为 81.0%。从专利类型来看，B 电力公司总体专利的 64.6% 属于发明专利申请，34.4% 属于实用新型申请。

表 7-1 B 电力公司专利整体情况　　　　（单位：件）

	申请总量	发明专利申请量	实用新型	外观设计	授权量	授权有效量
B 电力公司	25 157	16 262	8645	250	14 691	11 905

注：授权率 = 授权专利量/（专利申请总量 - 在审专利量）；
有效专利量指截至检索日得到的已授权且仍处于维持状态的专利量；
有效率 = 有效专利量/专利授权总量。

专利维持的时间越长，所花费的成本越高。随着专利公布的时间越长，其市场渗透度相对越高，底层技术过时的可能性相对也会更高。所以一般来说,维持年份越长,证明其专利价值越高。在 2021 年国家印发的《"十四五"国家知识产权保护和运用规划》中,将"维持年限超过 10 年的发明专利"列为高价值发明专利判断的条件之一。

目前,B 电力公司维持了 10 年以上的专利有 726 件(图 7-1),占整体 14 691 件授权专利的 4.94%。尽管在国资委与国家知识产权局联合印发的《关于推进中央企业知识产权工作高质量发展的指导意见》中提出鼓励企业"定期梳理存量专利,及时合规处置低价值专利",但据 B 电力公司反馈,实际上,在 B 电力公司等具有国有属性的企业中极少会主动选择放弃专利维护,因此,专利维持时间长,并不一定意味着其价值高。

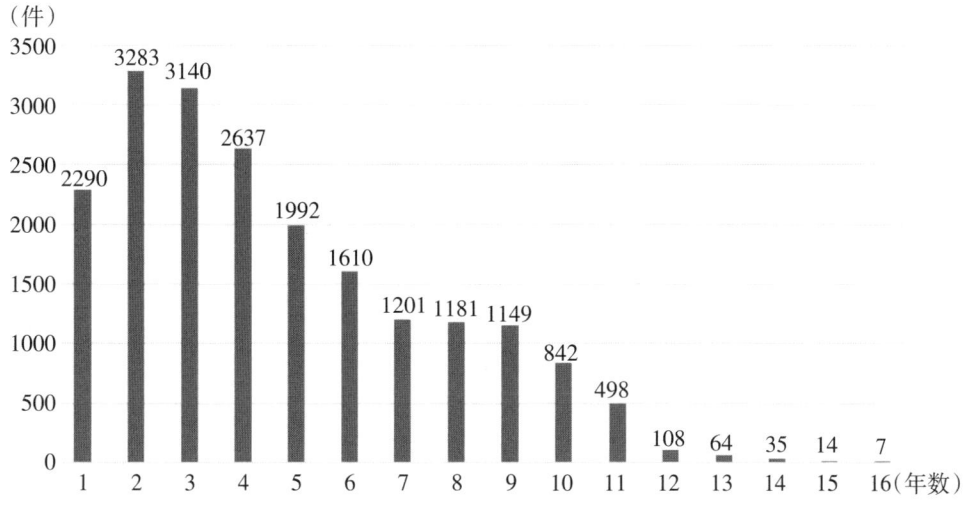

图 7-1 B 电力公司专利维持年数统计

目前在 B 电力公司维持 10 年以上的发明专利占比低,但并不意味那些专利是高质量专利才获得 B 电力公司的长期维持,其他被放弃维持的发明专利就价值不高。

结合发明授权时间来看可以发现,目前发明专利之所以占比低,与其当年的发明授权数量有关。B 电力公司的发明专利授权量自 2013 年后才有明显的增长趋势,与目前发明专利维持期年份大多处于 10 年以下的情况相符合,而在 5796 件发明授权专利中仅有 199 件专利由于未缴年费失效(图 7-2),因此,以目前 B 电力公司发明专利维持年份来看,维持年份高于 10 年并不意味着其专利价值高。尽管专利维持年份仍是高价值专利的参考指标之一，但在后续的模型构建时其权重应相应降低。

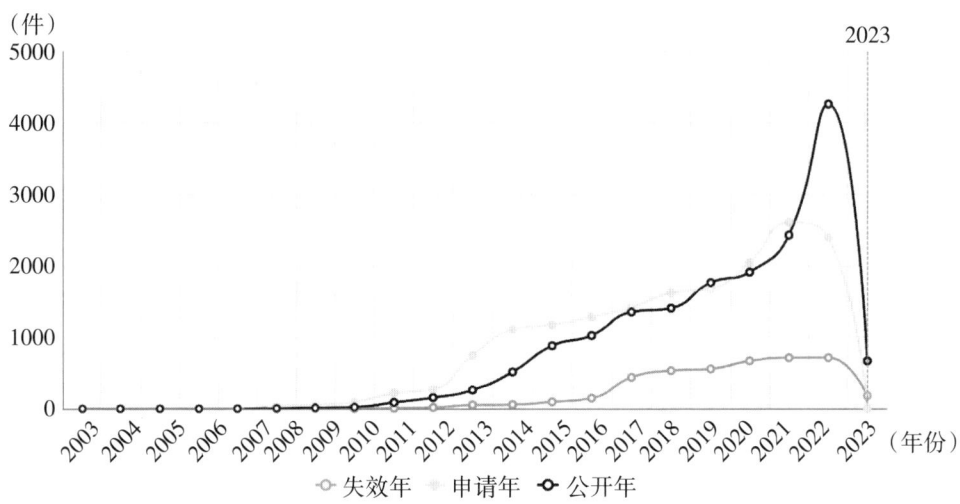

图 7-2 B 电力公司发明专利失效年统计

对 B 电力公司专利失效原因进行进一步分析发现，如表 7-2 所示，其失效原因主要是驳回（3437 件）、撤回（465 件）、期限届满（418 件）及避重放弃（305 件）。在未缴年费的 2062 件专利中，发现有 99 件专利在其失效后，都受到多次的审查员引用。若引用了这些专利的其他专利技术要实施，且这 99 件专利仍处于有效状态，B 电力公司就可以获取相关的许可收益。

表 7-2 B 电力公司专利有效与失效情况① （单位：件）

有效	失效				
授权	避重放弃	期限届满	撤回	驳回	放弃
14 691	305	418	465	3437	8

① 避重放弃：同一申请人同日对同样的发明创造既申请实用新型专利又申请发明专利，先获得的实用新型专利权尚未终止，为获得发明专利授权，申请人声明放弃该实用新型专利权。

放弃：专利权人主动放弃其专利，包括在规定期限之内未办理登记手续、未缴年费达到规定期限等。

未缴年费：表示上一年度年费期满，专利权人可在期满之日起 6 个月内补缴，补缴后专利权维持有效；期满未缴纳年费的，专利权自应当缴纳年费期满之日起终止。

在电力行业的某些领域中，有的专利发明点的高度是难以判断的，有一定的滞后性，需要靠往后在相关领域中的反复实践才能逐步清晰，而标准具有先进性特点，即标准中包含的某项技术成果应当可以代表这一行业或者这一领域的先进发展方向，若在专利评价的过程中，某项技术没能被很好地识别价值，也是有可能的。因此，尽管通过可量化客观指标对专利进行初步评价，后续根据管理需求邀请专家进行进一步评价后，得出综合相对客观且全面的评价结果；进一步的，管理员依据评价结果对专利进行合规处置，但依然可能存在因受认识受限等其他因素影响，导致专利被处置，造成国有资产的流失。因此，除了在评价指标、模型、方式上的研究要继续深入与探讨外，在处置权利下放方面，也应有相应的免责措施，如：为促进高校专利质量提升及促进专利运用转化，教育部、国家知识产权局及科技部2020年发布的《关于提升高等学校专利质量促进转化运用的若干意见》中明确提出，"对于评估机构经评估认为不适宜申请专利的职务科技成果，因放弃申请专利而给高校带来损失的，相关责任人已履行勤勉尽责义务、未牟取非法利益的，可依法依规免除其放弃申请专利的决策责任"。同理，在国有企业处理国有资产过程有相应完善的免责措施，才更有可能鼓励管理人员在对专利资产处置中迈出探索性的"第一步"。

二、B电力公司有效专利分析

（一）B电力公司有效专利趋势分析

对B电力公司目前授权有效专利的申请时间进行统计分析得到图7-3，可以看出，B电力公司的授权有效专利申请整体呈增长趋势，2020年达到申请峰值，专利申请总量达11 905件，考虑到2021年专利申请有部分尚未公开，因此2021、2022年的数据在趋势分析中不参与评价，仅供参考。

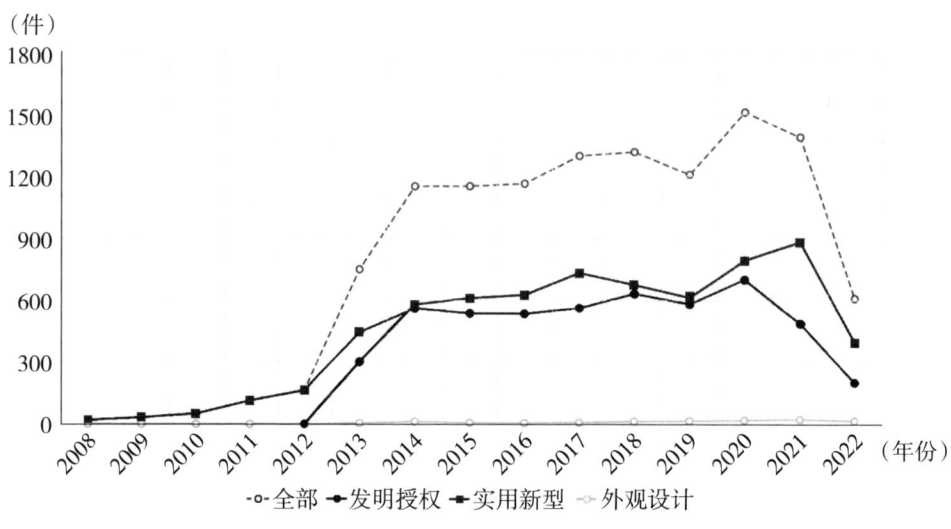

图 7-3 B 电力公司有效专利申请变化趋势

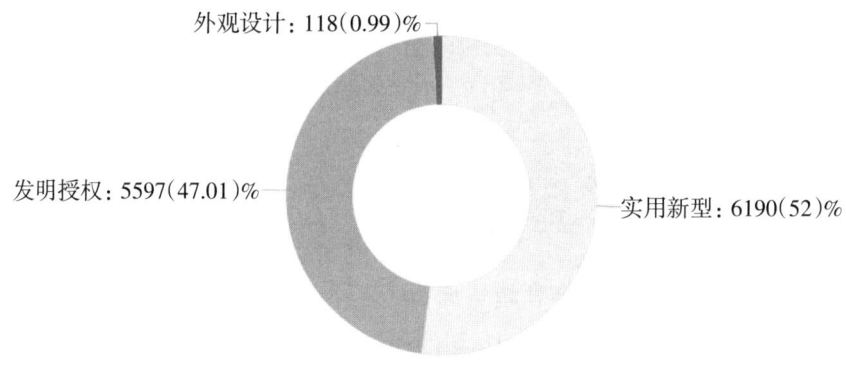

图 7-4 B 电力公司授权有效专利类型占比

从有效专利类型占比来看（图7-4），B电力公司总体有效专利以实用新型（52%）和发明授权（47%）为主。在第七章第一节分析中提到，B电力公司整体发明授权申请的占比高于实用新型，然而从授权后的专利占比分析来看，发明专利占比小于实用新型，发明专利失效的原因主要为审查员认为相关专利申请不具备可专利性而驳回申请人的请求。

（二）B 电力公司有效专利技术分布分析

国际专利分类（international patent classification，简称 IPC）采用等级制

度，一个完整的分类号，按照部、大类、小类、大组、小组逐级分类，形成完整的分类体系。

表7-3对B电力公司的有效专利技术按照部类进行统计，可以发现其有效专利主要集中在H、G部。

表7-3 2022年B电力公司IPC（部）分类表

IPC（部）	专利量	技术领域
H	5269	电学
G	3988	物理
B	1133	作业；运输；分离；混合
E	590	固定建筑物
F	371	机械工程；照明；加热；武器；爆破
A	317	人类生活必需
C	104	化学；冶金

图7-5及表7-4对B电力公司的有效专利进行主IPC大组分析发现，其有效专利主要集中在电性能、电故障等测量、交流干线或交流配电网络的电路装置、供电或配电的电路装置或系统、配电柜、继电保护等技术方向上。对B电力公司技术进行进一步研究发现（图7-6），其研究主要集中在电能表、配电柜、避雷器、开关柜、继电保护、无人机应用方面。

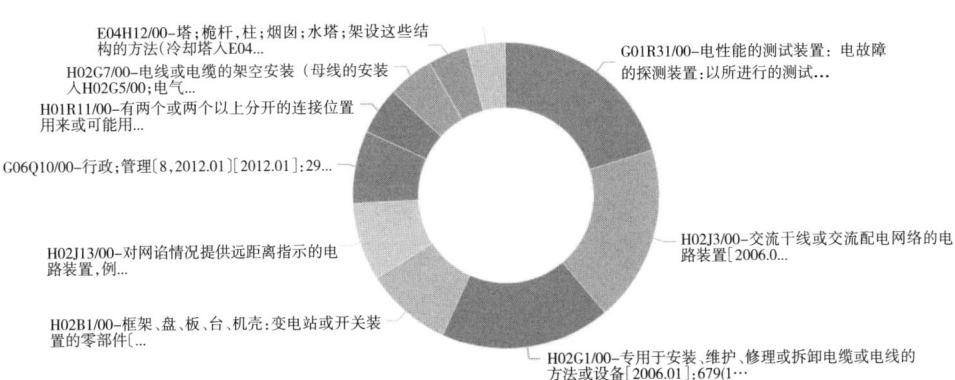

图7-5 B电力公司有效专利IPC大组分布

表7-4　B电力公司有效专利主IPC（MIPC）大组分布

排名	技术领域	描述
1	G01R31/00	电性能的测试装置；电故障的探测装置；以所进行的测试在其他位置未提供为特征的电测试装置；在制造过程中测试或测量半导体或固体器件入H01L21/66；线路传输系统的测试入H04B3/46
2	H02J3/00	交流干线或交流配电网络的电路装置［2006.01］
3	H02G1/00	专用于安装、维护、修理或拆卸电缆或电线的方法或设备［2006.01］
4	H02B1/00	框架、盘、板、台、机壳；变电站或开关装置的零部件〔5〕［2006.01］
5	H02J13/00	对网络情况提供远距离指示的电路装置，例如网络中每个电路保护器的开合情况的瞬时记录；对配电网络中的开关装置进行远距离控制的电路装置，例如用网络传送的脉冲编码信号接入或断开电流用户
6	G06Q10/00	行政；管理〔8，2012.01〕［2012.01］
7	H01R11/00	有两个或两个以上分开的连接位置用来或可能用来使导电部件互连的各连接元件，例如：由电线或电缆支承并具有便于与某些其他电线；接线柱或导电部件；接线盒进行电连接的装置的电线或电缆端部部件［1，3，2006.01］
8	H02G7/00	电线或电缆的架空安装（母线的安装入H02G5/00；电气铁道用架空线或接触线路入B60M；把导体固定到绝缘体入H01B17/00，例如H01B17/06，H01B17/16，H01B17/22；异常电气状态的保护入H01H；与架空线路临时连接的挂钩接触入H01R11/14）［2006.01］
9	E04H12/00	塔；桅杆，柱；烟囱；水塔；架设这些结构的方法（冷却塔入E04H5/12；路牌的支撑入E01F 9/60；基础桩入E02D5/22；桅杆、柱或烟囱的基础入E02D27/42；一般长条形构件入E04C3/00；固定的铁爬梯入E06C9/04；油井钻塔入E21B15/00）〔6〕
10	G06F17/00	特别适用于特定功能的数字计算设备或数据处理设备或数据处理方法（信息检索，数据库结构或文件系统结构，G06F 16/00）［2019.01］

第七章 供电企业知识产权分级分类管理实践：以专利为中心

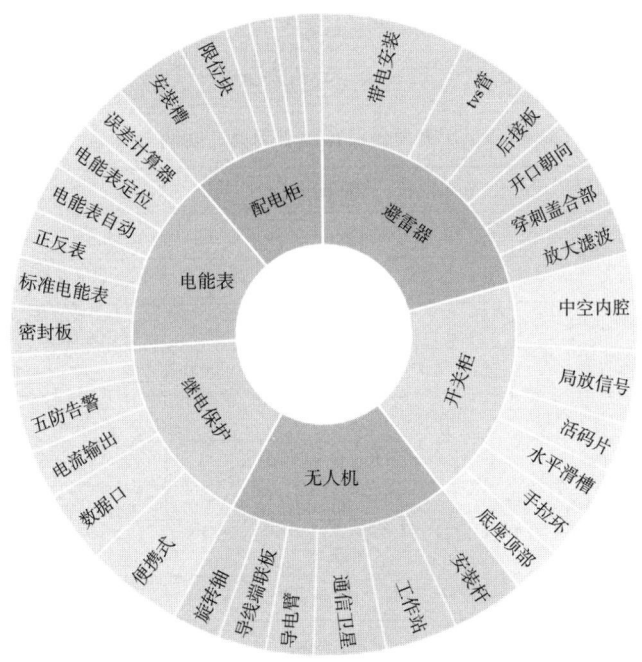

图7-6 B电力公司技术点分布

（三）B电力公司有效专利发明人分析

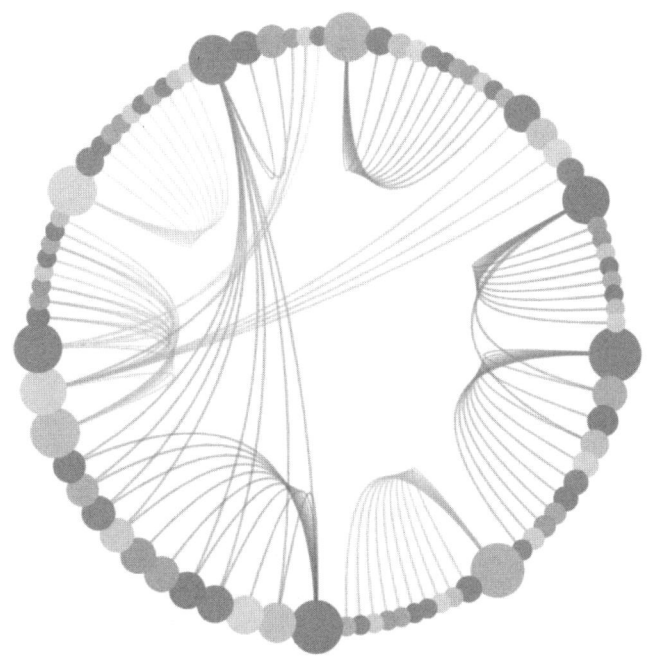

图7-7 B电力公司有效专利发明人合作分析

对 11 919 件有效专利进行发明人合作分析发现（图 7-7），B 电力公司的团队主要以黄××、张×、卢×、张×为主导。

表 7-5　B 电力公司有效专利第一发明人排名

排名	发明人	专利数量/件
1	黄××	150
2	张×	146
3	卢×	135
4	张×	121
5	周×	120
6	陈×	117
7	陈×	117
8	王×	115
9	裘××	108
10	潘××	108

对 B 电力公司有效专利第一发明人进行统计分析，如表 7-5 所示：B 电力公司有效专利的主要第一发明人包括黄××、张×、卢×、张×、周×等。

（四）B 电力公司有效专利运营情况分析

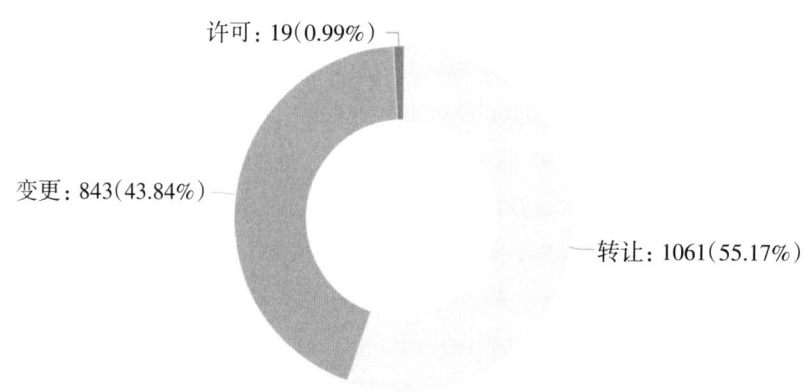

图 7-8　B 电力公司有效专利运营分类

对 B 电力公司 1061 件发生过转让的数据进行分析发现，其中 897 件发生过转让的专利实际上是 B 电力公司转让给国家电网其他分子公司，或 B 电力公司与其他公司联合申请的专利在授权后将专利权转（变更）为 B 电力公司，这些并不是有意义的转让参考数据，因此在评分的时候会对此部分专利进行人工调整。

第二节 分级分类管理中专利价值指标分析

专利作为一种特殊的无形资产，其价值评估会受到经济性、法律性、技术性等诸多不确定因素的影响，导致其专利价值难以估算，就目前来说并没有统一的专利价值计算方法。20世纪50年代末Sanders等在研究中发现，国际上核心专利的占比不超过10%，其价值占专利总价值的80%以上[1]，而对于国内大型电力企业来说，能给企业带来可观收益的专利往往只占20%甚至更少[2]。如何通过科学的专利筛选评估模型，协助企业从海量专利中筛选出核心专利，对于企业的技术研发与知识产权管理具有重要意义，这也一直是国内外专家潜心研究的重要课题。从指标的选取来看，主要可以分为技术、市场、经济、法律等维度，包含定量与定性指标。若仅用定量指标对专利进行评定，则有可能导致考虑不周全，因为不是所有指标都可通过量化的方式评估；但若仅用定性指标，则有可能存在主观因素大、操作难度大的问题[3]。从理想状态来看，企业能根据不同阶段的管理需求，尽可能全面地综合定性与定量指标对专利进行动态化的评价，更有助于企业筛选出更符合其需求的核心专利，并针对性地作出管理决策。但实际上，在指标选取过程中需要遵循可操作性及可行性原则，否则，极有可能出现专利价值评估模型无法应用于实际的情况。

---

[1] Sanders B S, Rossman J, Harris LJ, *Economic Impact of Patents*, The Pat Trademark & Copy. J. Res. & Ed., 1958, 2: 340.
[2] 王庆红、文毅、李允健：《电力行业专利价值评估的研究》，载《中国发明与专利》2015年第10期，第30—36页。
[3] 李冶、王庆红、李达均等：《基于二次分类方法的电力行业核心专利筛选评估模型》，载《中国发明与专利》2016年第10期，第71—75页。

一、现有的专利分级分类评估方法

(一) 中国国家知识产权局专利价值分析指标体系

中国国家知识产权局(以下简称"国知局")于2011年委托中国技术交易所(以下简称"中技所")开展"专利价值分析体系及操作手册研究"课题研究,中技所组织专家研究并建立了专利价值分析指标体系。该体系通过两层指标对专利价值进行分析:从专利自身属性的角度,分为法律、技术和经济三个指标;从专利功能的角度,将第一层的三个指标分解为18项支撑指标(即第二层指标),具体指标如表7-6所示。

表7-6 专利价值分析工作体系指标

第一层指标	第二层指标
法律指标	专利稳定性、实施可规避性、实施依赖性、专利侵权可判定性、有效期、多国申请、专利许可状态
技术指标	先进性、行业发展趋势、适用范围、配套技术依存度、可替代性、成熟度
经济指标	市场应用、市场规模前景、市场占有率、竞争情况、政策适应性

采用该体系进行专利价值分析时,根据检索报告、行业分析报告以及其他后备材料,由备选专家按照第二层指标为专利逐个打分,这些分数经加权汇总之后,形成对专利价值进行衡量的专利价值度(PVD)。专利价值度的计算公式如下:$PVD = \alpha \times LVD + \beta \times TVD + \gamma \times EVD$,其中,$\alpha + \beta + \gamma = 100\%$,$LVD$为法律价值度,$TVD$为技术价值度,而$EVD$为经济价值度。

(二) 某电网公司专利分级评价工作指引

2021年,某电网有限责任公司按照《关于推进中央企业知识产权工作高质量发展的指导意见》(国资发科创规定〔2020〕15号)及《某电网有限责任公司知识产权管理细则》(Q/CSG2143078—2021)的相关指引,编制的《某电网公司专利分级评价工作指引(试行)》中,将专利评估分为法律(L)、技术(T)、市场(M)及战略(S)四个维度,分别通过定性与定量分析评价方法对专利进行打分,并通过公式:K(专利价值度)= L×30% + T×30% + M×20% + S×20% 计算得出专利评价结果。具体评价维度、指标、权重及评价方式如表7-7所示:

表7-7　某电网专利评价维度、指标、权重及其评价方式

维度	指标	权重	评价方式
法律维度（L）	稳定性	30%	专家评分
	保护范围	25%	
	侵权可判定性	25%	
	有效期	10%	系统评分
	多国申请	10%	
技术维度（T）	先进性	30%	专家评分
	成熟度	25%	
	可替代性	20%	
	行业发展趋势	20%	
	技术影响力	5%	
市场维度（M）	实施情况	30%	专家评分
	市场规模	20%	
	市场占有率	25%	
	竞争环境	25%	
战略维度（S）	自营业务符合性	30%	专家评分
	外部实施情况	30%	
	专利运营	15%	
	行业影响力	15%	
	政策适应性	10%	

（三）主要评估方法

根据2018年《高价值专利筛选》中对多项专利价值评估指标的研究，总的来看，专利价值维度可分为技术、法律、市场、战略及经济五大维度，综合整理后得出部分适用于评价中国专利价值的可量化指标如表7-8所示。

表7-8　《高价值专利筛选》中部分专利评价维度、指标及指标描述

维度	指标	指标描述
技术	专利类型	总体而言，授权发明专利价值高于实用新型与外观设计专利，但不绝对

续表 7-8

维度	指标	指标描述
法律	权利要求数量	从一定程度上能反映权利稳定性、保护范围及保护的技术方案的数量。整体而言，中国高价值专利的平均权利要求数量较普通专利的多
法律	说明书页数	一定程度反映技术方案的复杂程度及权利的稳定性。中国高价值专利的说明书平均页数普遍高于普通专利
技术/法律	说明书附图数量	一定程度反映技术方案的复杂程度及权利的稳定性。中国高价值专利的平均说明书附图页数普遍高于普通专利
技术	专利年龄	从一定程度上，能反映相关技术出现时间的早晚（此处专利年龄指自申请日起至今的专利长度，包括失效专利）
技术	分类号数量	从一定程度上，能反映技术应用广度、通用性
技术	专利被引证数量	从一定程度上，能反映专利文献本身对后续技术或市场的影响力，但由于在中国，申请人没有强制披露引证文献的义务，因此存在中国专利的被引证数量较低于发达国家的专利被引证数量，且导致中国高价值专利的被引证数量不明显高于普通专利
技术	专利引证数量	从一定程度上，能反映专利技术的创新与先进程度
技术	专利引证专利的 IPC 分类数量	从一定程度上，能反映专利技术涉及的技术领域，但在中国高价值专利的引证专利的 IPC 分类数量不明显高于普通专利
技术	专利被引证专利的 IPC 分类数量	从一定程度上，能反映技术方案应用领域的广泛程度，但在中国高价值专利的被引证专利的 IPC 分类数量不明显高于普通专利
技术/市场	引证文献的平均年龄	从一定程度上，能反映专利技术相关技术的起源时间，但在中国，高价值专利的引证文献平均年龄不明显低于普通专利
法律/市场	布局国家数量	能从一定程度上，反映专利应用地域的布局情况及专利对申请人的保护价值，在中国，高价值专利布局国家数量明显高于普通专利
法律	海外同族专利的审查、授权情况	从一定程度上，能反映专利的稳定性，但主要适用于未审结的发明专利申请
市场	同族专利的诉讼情况	从一定程度上，能反映专利的市场竞争情况，在中国，高价值专利同族专利发生诉讼的概率较普通专利的要高

续表 7-8

维度	指标	指标描述
法律/市场	同族专利的无效情况	从一定程度上，能反映专利的市场竞争情况和专利的稳定性，中国高价值专利同族专利经历专利权无效宣告请求程序的概率较普通专利高
市场	同族专利的转让或许可情况	从一定程度上，能反映专利的实施应用情况与市场竞争情况，中国高价值专利的同族专利发生转让或许可的概率较普通专利高
技术/市场/法律	专利有效性	从一定程度上，能反映专利技术稳定性与对申请人的重要性
技术/市场/法律	失效原因	从一定程度上，能反映专利的稳定性或对申请人或专利权人的重要性，中国高价值专利届满终止比例较普通专利高
技术/市场	授权专利权利维持的时长	从一定程度上，能反映技术对申请人的重要性
市场	剩余有效期	从一定程度上，能反映专利的剩余价值
技术	发明人数量	从一定程度上，能反映目标专利技术的研发投入，研发投入多的专利技术普遍被认为技术先进性程度高。对于中国高价值专利，发明人数量与专利价值的关联关系较为明显。但对于国内供电单位而言，有其行业特殊性，此指标不适用于完成分级分类目标需求，因此不将此指标列入模型之中
技术	共同申请人数量	从一定程度上，能反映目标专利技术的研发投入，研发投入多的专利技术普遍被认为技术先进性程度高。对于中国高价值专利，发明人数量与专利价值的关联关系较为明显。但对于国内供电单位而言，有其行业特殊性，此指标不适用于完成分级分类目标需求，因此不将此指标列入模型之中
技术/市场	申请人类型	从一定程度上能反映技术创新程度及市场应用情况，在中国高价值专利中，个人专利占比较企业及科研院所少。由于本次是对同一单位内的专利进行评价，因此不将此指标列入模型之中

续表 7-8

维度	指标	指标描述
市场	专利的许可情况	从一定程度上，能反映技术市场应用情况，高价值专利发生许可的比例较普通专利高
市场	专利的转让情况	从一定程度上，能反映技术市场应用情况，高价值专利对外转让发生概率较普通专利高
技术/市场/法律	专利的质押情况	从一定程度上，能反映专利技术的先进性、稳定性与应用价值，从总体看中国高价值专利质押比例明显高于普通专利
市场	专利的诉讼情况	从一定程度上，能反映专利市场竞争情况，中国高价值专利发生诉讼的比例高于普通专利
法律/市场	专利的无效情况	从一定程度上，能反映专利市场竞争情况和权利稳定性，中国高价值专利经历无效宣告请求程序比例明显高于普通专利
法律/市场	专利的复审情况	从一定程度上，能反映专利权利稳定性及对申请人的重要性，中国高价值专利提出复审请求的比例明显高于普通专利

二、本书采取的价值评价指标及其权重

现有的研究将对专利价值产生影响的因素主要归纳为法律、经济和技术。专利分级管理的基础就是借助价值评价指标与评估模型筛选出重点专利，通过分级管理盘活企业内的整体科研资源，提升专利质量和管理效率。若要将专利价值评估应用到专利不同需求阶段，对于专利筛选及评价的思路可能会有所不同。但就对于盘活企业内部存量专利、对专利进行分级管理而言，我们无需采用专利交易时较为严格的专利实际价值评估方式，只需对专利的相对价值进行区分、分级即可。因为若要计算出专利实际交易价值，在实际操作过程中会存在评价数据不足、评价成本过高及机会成本难以估量等问题[1]，不利于对大批专利进行动态筛选及分级管理。

尽管国内外一直有许多对专利价值评估的探讨，但部分需要主观评价的

---

[1] 马天旗：《高价值专利筛选》，知识产权出版社 2018 年版，第 52 页。

指标对评估人员的专业度要求高，有关部门难以组织专家对专利长期进行逐一评分及针对性的评估。面对庞大的专利数量，要如何筛选出不以转化为目的的专利申请，并对重点专利进行维护、转化，降低管理成本，有效盘活专利价值，实现社会、经济效益，是企业选择价值评价指标、构建评估模型需要关注的重点。因此要想长期动态化地对专利进行价值评估，就要满足基础的定量指标评估需求。企业可根据选取定量指标进行初步评估，后续结合不同的管理需求加以人工评定，最终筛选出符合管理、应用需求的专利，实现专利管理的最终目的。

现有专利价值评估的客观定量指标与模型有很多，但实际上它们并不能很好地帮助 A 供电局对专利进行初步的筛选。因为 A 供电局作为电力行业的国有企业，具有与其他主体不同的特性。为此，本书结合企业的特点特别是国有企业的特点、A 供电局的业务特征及现存典型的评估方法，选取识别影响 A 供电局专利价值的因素、变量，设计模型指标，制定出更符合 A 供电局需求的专利价值评估模型。评价指标的选取主要以可量化的指标为主，且更注重客观性，从而帮助 A 供电局能更好地对现存有效专利进行高效的分级分类管理，盘活专利价值。

（一）电力行业的特殊性

在为 A 供电局选取专利价值评价指标及确定各项指标权重时会发现，电力行业竞争企业较少，而其企业具有市场型和公共事业社会服务型的双重特点，因此，电力行业企业在指标选取上存在区别于其他高校、科研院所与企业的特性：

1. *专利评价目的特殊性*

如：高校在进行分级分类后，会以对外转让、许可等运营方式为高校实现经济效益。尽管进行专利的转化运营也属于 A 供电局知识产权价值实现的渠道之一，但专利是否能成为标准，从而实现专利增值，也是电力行业企业在进行专利评估指标选取时不可忽视的重要因素之一。[①] 因为当某项专利所含的技术达到标准或与标准相关度非常高时，就有可能成为标准。电力行业

---

① 杨旭、李韵清、郭晶：《电力行业专利价值计算方法与实务》，载《中国发明与专利》2017 年第 14 卷第 2 期，第 51-54 页。

作为典型的技术密集型行业,在国内拥有代表国家水平的电力技术,而电力行业的专利标准一般是由一到数家企业或标准化组织制定。当专利成为标准时,对于被许可人而言具有节约成本、提高效率的作用;对权利人而言,具有降低生产成本、提升许可收益的作用,因此专利成为标准的可能性会成为进行电力行业专利价值评估时需要考虑的因素。

但在李广凯和文毅等人[①](2015)研究的专利标准化指标的电力行业识别核心专利综合分析体系及李冶和王庆红等人(2016)研究的电力行业核心专利筛选评估模型中能发现,专利标准化维度属于除技术、法律、市场等常规维度外的独立分析维度,常规指标的可量化指标选取上存在着共性,而可用于评价专利标准化维度的指标(如专利被纳入的技术标准的层级、专利存在于技术标准中的年限及专利在不同技术领域出现的情况等)与标准相关的专利数据并不是结构化的数据,且不属于轻易能获取的,因此目前就标准化维度的指标评价都还需要通过专家对此进行进一步的评估。

由于本次选取的指标都是基于可量化、可实现的原则进行,因此专利标准化相关评价指标暂不落入本次可量化指标筛选的范围内。后续管理者若有需求,可根据实际情况继续增加主观评价指标,邀请专家评分,对核心专利进行进一步的分级。

2. 专利管理特殊性

国有企业的国有属性决定着其科技成果管理及运营转化实施方面的特殊性。

首先,科技成果的国有属性造成了单位必须面对承担国有资产流失的责任,在《国务院办公厅关于加强和改进企业国有资产监督防止国有资产流失的意见》(国办发〔2015〕79号)中,提及在责任承担的主观要件中过失状态下的失职渎职也会被追究相关责任,而专利价值本身的不确定性就导致在主观过失也可能被追责的制度设计下,相关负责人不可控的风险会增加,也就导致了相关负责人在转化运营及相关知识产权管理处置方面的积极性会下

---

① 李广凯、文毅、曾倩莹:《基于专利标准化指标的电力行业识别核心专利综合分析体系研究》,载《中国发明与专利》2015年第10期,第37-42页。

降。① 因此，在选择评价指标时，专利维持的年限，就不能很好地反映国有企业的专利价值了。尽管维持年限超过 10 年的发明专利是国家知识产权局提出的高价值发明专利条件之一，但其所占权重应该相应降低。

在转化运营规定方面，国有企业的知识产权运营需按照《中国共产党党组工作条例（试行）》中第十条及第十五条的规定，在运营国有出资所形成的知识产权时需按照《企业国有资产法》中的要求程序及标准进行。②

在国有企业实际转化运营实施方面，特别是电力行业，其专利在众多二级单位推广与实施就能获得很高的传播效果，即其不需通过对外转化就能获取经济效益③，因此专利转让许可指标并不能完全反映专利的实施效果，若能补充专利内部实施情况相关数据，会更有助于评价专利转化运营能力。但考虑到专利转让、许可的运营仍是影响专利价值的客观可量化指标之一，因此，在指标选取上仍会选择转化运营指标作为参考，但其所占权重应相应降低。

3. 其他特殊性

此外，由于 A 供电局相关制度规定，发明成果不能共有，因此，申请人数量的多少并不能完全反映目标专利技术的研发投入，其权重占比应进行调整。

同时，中国 A 咨询有限公司原来用作评价企业科研能力的指标（如：著作数量、论文质量），由于在数据获取上存在难度，相应指标的权重也会进行重新调整。

某电网有限责任公司根据行业特性及管理需求在 2021 年制定了《某电网公司专利分级评价工作指引（试行）》，但从指标来看，大部分指标需要通过专家进行评价，不符合 A 供电局对专利实行动态化管理的需求。因此需要构建可量化、可实现的指标，对专利进行初步评价，后续再根据管理需求，通过主观评价对专利进行进一步筛选评价，才更有助于 A 供电局对其专利进行

---

① 万浩、黄武双：《论国有科技成果权属制度——使用权"类所有权"化》，载《科技与法律》2019 年第 1 期，第 40－49 页。
② 张鹏：《国有企业知识产权管理体系建设要点》，载《中国律师》2022 年第 2 期，第 53－55 页。
③ 赵晓明、张彩：《基于电力行业特点的专利价值评价》，载《企业管理》2018 年第 1 期，第 292－293 页。

动态化管理。

为此，中国 A 咨询有限公司结合行业特点、A 供电局需求及数据获取情况，对专利评价指标进行了相应调整，形成针对 A 供电局实际需求的定制化专利评估模型，后续会依据定制化的模型，对 A 供电局现存有效专利进行分级分类评价，并提供相应建议。

（二）针对 A 供电局实际需求定制的模型

中国 A 咨询有限公司根据企业主体需求所制定的模型包含专利质量、技术性、经济性、发展前景、科研能力五大维度共 23 个指标，结合 A 供电局的实际需求，对模型进行进一步调整，根据 AHP 法确认其权重，最终的模型维度与权重如表 7-9 所示（详见附录第一部分内容）：

表 7-9　A 供电局定制化专利评价维度、指标及权重

分析维度	权重①	一级分析指标
高专利质量		基础信息
		文本质量
高技术性		专利技术的通用性
高经济性		专利运用及保护措施
		经济效益及市场份额
发展前景		行业影响力
		政策适应性
科研能力		项目综合指数
		发明人实力
		团队情况

---

① 由于权重涉密，本书不予体现。

第三节　B 电力公司专利分级分类实践

一、B 电力公司专利价值模型的验证

对专利价值产生影响的因素可以归纳为专利质量、技术性、经济性、发展前景及科研能力五个维度，对应的因素共同决定了专利价值的高低，但并不决定着其最终价值。结合各种评估模型及电力行业的专利特征，确立专利价值评估指标及其权重，构建符合 B 电力公司需求的价值评估模型，并对 B 电力公司授权有效的专利价值进行评估可以得到现有的专利分布情况（表7-10，单篇专利具体评分可见附录第二部分内容）。其中，专利最终得分越高，代表专利的价值相对越高。

表7-10　B 电力公司有效专利价值评分统计表

专利价值评分（分）	有效授权专利数量（件）	占比
80 +	112	5.4%
60～79	620	29.9%
40～59	845	40.8%
20～39	370	17.8%
19 以下	122	5.8%

从表7-10中可以看出，根据本项目所构建的专利价值评估模型，B 电力公司有效专利的分数分布在 40～79 分之间，专利数量占比为 70.7%。在60 分以上的专利有 732 件，占整体的 35.3%。19 分以下的专利相对较少，占比 5.8%。

为能更准确地梳理出 B 电力公司的核心专利，将 B 电力公司的有效专利进行更合理的分级，接下来将对建立的专利评估模型进行验证。笔者会通过将 B 电力公司有效专利与国家电网及南网电网的 103 件获奖有效专利进行对比，来验证模型的有效性，同时对分级结果进行进一步的分布分析。

为验证模型是否能帮助 A 供电局筛选出高质量专利，特选取 103 件国家电网及南方电网的获奖专利结合 B 电力公司部分 2172 件有效专利进行比较。

由于无法获取获奖专利的项目级别、项目经费及职称，因此在比较时将专利的此三项指标得分作归零处理，算出专利（详见附录第二部分内容）得分，然后将专利得分进行归一化处理①，消除奇异样本数据的不良影响，得出最终得分，再看专利分值的大致分布并进行比较。将2172件专利进行评价，获得的最终分值分布如表7-11所示。

表7-11 2172件有效专利价值评分统计表（去除三项指标得分）

专利价值评分（分）	有效授权专利数量（件）	占比
80+	151	6.9%
60～79	723	33.2%
40～59	823	37.8%
20～39	359	16.5%
19以下	116	5.3%

表7-12 在2172件有效专利中，获奖有效专利的价值评分统计表（去除三项指标得分）

专利价值评分（分）	有效授权专利数量（件）
80+	12
60～79	90
40～59	1

从表7-12可以看到，获奖专利基本属于前三等级。最后一件获奖专利为CN3xxx64S，排名1080。获奖专利占整体专利排名的前49.72%，基本可通过模型初步识别高质量专利。

表7-13 2172件有效专利价值评分统计表

专利价值评分（分）	有效授权专利数量（件）	占比	对比
80+	119	5.4%	↓
60～79	714	32.8%	↓
40～59	847	38.9%	↑

---

①专利得分归一化处理是通过[（总分-最小分数）/（最大分数-最小分数）×99]的方法，将专利得分限定在0～100分范围内，消除奇异样本数据导致的不良影响。

续表 7-13

专利价值评分（分）	有效授权专利数量（件）	占比	对比
20~39	370	17%	↑
19 以下	122	5.6%	↑

表 7-14 获奖有效专利价值评分统计表

专利价值评分（分）	有效授权专利数量（件）	对比
80+	7	↓
60~79	94	↑
40~59	2	↑

将 B 电力公司项目级别、项目经费及职称三项指标得分补充后，部分专利的总得分会由于指标得分的增加而增加（详见附录第四部分内容）。但由于总体最大分数的增幅大于这些专利加上三个指标后分数值的增幅，因此，专利的最终得分经过归一化处理后会整体下降，导致其分布也发生了变化。从表 7-13 中可以看到，在等级划分分数不变的情况下，前两个等级的专利占比均有所下降，后三个等级的专利占比则均有所上涨。获奖专利最后的排名下降至 1193，获奖专利占整体专利排名也有所下降（占比 54.93%）。由于三个数据的缺失而导致排名有所下降，但下降幅度不大，属于可接受范围内，因此基本可确认，能通过此模型初步识别高质量专利。

更进一步，我们将 2172 件有效专利最终得分（见附录第四部分内容）与附录第二部分中的专利最终得分进行比较，看结果是否会受到影响。由于附录第二部分与附录第四部分的中最大最小分数都未发生变化，因此专利的最终得分都没有受到影响，仅有专利排名由于去除了 103 件专利而发生轻微的变化。

表 7-15 B 电力公司有效专利分级表

专利等级	专利价值评分（分）
核心专利	80+
重要专利	60~79
潜力专利	40~59
一般专利	20~39
沉默专利	19 以下

最终，我们可以初步将 B 电力公司 80 分以上专利划分为核心专利；60～79 分范围的专利划分为重要专利；40～59 分范围的专利划分为潜力专利；20～39 分的专利划分为一般专利；19 分以下专利划分为沉默专利。

二、B 电力公司有效专利价值分布情况

（一）B 电力公司排名前十技术分类专利价值分布情况

表 7-16　B 电力公司排名前十主 IPC 专利价值分布

排名	技术领域	描述	分布情况	
1	G01R31/00	电性能的测试装置；电故障的探测装置；以所进行的测试在其他位置未提供为特征的电测试装置；在制造过程中测试或测量半导体或固体器件入 H01L21/66；线路传输系统的测试入 H04B3/46	核心 重要 潜力 一般 沉默	8% 52% 31% 8%
2	H02J3/00	交流干线或交流配电网络的电路装置 [2006.01]	核心 重要 潜力 一般 沉默	10% 29% 47% 13%
3	H02G1/00	专用于安装、维护、修理或拆卸电缆或电线的方法或设备 [2006.01]	核心 重要 潜力 一般 沉默	3% 21% 60% 13% 4%
4	G06Q10/00	行政；管理〔8，2012.01〕[2012.01]	核心 重要 潜力 一般 沉默	6% 47% 31% 16%

续表 7-16

排名	技术领域	描述	分布情况	
5	G01R35/00	包含在本小类其他组中的仪器的测试或校准 [2006.01]	核心 重要 潜力 一般 沉默	7% 27% 36% 30%
6	H02B1/00	框架、盘、板、台、机壳；变电站或开关装置的零部件〔5〕[2006.01]	核心 重要 潜力 一般 沉默	 15% 54% 15% 15%
7	H02J13/00	对网络情况提供远距离指示的电路装置，例如网络中每个电路保护器的开合情况的瞬时记录；对配电网络中的开关装置进行远距离控制的电路装置，例如用网络传送的脉冲编码信号接入或断开电流用户	核心 重要 潜力 一般 沉默	 21% 53% 18% 9%
8	G01R1/00	包括在 G01R5/00 至 G01R13/00 或 G01R31/00 组中的各类仪器或装置的零部件（测量电消耗量的机电装置所特有的结构零部件入 G01R11/02）〔3，8〕[2006.01]	核心 重要 潜力 一般 沉默	 38% 38% 13% 13%
9	H01R11/00	有两个或两个以上分开的连接位置用来或可能用来使导电部件互连的各连接元件，例如：由电线或电缆支承并具有便于与某些其他电线；接线柱或导电部件；接线盒进行电连接的装置的电线或电缆端部部件 [1, 3, 2006.01]	核心 重要 潜力 一般 沉默	 20% 47% 33%
10	G01R19/00	用于测量电流或电压或者用于指示其存在或符号的装置（G01R5/00 优先；用于测量生物电流或电压的入 A61B5/04）〔4〕	核心 重要 潜力 一般 沉默	7% 50% 36% 4% 4%

从 A 供电局主 IPC 大组看专利价值分布情况（如表 7-16 所示），专利主要技术领域 G01R31/00、H02J3/00、G06Q10/00、G01R35/00、G01R19/00 存在较多较高质量的专利分布，而主要技术领域 H02B1/00 及 H02J13/00 存在较多较低质量的专利。

（二）发明人专利价值情况

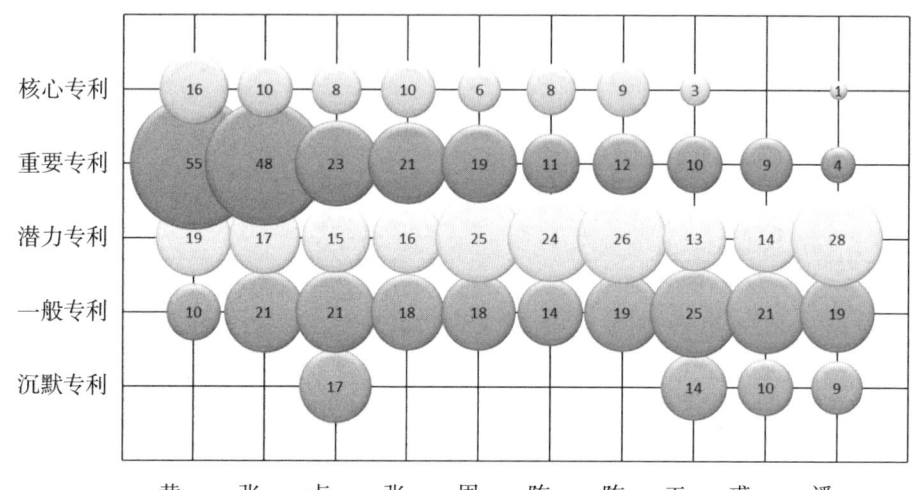

图 7-9 B 电力公司有效专利量排名前十第一发明人的专利分级分布

对有效专利量排名前十第一发明人专利分级分布进行分析（如图 7-9 所示），可以看到，黄××、张×及卢×是专利量产出高且高质量专利较为高产的第一发明人。

第八章 结 语

——我国供电企业知识产权分级分类管理的操作实践与优化方向

现阶段,大型电网企业想要在竞争中脱颖而出,需要不断提高自身核心竞争力,深化创新研发,加强技术储备,进行合理知识产权与技术布局,清晰企业宏观、中观、微观的战略目标。在具体实施层面,供电企业需要对自身知识产权价值进行初步评估,以便电力企业有效配置资源。然而,知识产权作为非物质化的新型财产权客体,其价值的评定受到诸多不确定的内外因素影响,使得知识产权价值存在较大弹性。对于国内电力企业而言,随着经济与技术的深化发展,市场对电力行业的知识产权评估需求逐渐扩大。但是,国内关于专门剖析、评估供电企业知识产权价值的评估方法、评估模型尚付之阙如,大抵是借鉴类似企业的知识产权评估方法予以测定。诚如本书所言,供电企业亟需建立契合自身特点的知识产权价值评价方法和核心知识产权筛选模型。有助于企业科学高效地筛选出重点核心知识产权、核心技术,才有利于保护知识产权、推广先进技术、促成成果转化,从而提高供电公司知识产权的应用效率,提升公司整体创新水平。[①] 作为本书结语,本章着重阐述供电企业知识产权分级分类管理的选择路径与优化方向,现简述如下。

一、供电企业知识产权分级分类管理的初期运维思路

(一)筛选高价值知识产权,优化资产管理

结合 A 供电局知识产权(专利)分级分类管理实践的具体方案,供电企业在管理企业知识产权资产的过程中,可参考国家的,各归属管辖省属、市

[①] 赵晓明、张彩:《基于电力行业特点的专利价值评价》,载《企业管理》2018 年第 1 期,第 293 页。

属的电网标准,结合主观指标,形成新的评价公式,对知识产权作进一步评价筛选,从而筛选出可重点关注及可选择放弃的知识产权或技术成果,优化资产管理。借鉴 B 电力公司的业务标准、业务规范以及价值评估体系,供电企业的知识产权主观价值评估体系可以参考如下标准(如表 8-1 所示)。

表 8-1 B 电力公司价值评估体系建议中主观评价指标

维度	评分指标	指标含义
法律维度	稳定性(L1)	一项被授权的专利在行使权力过程中被无效的可能性
	保护范围(L2)	一项被授权的专利是否获得了最大的法律保护范围
	侵权可判定性(L3)	在专利权保护范围内是否容易发现和判断他人的侵权行为,是否容易取证,进而行使诉讼的权利
技术维度	先进性	专利技术在当前时间点与本领域的其他技术相比是否处于领先地位
	成熟度	专利技术在当前时间点所处的发展阶段
	可替代性	专利技术所解决的技术问题,在当前时间点是否存在解决相同或类似问题的替代技术方案
	行业发展趋势	专利技术所在的技术领域\细分行业目前的行业发展趋势,与专利技术本身内容好坏无关
市场维度	实施情况	专利技术当前是否实施;如果还没有实施,未来是否制度明确的实施计划
	市场规模	专利技术经过充分的市场推广后,在未来其对应专利产品或工艺总共有可能实现的销售收益
	市场占有率	专利技术经过充分的市场推广后可能在市场上占有的份额
	竞争环境	市场上是否存在与目标专利技术持有企业形成竞争关系的竞争对手
战略维度	自营业务符合性	专利技术与公司主营业务、战略性业务的技术相关程度,高度符合主营业务战略则具备较高的战略价值
	外部实施情况	外部竞争企业是否实施专利技术,或可能实施专利技术,被外部竞争企业实施则具备较高的进攻价值

(二)筛选核心知识产权,制定专项评估方案

在企业知识产权管理与转化过程中,企业应当主动识别核心知识产权,即能够为企业带来实质经济效益、扩大市场势力的无形财产。例如,在通信

市场中的"标准必要专利",此类专利不仅可以为企业获得较为可观的经济收益,还能依靠"标准+技术"的组合模型为企业在相关产品市场筑造较高的进入壁垒,以及帮助企业获得更为稳定的且具有深度的市场势力。因此,在筛选标准专利时,可结合筛选标准专利中的主观指标,形成新的综合评价的方式。综合李冶和王庆红等人研究的电力行业核心专利筛选评估模型及A供电局的定制化价值评估模型,综合评价方法可参考图8-1。

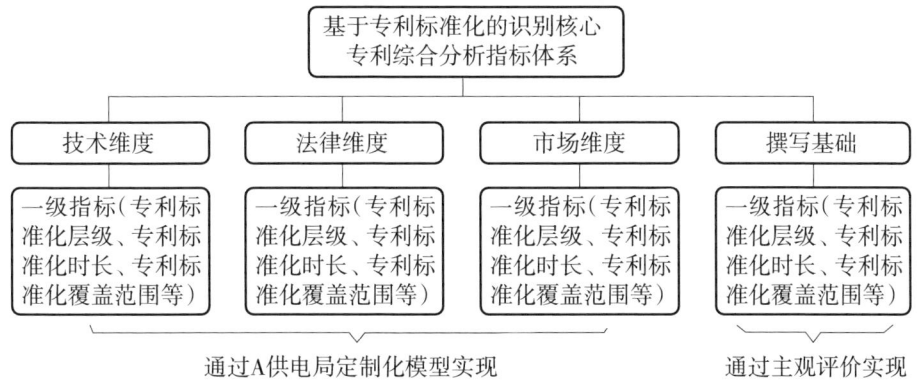

图8-1　基于专利标准化指标的电力行业识别核心专利综合分析指标体系

(三)知识产权许可费用估算

由于各供电企业等国有企业在实际转化运营实施方面,有着其知识产权运营的特殊性,因此,如有需要,在知识产权运营方面也可以通过许可方式,扩大其无形资产的影响(技术、品牌、内容等)及经济收益。事实上,知识产权许可费用估算方式具有较多方法和思路,考虑到国有企业本体的特殊性,以及评估方案的权威性,可以采用国家市场监督管理局(知识产权局)所公开发布的评估方法指引。例如,供电企业专利许可使用费的评测实践,可参考国家知识产权局2022年10月印发的《专利开放许可使用费估算指引(试行)》,参考其中四个方式,如表8-2所示。

表 8-2 《专利开放许可使用费估算指引（试行）》中适用与许可费用估算的四大方式

估算方法	参考基准	计算方式
参考该专利已自行实施产生的收益	若专利已自行实施，且已形成市场上销售的产品，则可通过专利产品所产生的年均利润及专利技术对产品整体利润的贡献率来估算专利许可费用	①固定或可折算金额支付： 专利开放许可年均使用费＝自行实施专利产品年均利润×专利对产品的利润的贡献率×调整系数 ②按销售额提成或利润提成支付： 专利开放许可使用费提成率＝专利对产品的销售额或利润的贡献率×调整系数
参考同行业专利实施许可统计数据	以与拟进行许可专利相同或相近技术领域或国民经济行业已签订的专利实施普通许可合同统计数据为参考基准	①固定或可折算金额支付： 专利开放许可年均使用费＝同行业统计平均每件专利金额×调整系数 ②按销售额提成或利润提成支付： 无入门费： 专利开放许可使用费提成率＝同行业统计平均提成率×调整系数 有入门费： 专利开放许可使用费提成率＝同行业统计平均提成率×调整系数 专利开放许可入门费＝同行业统计平均入门费×调整系数
参考国际一般许可费率	以产品利润的 25% 或产品销售额的 5% 作为专利实施许可使用费提成率的谈判基准，许可双方在此基础上再进行调整	①按销售额提成支付： 专利开放许可使用费提成率＝5%×调整系数 ②按利润提成支付： 专利开放许可使用费提成率＝25%×调整系数
参考资产评估方法	以资产评估方法（收益法、市场法和成本法）进行许可使用费的估算	可参考《中华人民共和国资产评估法》《资产评估基本准则》《资产评估执业准则——无形资产》等

二、供电企业知识产权分级分类管理的长期运维方案

长期运维中，为了减少人力/时间成本，可以利用信息化手段进行辅助，

通过知识产权全生命周期管理平台（以下简称"平台"）实现管理。平台除了拥有高价值知识产权全流程管理功能之外，还具有客观指标（例如，以供电企业专利为例，专利类型、权利要求数量、说明书页数、IPC分类号大组个数、许可次数等均可以列为"客观标准"）及个性化字段（如项目级别、项目经费等），可结合模型，将综合得分加工到管理系统中，通过信息化手段批量录入，并嵌入具体的算法使评分能够得到及时动态的更新。后续，也可以将更多主观评价指标也添加到平台中，以此实现长期运维高效管理的目的。

三、供电企业知识产权分级分类管理的优化建议

应当综合电网的管理范畴制定出具有开创性与实践性并存的供电企业知识产权管理综合规划，从工作日常提升至管理战略才能有效提高供电企业的核心竞争力，推进企业的良好运转。①

（一）供电企业应当培养专业人才

目前，知识产权评估人才供不应求，尤其是综合相关产业知识、经济、法律的复合型人才更是少之又少，更遑论兼备知识产权复合业务要求、熟悉电力系统工作、扎根供电企业管理的高水平应用人才。供电企业知识产权管理离不开高水平人才支撑，电力行业联盟可以就产业知识产权价值评估这一重要事项，成立专门的知识产权价值评估委员会。高水平知识产权管理人才可以通过企业内部培养、"人才引进"的模式吸引国内外高校学者、事务专家夯实企业人才储备。事实上，国家级以及地方科学院、知识产权管理单位都是培养专利管理人才的主要阵地。

（二）建立供电企业知识产权管理的激励机制

奖励有两种基本形式：精神奖励和物质奖励，创建良好的奖励机制有利于激发员工的积极性和创造性，企业在条件允许的情况下，可以建立研发中心，设立科研奖金。不仅有成果的员工能得到奖励，创新项目也能得到很好的传播，这样可以极大的激发员工的工作动力。

（三）提炼供电企业知识产权管理的核心理念

电网企业的员工和高管应当关注知识产权管理并强化专利管理意识，要

---

①曹洪、杨雄文：《电网企业专利管理的策划与实施》，知识产权出版社2016年版，第59页。

及时更新电网产业结构,将电网的知识产权管理与企业管理相结合并贯穿电网企业管理的运作流程,鼓励技术创新才能提升自主创新能力。

1. 建立科研队伍

组建科研团队研究项目,分析其他国家和地区有关知识产权保护的法律制度、政策规划,调研在电网企业有代表性的知识产权保护情况,时刻跟踪行业动态,在调研的基础上作出报告并提出适当的意见。

2. 完善工作流程

供电公司应设立统一部门进行工作协调,建立内部工作网,线上化工作,实行专业规范化文件和专利工作。各部门小组需定期总结和汇报工作动态,定期管理,建立预警机制,实现风险可预见化。

3. 开拓知识产权合作新道路

加强我国相关电网的知识产权部门与电力企业的信息沟通,建立专家咨询会,从专业角度提供咨询意见,还可以通过与外国企业的交流合作,学习对方的优点,以及从对方缺点中发现自身不足并改正,才能实现"洋为中用"。[①]

[①] 参见杨雄文:《中资银行的知识产权保护问题研究》,载《扬州大学学报》(人文社会科学版) 2010年第 4 期,第 50 – 54 页。

参考文献

[1] 曾燕. 数据资源与数据资产概论［M］. 北京：中国社会科学出版社，2022.

[2] 张志胜. 商业秘密分类保护与案例评析［M］. 北京：法律出版社，2022.

[3] 朱晓武，黄绍进. 数据权益资产化与监督：大数据时代的个人信息保护与价值实现［M］. 北京：人民邮电出版社，2020.

[4] 吴汉东. 知识产权前沿问题研究［M］. 北京：中国人民大学出版社，2019.

[5] 王迁. 知识产权法教程［M］. 北京：中国人民大学出版社，2019.

[6] 吴汉东. 中国知识产权理论体系研究［M］. 北京：商务印书馆，2018.

[7] 马天旗，巴特，何丽娜，等. 高价值专利筛选［M］. 北京：知识产权出版社，2018.

[8] 付瑜. 国防专利产权制度效率研究［M］. 北京：国防工业出版社，2018.

[9] 刘华俊. 知识产权价值评估研究：基于司法判决赔偿额的确定［M］. 北京：法律出版社，2017.

[10] 武剑. 国防专利技术转移动力机制［M］. 北京：国防工业出版社，2017.

[11] 朱克电，毛炳，马先征. 知识产权管理实务［M］. 北京：知识产权出版社，2017.

[12] 马天旗. 专利转移转化案例解析［M］. 北京：知识产权出版社，2017.

[13] 于荞. 企业商标实务指南［M］. 北京：知识产权出版社，2017.

[14] 王景，高燕梅. 知识产权损害赔偿评估［M］. 北京：知识产权出版社，2016.

[15] 国家中小微企业知识产权培训（南海）基地. 中小企业专利管理实务（初级）［M］. 北京：知识产权出版社，2016.

[16] 支苏平. 企业知识产权管理实务［M］. 北京：知识产权出版社，2016.

[17] 曹洪，杨雄文. 电网企业专利管理的策划与实施［M］. 北京：知识产权出版社，2016.

[18] 安雪梅. 知识产权管理［M］. 北京：知识产权出版社，2015.

[19] 周延鹏. 知识产权：全球营销获利圣经［M］. 北京：知识产权出版社，2015.

[20] 魏玮. 知识产权价值评估研究［M］. 厦门：厦门大学出版社，2015.

[21] 周延鹏. 智富密码：知识产权运营及货币化［M］. 北京：知识产权出版社，2015.

[22] 姜楠. 无形资产评估［M］. 北京：中国财政经济出版社，2015.

[23] 黄晖. 商标法［M］. 北京：法律出版社，2015.

[24] 曾德国. 知识产权管理［M］. 北京：知识产权出版社，2015.

[25] 汤湘希，李经路，周江燕，等. 企业知识资产价值论［M］. 北京：知识产权出版社，2014.

[26] 李明德. 知识产权法［M］. 北京：法律出版社，2014.

[27] 竹中俊子. 专利法律与理论：当代研究指南［M］. 彭哲，等译. 北京：知识产权出版社，2013.

[28] 王吉法，等. 知识产权资本化研究［M］. 济南：山东大学出版社，2010.

[29] 刘红霞. 商标资产管理研究［M］. 北京：中国工商出版社，2009.

[30] 胡佐超，余平. 企业专利管理［M］. 北京：北京理工大学出版社，2008.

[31] 最高人民法院民事审判第三庭. 知识产权审判指导与参考（第2卷）［M］. 北京：法律出版社，2002.

[32] 宗建文. 保密法比较研究［M］. 北京：金城出版社，2001.

[33] 张鹏. 国有企业知识产权管理体系建设要点［J］. 中国律师，2022（2）：53－55.

[34] 刘婷婷，陈振标，刘敏榕. 面向分级需求的高校专利数据标引模型研究［J］. 情报探索，2022（4）：11－18.

[35] 韩园园. 企业如何做好专利布局［J］. 纯碱工业，2022（6）：43－45.

[36] 詹文青，封丽，黄潇霏. 专利布局视角下企业核心专利识别研究［J］. 情报理论与实践，2022，45（8）：115－120.

[37] 花之蕾，刘亚娟. 中国高校专利的分级评价［J］. 科技管理研究，2022，42（16）：45－54.

[38] 张雁宇. 基于专利奖浅析专利分级分类［J］. 中国科技信息，2022（24）：31－33.

[39] 李雨珂，邱梓泓，都平平，等. 高校高价值专利运营及品牌化建设研究［J］. 中国市场，2022（28）：144－146.

[40] 李冬焱，刘新财，陈振江. 基于专利池模式的高校科研成果转化机制研究与实践探索［J］. 现代教育科学，2022（6）：43－49.

[41] 罗恺，袁晓东. 专利技术创新调节作用下的专利丛林与企业市场价值研究［J］. 管理学报，2022，19（11）：1675－1682.

[42] 程啸. 论《个人信息保护法》中的删除权［J］. 社会科学辑刊，2022（1）：103－113，209.

[43] 匡少攀，鲁毅. 数据资产理论发展及实践现状探索［J］. 中国科技产业，2022（11）：72－75.

[44] 孙宏臣. 电力数据中的商业秘密及个人信息权的保护［J］. 中国电力企业管理，2022（28）：68－71.

[45] 刘渊. 现代企业知识产权资产管理刍议［J］. 现代企业，2021（6）：10－11.

[46] 马俊杰，马利娟，景晨思，等. 企业专利侵权判定方法及应对策略研究［J］. 航天工业管理，2021（5）：45－49.

[47] 马英. 大数据时代的数据资产保护［J］. 数据通信，2021（4）：37－41.

[48] 王卫, 张梦君. 基于 WBS-RBS 的数据交易侵权风险识别 [J]. 情报理论与实践, 2021, 44 (1): 83-88.

[49] 周静龙, 段波, 张乐桢, 等. 地市供电企业数据资产运营管理体系构建 [J]. 中国设备工程, 2021 (7): 55-56.

[50] 刘红, 张越今, 赵文霞, 等. 多维度数据分级分类安全管理框架 [J]. 信息网络安全, 2021, 21 (10): 48-53.

[51] 房恒东, 薛辰达, 林华, 等. 电网企业新兴产业领域知识产权合规保障研究 [J]. 企业改革与管理, 2021 (8): 209-210.

[52] 王真云, 陈林, 何宇鑫. 新媒体环境下国家电网公司失泄密防范策略研究 [J]. 科技风, 2021 (6): 83-84.

[53] 王丽琼. 企业专利技术方案挖掘及专利布局探讨 [J]. 科技创新与应用, 2020 (19): 15-16.

[54] 焦娜. "一带一路"背景下我国企业知识产权风险防范及应对措施 [J]. 中国工程咨询, 2020 (3): 42-47.

[55] 万浩, 黄武双. 论国有科技成果权属制度: 使用权"类所有权"化 [J]. 科技与法律, 2019 (1): 40-49.

[56] 王莲峰, 吕红岑. 商标资产证券化中基础资产的选择探究 [J]. 电子知识产权, 2019 (1): 40-50.

[57] 潘鸣宇, 王伟贤, 张宝群, 等. 电力企业数据资产管理体系研究与探索 [J]. 软件, 2019, 40 (8): 139-144.

[58] 寇飞. 商业秘密的秘密性要件及侵犯商业秘密的认定标准 [J]. 中国发明与专利. 2019, 16 (11): 95-99.

[59] 文玲锋, 鲁培, 金鑫. 构建国有企业商业秘密保护管理体系 [J]. 中国电力企业管理, 2019 (4): 86-87.

[60] 于雷, 陈思捷, 赵嘉莅, 等. 大型国有企业商业秘密"五位一体"管理体系的构建 [J]. 保密科学技术, 2019 (7): 60-64.

[61] 赵晓明, 张彩. 基于电力行业特点的专利价值评价 [J]. 企业管理, 2018 (S1): 292-293.

[62] 袁琳. 基于中介服务视角的我国知识产权运营典型模式研究: 以中关村国家自主创新示范区核心区为例 [J]. 科技管理研究, 2018, 38 (1): 170-177.

[63] 赵晓明, 张彩. 基于电力行业特点的专利价值评价 [J]. 企业管理, 2018 (S1): 292-293.

[64] 鲍丽山, 查易艺, 何金陵, 等. 省级电网企业数据资产管控模式探索与实践 [J]. 电力

信息与通信技术, 2018, 16 (1): 44-50.

[65] 杨帆, 张琴, 刘捷, 等. 国网四川电力数据资产安全管理体系构建研究 [J]. 电力信息与通信技术, 2018, 16 (1): 90-95.

[66] 刘凯乐, 杨彬, 赵倩, 等. 大型国有企业商业秘密管理"三级定密权授权体系": 以某电网企业为例 [J]. 保密科学技术, 2018 (12): 52-56.

[67] 杨旭, 李韵清, 郭晶. 电力行业专利价值计算方法与实务 [J]. 中国发明与专利, 2017, 14 (2): 51-54.

[68] 卢苇. 浅析企业专利资产的资本运营 [J]. 东方电气评论, 2017, 31 (3): 84-88.

[69] 龙卫球. 数据新型财产权构建及其体系研究 [J]. 政法论坛, 2017, 35 (4): 63-77.

[70] 徐明. 大数据时代的隐私危机及其侵权法应对 [J]. 中国法学, 2017 (1): 130-149.

[71] 刘涤西, 钟磊, 范絮妍. 开拓 DT 时代数据资产权益保护新视野 [J]. 中国信息安全, 2017 (12): 33-36.

[72] 顾斌, 彭涛, 车伟. 企业运营数据资产全生命周期管理体系研究 [J]. 企业改革与管理, 2017 (5): 4-5, 14.

[73] 周翔, 徐建兵, 李敏, 等. 分类分级过程管控 确保数据受控使用: 国网上海市电力公司运营数据保密管理实践探索 [J]. 保密科学技术, 2017 (8): 56-59.

[74] 郭倩雯, 裴利强. 全国首届计量仪表校验上演"人机大战"广州供电局科技创新引领变革 [J]. WTO 经济导刊, 2016 (9): 28-29.

[75] 李冶, 王庆红, 李达均, 等. 基于二次分类方法的电力行业核心专利筛选评估模型 [J]. 中国发明与专利, 2016 (10): 71-75.

[76] 张亚峰, 刘海波, 吕旭宁. 专利运营的基本规律: 多案例研究 [J]. 研究与发展管理, 2016, 28 (6): 126-134.

[77] 徐春成. 论商标的存储投资功能 [J]. 西南民族大学学报 (人文社科版), 2016, 37 (7): 103-108.

[78] 王世伟. 论大数据时代信息安全的新特点与新要求 [J]. 图书情报工作, 2016, 60 (6): 5-14.

[79] 斯建东, 金菲. 电网企业商业秘密涉密人员管理体系建设探索与实践 [J]. 企业管理, 2016 (S1): 24-25.

[80] 侯伟, 东纯海, 史嫣, 等. 大型电网企业招投标商业秘密保护模式创新研究 [J]. 中国管理信息化, 2016, 19 (2): 108-109.

[81] 李广凯, 文毅, 曾倩莹. 基于专利标准化指标的电力行业识别核心专利综合分析体系研究 [J]. 中国发明与专利, 2015 (10): 37-42.

[82] 王庆红, 文毅, 李允健. 电力行业专利价值评估的研究 [J]. 中国发明与专利, 2015

(10): 30-36.

[83] 梁宏. 浅谈企业如何挖掘专利和进行专利布局 [J]. 中国发明与专利, 2015 (1): 38-40.

[84] 张冬. 创新视阈下知识产权运营商业化的风险控制 [J]. 知识产权, 2015 (6): 73-77.

[85] 汪东芳, 鞠杰. 大数据时代计算机网络信息安全及防护策略研究 [J]. 无线互联科技, 2015 (24): 40-41.

[86] 黄国彬, 郑琳. 大数据信息安全风险框架及应对策略研究 [J]. 图书馆学研究, 2015 (13): 24-29.

[87] 徐瑞卿, 张爽, 崔素珍. 涉密载体管理探析 [J]. 保密科学技术, 2015 (7): 54-56.

[88] 李奇. 风险管理在企业保密工作中的作用与探索 [J]. 时代金融, 2015 (12): 108, 112.

[89] 张之川. 电力企业知识产权保护分析 [J]. 吉林电力, 2015, 43 (5): 30-32.

[90] 胡小君, 陈劲. 基于专利结构化数据的专利价值评估指标研究 [J]. 科学学研究, 2014, 32 (3): 343-351.

[91] 吕晓蓉. 专利价值评估指标体系与专利技术质量评价实证研究 [J]. 科技进步与对策, 2014 (20): 113-115, 116.

[92] 魏晨雨. 探索专利运营服务最新机制：以美国 IPXI 公司专利许可使用权证券化为例 [J]. 杭州科技, 2014 (2): 54-57.

[93] 倪新洁, 梁彪, 邹涛. 企业知识产权运营模式探讨 [J]. 江苏科技信息, 2014 (24): 9-10.

[94] 李小娟, 王双龙, 梁丽, 等. 基于专利价值分析体系的专利分级分类管理方法 [J]. 高科技与产业化, 2014 (11): 92-95.

[95] 张古鹏, 陈向东. 基于专利存续期的专利价值研究：一个基于收益服从指数分布假设的模型重构 [J]. 管理工程学报, 2013, 27 (4): 142-149.

[96] 赵蕴华, 张静, 李岩, 等. 基于机器学习的专利价值评估方法研究 [J]. 情报科学, 2013 (12): 15-18.

[97] 杨冠灿, 刘彤, 李纲, 等. 基于综合引用网络的专利价值评价研究 [J]. 情报学报, 2013, 32 (12): 1265-1277.

[98] 唐恒, 朱伟伟. 高校专利运营模式的构建：基于客户价值的视角 [J]. 研究与发展管理, 2013, 25 (1): 88-93.

[99] 毛昊, 刘澄, 林瀚. 中国企业专利实施和产业化问题研究 [J]. 科学学研究, 2013, 31 (12): 1816-1825.

[100] 王玉婷. 面向不同警情的专利预警方法综述 [J]. 情报理论与实践, 2013, 36 (9): 124-128.

[101] 郑晓红. 我国知识产权预警机制的反思与完善 [J]. 湖南工程学院学报 (社会科学版), 2013, 23 (2): 69-74.

[102] 张素英. 我国商业秘密保护现状调查分析报告 [J]. 保密工作, 2013 (2): 61-62.

[103] 谢顺星, 高荣英, 瞿卫军. 专利布局浅析 [J]. 中国发明与专利, 2012 (8): 24-29.

[104] 南京市江宁区人民法院课题组, 朱绚凌, 赵伯陵. 关于江宁区智能电网产业商业秘密保护的调研报告 [J]. 司法改革论评, 2012 (00): 210-220.

[105] 朱国军, 徐永其, 张宏远. 企业专利运营管理内涵及职能模块研究 [J]. 中国科技论坛, 2010 (8): 81-85.

[106] 杨雄文. 中资银行的知识产权保护问题研究 [J]. 扬州大学学报 (人文社会科学版), 2010, 14 (4): 50-54.

[107] 李艺, 朱同同, 牛巍. 论我国企业商业秘密危机管理的预警机制研究 [J]. 中国商界 (上半月), 2010 (8): 130-131.

[108] 曾令华, 郭建平. 构建中部地区专利预警机制有效路径研究 [J]. 科技进步与对策, 2009, 26 (18): 31-34.

[109] 田金玉, 牛东晓. 电力商标价值及其评估模型的初探 [J]. 会计之友 (B), 2005 (2): 15.

[110] 刘艺琴, 余磊. 论商标设计与品牌形象 [J]. 武汉大学学报 (哲学社会科学版), 2005 (5): 714-718.

[111] 杨静, 陈建明, 赵红. 应急管理中的突发事件分类分级研究 [J]. 管理评论, 2005 (4): 8-64.

[112] 薛澜, 钟开斌. 突发公共事件分类、分级与分期: 应急体制的管理基础 [J]. 中国行政管理, 2005 (2): 102-107.

[113] 彭学龙. 从美国最新判例看客户名单商业秘密属性的认定 [J]. 知识产权, 2003 (1): 57-62.

[114] 黄发强. 商标资产的价值形成与量化 [J]. 中华商标, 2001 (4): 28-29.

[115] 卢泰宏, 黄胜兵, 罗纪宁. 论品牌资产的定义 [J]. 中山大学学报 (社会科学版), 2000 (4): 17-22.

[116] 梁燕君. 谈企业商标及管理 [J]. 商业研究, 2000 (8): 112-114.

[117] 符国群. 关于商标资产研究的思考 [J]. 武汉大学学报 (哲学社会科学版), 1999 (1): 70-73.

[118] 符国群. Interbrand 品牌评估法评介 [J]. 外国经济与管理, 1999 (11): 37-41.

[119] 王向阳. 品牌、商标和商誉运营 [J]. 云南财贸学院学报, 1999 (1): 31 – 34.

[120] 郑成思. 论知识产权的评估 [J]. 法律科学. 西北政法学院学报, 1998 (1): 44 – 52.

[121] 黄瑞华, 汪英筠. 专利技术获利能力评估影响因素研究 [J]. 西安交通大学学报（社会科学版）, 1998 (3): 52 – 55.

[122] 周林. 试论知识产权评估的基本概念和理论依据 [J]. 法商研究（中南政法学院学报）, 1996 (6): 53 – 58, 67.

[123] 佘廉. 企业经营新机制: 预警预控管理模式 [J]. 科学学研究, 1994 (1): 30 – 35.

[124] 刘金波, 朴勇植. 日、美商业秘密保护法律制度比较研究 [J]. 中国法学, 1994 (3): 109 – 116.

[125] 马秀山. 可口可乐与 "7X 货物" [J]. 工业产权, 1988 (1): 45.

[126] 李淼. 基于专利组合模式的布局设计研究 [D]. 天津: 河北工业大学, 2021.

[127] 张佳佳. 美国 FTA 商业秘密保护措施研究 [D]. 重庆: 西南政法大学, 2021.

[128] 王海吉. 专利资产证券化中的专利价值评估研究 [D]. 北京: 对外经济贸易大学, 2019.

[129] 宋晓阳. 我国专利运营风险防控的法律研究 [D]. 哈尔滨: 哈尔滨工程大学, 2018.

[130] 张偲. 企业数据资产管理及利用外部数据的研究 [D]. 北京: 北京邮电大学, 2017.

[131] 李新锋. 中小企业商业秘密管理体系的构建及运行研究 [D]. 重庆: 重庆理工大学, 2017.

[132] 陈乐章. 中小企业知识产权保护及风险防范研究 [D]. 广州: 华南理工大学, 2017.

[133] 许琦敏. 企业商业秘密保护框架建立初探 [D]. 上海: 上海交通大学, 2016.

[134] 张素英. ZL 重机公司商业秘密保护对策研究 [D]. 北京: 北京林业大学, 2016.

[135] 谭承昊. 国有钢铁企业商业秘密保护问题及应对措施研究 [D]. 上海: 华东政法大学, 2015.

[136] 刘倩. 我国专利资产价值评估研究 [D]. 北京: 华北电力大学, 2014.

[137] 陈卓亚. 中美商业秘密法律保护之比较研究 [D]. 上海: 上海大学, 2014.

[138] 郭非. 企业商业秘密保护研究 [D]. 北京: 首都经济贸易大学, 2014.

[139] 覃廷贵. 大型企业商业秘密保护研究 [D]. 广州: 华南理工大学, 2013.

[140] 王鹏. 企业商业秘密保护研究 [D]. 青岛: 中国海洋大学, 2009.

[141] 代晶. 企业专利预警系统构建研究 [D]. 成都: 四川大学, 2005.

[142] 戈德斯坦. 专利组合: 质量、创新、创造和成本 [M]. 代丽华, 译. 北京: 知识产权出版社, 2020.

[143] 戈德斯坦. 专利的真正价值 [M]. 顾雯雯, 等译. 北京: 知识产权出版社, 2020.

[144] 墨菲, 奥科特, 莱姆斯. 专利价值: 通过分析改进决策 [M]. 张秉斋, 等译. 北京:

知识产权出版社，2017.

[145] 谢尔曼. 收获无形资产：挖掘企业知识产权中的隐藏价值 [M]. 何越峰，译. 北京：知识产权出版社，2017.

[146] 崔哲，等. 知识产权金融 [M]. 金善花，译. 北京：知识产权出版社，2017.

[147] 哈里根. 商业秘密资产管理（2016）[M]. 北京：知识产权出版社，2017.

[148] 史密斯，帕尔. 知识产权价值评估、开发与侵权赔偿 [M]. 夏玮，等译. 北京：电子工业出版社，2012.

[149] 拉兹盖蒂斯. 评估和交易以技术为基础的知识产权：原理、方法和工具 [M]. 中央财经大学资产评估研究所，等译. 北京：电子工业出版社，2012.

[150] LONG J E. An introduction to patent law [M]. Citic Publishing House，2003.

[151] 克兰. 尘封的商业宝藏 [M]. 北京：中信出版社，2002.

[152] FISCHER T，LEIDINGER J. Testing patent value indicators on directly observed patent value：An empirical analysis of Ocean Tomo patent auctions [J]. Research Policy，2014，43（3）：519–529.